W0346069

Carl-Auer-Systeme

Kribbeln im Bauch

Wolfgang Blohm

Gefühle als Wegweiser

2000

Über alle Rechte der deutschen Ausgabe verfügt Carl-Auer-Systeme Verlag und Verlagsbuchhandlung GmbH Heidelberg
Fotomechanische Wiedergabe nur mit Genehmigung des Verlages
Satz: Paul Richardson
Umschlaggestaltung: WSP Design, Heidelberg
Unter Verwendung des Bildes „Akrobaten"
von Juschi Seifried-Otte, 1999

Printed in Germany
Druck und Bindung: Kösel Druck, Kempten

Reihe Systemische und hypnotherapeutische Praxis
Herausgeber Gunthard Weber
Erste Auflage, 2000
ISBN 3-89670-140-1

Die Deutsche Bibliothek – CIP-Einheitsaufnahme

Ein Titeldatensatz für diese Publikation ist bei
Der Deutschen Bibliothek erhältlich.

Inhalt

Vorwort

Es kann sein, dass Sie schon sehr lange mit Ihrem Leben unzufrieden sind und deshalb nach einem Weg suchen, Ihren Lebensraum neu zu gestalten.

Es kann sein, dass Sie bereits ein sehr umfangreiches theoretisches Wissen zum Verständnis Ihres bewussten und unbewussten Umfeldes erworben haben und dass Sie jetzt erfahren möchten, wie Sie diese Kenntnisse praktisch umsetzen können im täglichen Leben.

Es kann auch sein, dass sie seit langer Zeit schon die Dinge nach Ihren Wünschen und Ihrem Maßstab so formen, dass Sie sich wohl fühlen in Ihrer Haut und geborgen und nun auf der Suche sind, diese Fähigkeiten zu vertiefen oder zu vervollkommnen.

Selbstverständlich kann es auch sein, dass Sie nach einem arbeitsreichen und anstrengenden Alltag Entspannung suchen und vielleicht durch den Hinweis eines Freundes neugierig geworden sind.

Vielleicht haben Sie im materiellen Bereich alles erreicht, was der Markt und die Wirtschaft hergeben, und dennoch feststellen müssen, dass sich nun Bereiche Ihrer Existenz finden, über die Sie gern mehr wüssten, weil sich die Schwerpunkte für Sie verändert haben.

Und es ist natürlich ebenso möglich, dass Sie sich für dieses Buch sehr spontan entschieden haben, weil Ihnen der Titel oder der Umschlagentwurf besonders zusagten.

Oder aber Sie haben sich aus einem sehr persönlichen Grund für diese Lektüre entschieden, der Ihnen allein zugänglich bleiben soll.

Seien Sie mir herzlich willkommen!

Wenn man sich entscheidet, neue Wege zu gehen oder alte Werte wieder zu entdecken, dann ist der Ausgangspunkt für diese Reise ohne große Bedeutung. Sie haben die freie Wahl, den Weg zu wählen, der Ihnen in Zuversicht und Gelassenheit, ohne Zweifel und auf die angenehmste Art und Weise alle Möglichkeiten eröffnet und Sie so weiterführt zur Harmonie von Körper und Seele.

Wer sich aufmacht zum Wesen seiner Existenz und zu seinem inneren Ich, wird sich vielleicht in sehr wohltuender Weise an seine Kindheit erinnert fühlen. Kinder sind offen für alles, was ihnen begegnet, neugierig und voller Tatendrang, wissensdurstig und lebendig. Kinder können traurig sein und fröhlich, Kinder können weinen und lachen, Kinder kennen Heiterkeit, und Kinder spüren ihre innere Stimme. Von Kindern kann man viel lernen.

Jeder Tag bietet eine Vielzahl von Angeboten und Möglichkeiten, von Aufgaben und Lösungen. Oft sind es die Probleme des Alltags, die uns fast vollständig in Anspruch nehmen und kaum Platz lassen für das Wesentliche. Vielleicht sind es die Konflikte am Arbeitsplatz, Ärger mit dem Finanzamt oder den Banken, die Sie beschäftigen. Oder Spannungen in der Familie setzen Ihnen so zu, dass alles andere in unerquicklicher Weise davon beeinflusst wird. Mitunter gilt es auch, Probleme zu lösen, die das Leben vieler Menschen in irgendeinem Punkt betreffen und ein weites Umfeld mit einbeziehen.

Immer gilt es, sich zu entscheiden, eine Wahl zu treffen, die Weichen zu stellen für die Zukunft, das Prinzip von Ursache und Wirkung kennen zu lernen und umzusetzen. Jeder von uns hat es in der Hand, seine Zukunft so zu gestalten, dass sie in ein erfülltes und klares Leben führt, in ein Leben in Gelassenheit und Zuversicht, in Harmonie und Liebe, in Verantwortung und bewusster Selbstbestimmung, ein Leben, das genau so ist, wie Sie es sich für sich wünschen und vorstellen.

Für jene, die ihre inneren Kanäle öffnen, ohne Vorbehalte und Einschränkungen die Möglichkeiten der inneren Wahrnehmung nutzen, gibt es viel zu entdecken: Altes und Neues, Bekanntes und Fremdes, Überraschendes und Vertrautes. Vielleicht werden Sie alten Freunden begegnen, vielleicht neue Freundschaften schließen. Manche Perspektiven können sich dabei ändern. Vieles werden Sie bestätigt finden und so Sicherheit gewinnen für Ihr weiteres Leben, anderes mag sich in der Bedeutung oder dem Inhalt verändern, und wenn Sie wollen, gehen wir ein Stück des Weges gemeinsam.

Einleitung

Viele Jahrhunderte hindurch verstanden die Menschen unter ganzheitlichem Wissen die geheimen Gesetze des Lebens, die auf okkulte und magische Art und Weise zu Macht und Einfluss verhelfen konnten. Diese Kenntnisse wurden in einer entsprechend geheimnisvollen Form und unter Einbindung düster-bedrohlicher Rituale an einen kleinen Kreis zum Stillschweigen Verpflichteter weitergegeben.

Vielerorts bestehen solche Geheimbünde heute noch, und bisweilen finden sich in der Tagespresse Hinweise auf ihre Aktivitäten. Mitunter begegnet man auch in den Talkshows einer Person, die sich der „weißen" oder „schwarzen Magie" verpflichtet und als mit einer Macht ausgerüstet versteht, die anderen Menschen Schaden zufügen oder helfen kann, ganz nach Wohlwollen oder Unmut des jeweiligen Magiers.

Unabhängig von derartigen Auswüchsen und Wunschvorstellungen einiger weniger hat der Begriff „Esoterik" in den letzten Jahren einen tief greifenden Bedeutungswandel erfahren. Inzwischen versteht man darunter all jene Erscheinungsformen des mentalen und nichtmateriellen Lebens und Erlebens, die mit dem herkömmlichen und anlytisch-wissenschaftlich ausgerichteten Verständnis nicht erklärbar und „beweisbar" sind. Zahlreiche Verlage haben sich in ihrer Palette entweder gänzlich auf diesen Themenkreis ausgerichtet, oder sie haben immerhin einige Titel in das Sortiment aufgenommen. Zeitschriften mit esoterischem Charakter oder Anspruch finden sich überall in den Auslagen der Geschäfte, und in unzähligen Anzeigen bieten Hellseher, Wahrsager und Lebensberater ihre Dienste an, telefonisch, per Post oder über Videokassetten. Audiobänder und *mind-machines* versprechen rasche Entspannung oder das Erleben gemeinhin unvorstellbarer geistiger Weiten und Höhen.

Unter solchen Umständen fällt es nicht immer leicht, die Orientierung und den Überblick zu gewinnen oder zu behalten.

Dabei spürt und erfährt jeder von uns jeden Tag zahllose Beispiele dafür, dass viele existenzielle Bereiche des Alltags nicht auf die naturwissenschaftlich beweisbare Ebene projizierbar und dergestalt überprüfbar sind.

Haben Sie schon einmal irgendwo auf überzeugende Art die Ursache und Wirkung einer Erscheinung beschrieben oder erklärt gefunden, die man mit „Liebe" bezeichnet und die fast alle von uns schon in der einen oder anderen Form erfahren haben? Kennen Sie jemanden, der weiß, warum man einen Menschen an alle Apparate der modernen Medizin anschließen kann, seine Funktionen Maschinen überträgt und dennoch Tote nicht zum Leben erwecken kann, und zwar auch dann nicht, wenn zwischen dem Zeitpunkt des Todes und dem Beginn des maschinellen Einsatzes eine so geringe Zeit vergangen ist, dass Organschäden irreparabler Art auszuschließen sind?

Viele Menschen haben sich schon daran versucht, Träume zu erklären, Deutungen an die Hand zu geben, mit deren Hilfe man das im Schlaf Erlebte wie nach einem Wörterbuch aufschlüsseln und wie ein Gedicht interpretieren kann. Nirgendwo aber findet sich ein Hinweis darauf, warum sich das Geträumte vielleicht kurze Zeit später als Wirklichkeit umsetzte, oder eine Erklärung dafür, in welch eindrucksvoller Weise das Gefühl oder der Eindruck eines Traumes das Empfinden des gesamten Tagesablaufs beeinflussen kann.

Schon sehr oft ist auch der Versuch unternommen worden, jenes Phänomen zu erklären, das sich unter „Telepathie" im Wörterbuch findet und beschreibt, dass sich Gedanken von Mensch zu Mensch auch über weiteste Entfernungen und ohne jegliche technische Hilfsmittel übertragen oder empfangen lassen. Und sicher haben auch Sie in Ihrer Nachbarschaft oder in den Medien schon einmal von „Wunderheilungen" erfahren, denen zufolge Menschen mit prognostisch aussichtslosen Erkrankungen auf eben wundersame, nicht erklärbare Art wieder gesundeten.

Ich bin mir sicher, Ihnen werden noch wesentlich mehr und wahrscheinlich auch noch eindrucksvollere Beispiele dafür einfallen, dass es im Alltag eines jeden von uns an Phänomenen dieser Kategorie keinen Mangel hat.

Welche Teilbereiche unseres Lebens und Erlebens könnten wir wirklich und endgültig erklären, ohne dass die nachfolgende Generation uns unwissend und beschränkt schimpfen würde, weil sie aufgrund anderer Wege und Erkenntnisse zu völlig anderen Schlussfolgerungen gelangt ist, die den vorherigen scheinbar übergeordnet und in Wertigkeit und Endgültigkeit ihrer Aussage ebenso selbstverständlich als höherrangig eingestuft werden?

Jeder Weg, den man geht, vermittelt Erkenntnis, und jede Erfahrung erweitert das Verständnis der eigenen Existenz und von Zusammenhängen. Unter diesem Blickwinkel gibt es keine Irr-Wege, sondern höchstens Umwege. Jeder macht seine Erahrungen auf seine persönliche Art und Weise. Dabei gibt es weder eine Rangordnung des Wissens noch eine Wertigkeit anderer Ordnung.

In der letzten Zeit findet man in den Printmedien häufiger eine Verknüpfung von Wissenschaft und ganzheitlichem Ansatz. So berichteten vor einiger Zeit dänische Forscher, sie hätten Hinweise dafür gefunden, dass sich im Blut zahlreicher Menschen Überträgerstoffe fänden, die auf eine bestimmte Krankheit schließen ließen, bereits vor Ausbruch dieser Krankheit.

In den Vereinigten Staaten beschäftigen sich seit Jahren Forscher mit der Beziehung zwischen *mind* und *body* und haben in diesem Zusammenhang herausgefunden, dass offenbar jeder Gedanke und jedes Gefühl einen bestimmten Botenstoff, eine Botschaft, an alle Organe schickt und diese damit direkt oder erst nach Jahren beeinflussen kann, sodass auf diesem Weg Krankheiten in ihrer Entstehung in einem bislang unbekannten Licht dastehen. Alle diese Botschaften werden in einem „Archiv" gespeichert, etwa vorstellbar als ein Druckstock oder eine Matrize.

Aus dieser Perspektive stellt sich manches anders dar. Man sieht sich einer Krankheit nicht mehr ausgeliefert, sondern begreift sie als aktiven Prozess, der in beide Richtungen beeinflussbar ist.

Von einer solchen Sichtweise für alle Bereiche des Lebens handelt dieses Buch. Es versucht, Zusammenhänge aufzuzeigen und darzustellen, die Ihr Leben, wenn Sie es möchten, in sehr nachhaltiger und wirkungsvoller Weise beeinflussen und Ihnen dabei helfen können, sich, Ihre Umwelt und das Prinzip von Ursache und Wirkung besser zu verstehen und zu nutzen.

Es will Sie vertraut machen mit dem Gedanken, dass Sie Ihr Leben in allen seinen Konsequenzen und bis in kleinste Einzelheiten hinein selbst und eigenverantwortlich bestimmen durch Ihre Gedanken, Wünsche, Vorstellungen und Ihre Auswahl aus dem reichen Angebot der täglichen Möglichkeiten und Entscheidungen.

Es unternimmt den Versuch, Ihnen die Werkzeuge für diese eigenverantwortliche und bewusste Gestaltung Ihres Lebens zu zeigen und deren Gebrauch zu erläutern, mit dem Ziel des sicheren und gelassenen Umgangs im Alltag.

Es lädt Sie ein zu erkennen, welcher Reichtum an Erfahrungen und Möglichkeiten auch in den vermeintlich geringsten Dingen zu finden und zu nutzen ist und wie Sie so den Weg zu Harmonie von Körper und Seele sicher und zielstrebig gehen können.

Es wird Ihnen erklären, dass und warum niemand auf der Welt Ihr Leben in irgendeiner Weise beeinflussen kann, wenn Sie das nicht möchten, und dass jeder von uns alle Anlagen und Möglichkeiten in sich trägt, um sein Leben glücklich und mit Gelassenheit und Zuversicht zu führen, um seine Kenntnisse vom Wesen des Seins zu vervollständigen.

In diesem Sinn kann dieses Buch eine praktische und konkrete Hilfe sein, ein ganzheitliches Verständnis der Zusammenhänge real und bewusst im Alltag umzusetzen und zu nutzen, ohne Zwang, als Angebot eines Freundes an einen Freund, als Einladung, ein Stück des Weges gemeinsam zu gehen und zu erleben.

Und so, wie man jeden Weg Schritt für Schritt, einen nach dem anderen geht, so baut auch jedes Kapitel dieses Buches auf dem Verständnis des vorherigen auf.

Manche Aussagen in den folgenden Kapiteln werden Ihnen vielleicht zunächst eher Rätsel aufgeben als Verständnis vermitteln; manche werden sich Ihnen vielleicht erst erschließen, wenn Sie die Aussage in Ihrer Mitte spüren; einiges werden Sie vielleicht auch aus einer gänzlich anderen Perspektive betrachten wollen; hier und dort mag vielleicht die eine oder andere These gegen Ihre bisherigen inneren Glaubensgrundsätze verstoßen; aber wie auch immer: Wegweiser zeigen nur die Richtung an, und Sie haben die Wahl, Einladungen anzunehmen oder sie abzulehnen, so wie es zu einem bestimmten Zeitpunkt gerade richtig ist und Ihrer Entwicklung entspricht.

Manch gutem Freund, dem ich das Manuskript zum Probelesen überließ, schienen manche Aussagen einfach viel zu wenig kompliziert, zu sehr auf das Wesentliche reduziert und deshalb oft zu gut verständlich. Eine solche Einschätzung ändert sich mitunter, wenn es gilt, diese „schlichten“ neuen Glaubenssätze im Alltag umzusetzen und zu verwirklichen. Die Auswirkungen einer solchen Umsetzung sind allerdings oft verblüffend und intensiv zu spüren, denn selbst kleine Änderungen können oft Großes bewirken auf dem Weg zur Harmonie von Körper und Seele.

Äußere Wahrnehmung

Lebensraum

Unser Lebensraum, die Erde, ist eingebettet in einen Kosmos von schwer vorstellbaren Dimensionen. Wir haben Kenntnis von zahllosen anderen Planeten und Himmelskörpern, von denen manche so viele Lichtjahre entfernt sind, dass wir erst von ihnen erfahren, wenn sie nicht mehr existieren. Wir hören, dass es „Milchstraßen" gibt, lesen von „Antimaterie" und fragen uns, was wohl mit dem „schwarzen Loch" gemeint sein kann. Gewaltige Kräfte sollen dort draußen im All toben, sodass neue Planeten und Sonnen geboren werden, während andere verglühen. Und unserer Erde sollen Gefahren drohen, wenn der eine oder andere Planet auf Kollisionskurs zu gehen scheint.

Ein ungeheurer Reiz geht aus vom großen Fragezeichen Weltenraum. Denn mit einem bislang nicht gekannten Aufwand an Hochtechnologie und Material versuchen Wissenschaftler, Licht in das Verständnisdunkel zu bringen. Generationen von Forschern und Computern, Messsonden, Satelliten und Raumschiffen wollen uns weismachen, wir seien nur noch einen kleinen Schritt entfernt vom Verständnis der „kosmischen Gesetze". Und irgendwie erhoffen sich manche Menschen auch eine Erklärung jener Zusammenhänge, die unsere Welt im Innersten bestimmen.

Derweil sind mehrere Raumfähren auf dem Mond gelandet, Astronauten haben Wochen im All auf Beobachtungsstationen verbracht und unzählige Expeditionen durchgeführt. Es ist auch gelungen, Gesteinsproben und andere Materialien vom Mond zu analysieren.

Ein wichtiges Ergebnis all dieser Bemühungen um Verständnis der Zusammenhänge ist sicherlich gewesen, dass sich der außerirdische Raum eher als lebensfeindlich für die Menschheit darstellt. Aber an der Perspektive vom Weltenraum hat sich eigentlich nichts geändert. Trotz aller Daten ist letztlich alles so geblieben, wie es war.

Für den Fall, dass Sie neugierig darauf sind, was Sie direkt und ohne technische Hilfsmittel über die Bedeutung des Weltalls erfahren und in Ihrer Mitte spüren können, nehmen Sie sich zunächst einmal die Zeit zu warten. Wenn Sie die milde Luft einer Mainacht bevorzugen, warten Sie auf den Mai, wenn Sie die klare Kühle einer Winternacht mehr schätzen, warten Sie auf den Winter. Vielleicht können Sie Ihre inneren Kanäle aber auch völlig unabhängig von der Jahreszeit öffnen, sodass Sie nur bis zur nächsten sternenklaren Nacht warten wollen. Und dann treten Sie einfach hinaus: in der Stadt, indem Sie einfach die Balkontür öffnen; auf dem Land, indem Sie in den Garten hinausgehen; oder auf einem Schiff – falls Sie diese Möglichkeit bevorzugen –, indem Sie das Oberdeck aufsuchen.

Sie treten einfach hinaus, legen den Kopf in den Nacken, öffnen Ihre Augen und Ihre Sinne: Über Ihnen wölbt sich ein samtschwarzer Himmel von unendlicher Weite. Eine unübersehbare Zahl von Sternen funkelt am Firmament, kleine und große, strahlend helle und eher matt glühende, zum Greifen nah und unendlich fern.

Es ist faszinierend, zu spüren, wie sich diese Bilder zu Eindrükken formen und sich immer weiter vertiefen. Tauchen Sie einfach ein, lassen Sie die blaue Schwärze des Alls geschehen, und spüren Sie jene Ruhe und Geborgenheit, die Sie in Ihrer Mitte finden. Sicherheit und Harmonie füllen Sie immer weiter aus, und das Licht der Sterne strahlt hell und klar, voller Wärme und Frieden. Alles ist so, wie es ist, und Sie beginnen zu verstehen: Alles hat seinen Sinn, Individuum zu sein und auch ein Teil des Ganzen, sich verloren zu fühlen und auch geborgen. Sie spüren die helle Wahrheit des Lichts und die tiefe Ruhe der Nacht. Und Sie wissen, dass alle Möglichkeiten des Lebens Ihnen uneingeschränkt zur Verfügung stehen, unvorstellbar vielfältig und doch mit einer eigenen Ordnung – so wie auch jeder Planet draußen im All seine eigenen Gesetze hat, und doch ist alles eingefügt in die Gesamtheit des Weltenraums.

Und dann reibt man sich vielleicht verwundert die Augen, wie nach einem kurzen Schlaf, und sieht wieder den Himmel über sich und die Sterne. Und man fragt sich, wie wohl Technik und Wissenschaft uns vermitteln sollen, was wir vom Universum spüren können in unserer Mitte. Nur offen müssen wir sein und vertrauen auf das, was in uns ist.

Aus dem All betrachtet, gleicht unsere Erde einem geheimnisvollen, großen, blauen Ball, umgeben von einer nebulösen Atmosphäre. Satellitenkameras haben uns viele Bilder davon übermittelt. Je weiter wir uns diesem Planeten nähern, umso konkreter zeichnen sich wie auf einem Atlas Umrisse und Farben ab. Jeder Kontinent hat seine Farben: Blau oder Grün, Grau oder Schwarz, Gelb oder Braun, und manche sind so vielfältig, dass sich allenfalls Grundtöne beschreiben ließen. Jeder Kontinent bietet eigene Lebensbedingungen in spezifischen Lebensräumen und eine Kultur, die daraus erwachsen ist, mit Menschen, die dort in diesem Rahmen ihr Leben gestalten.

So gibt es Gebiete auf unserer Erde, die von extremen klimatischen Verhältnissen betroffen sind. Unter der Sonne Afrikas lassen sich alle Dinge in einem völlig anderen Licht betrachten, ergeben sich gänzlich andere Wertigkeiten, als man sie in den Regionen des ewigen Eises vorfindet. In den Gebieten mit großer Trockenheit und spärlicher Vegetation kann die tägliche Nahrungssuche zu einem sehr wichtigen Inhalt eines jeden Tages werden. Landstriche mit überaus üppiger Vegetation – etwa ein Urwald – erfordern Anstrengungen in völlig anderen Lebensbereichen.

Neben den natürlichen Rahmenbedingungen wirken sich andere Einflüsse auf die Entwicklungsmöglichkeiten der Menschen in den unterschiedlichen Regionen aus. So gibt es Gebiete, die besonders bevölkerungsreich sind. Viele Millionen Menschen wohnen dort auf engstem Raum. Die äußeren Möglichkeiten, sich einen Freiraum zu schaffen, sind sehr begrenzt. Alles funktioniert dort nur unter Einhaltung einer strengen Ordnung. Die Freiheit der Wahl in Bezug auf die eigene Entwicklung scheint stark eingeschränkt, Individualität gefährdet die Ordnung, der Einzelne zählt nicht. Ob das durch ein ideologisches Herrschaftssystem untermauert oder legitimiert wird, ist ohne große Bedeutung. Unter solchen Bedingungen erfährt der Mensch sich, sein Handeln und Fühlen, lediglich als Rädchen im Uhrwerk, als winzigen Teil des Ganzen, als letztlich bedeutungslos und jederzeit austauschbar. Es liegt nahe, dabei an ein Leben in einem Ameisenhaufen zu denken.

Im Gegensatz dazu gibt es Regionen, in denen die Bewohner einen nahezu unbegrenzten äußeren Freiraum genießen können.

Dort sind die Lebensräume entweder so spärlich besiedelt, dass man nur selten anderen Bewohnern begegnet, oder es kann sich um Lebensformen handeln, die trotz dichter Besiedlung den Menschen keine Verhaltenszwänge auferlegen, wo jeder den Tag nach eigenem Ermessen nutzen kann. Oft findet man in solchen Gebieten den Kampf um das tägliche Überleben im Bewusstseinsmittelpunkt der Menschen: die Sorge um das tägliche Brot, das Mehl oder den Reis. Auch wenn altes Wissen um mentale Möglichkeiten und die Freiheit des Geistes in manchen Menschen dort wohnt, bleibt der äußere Freiraum meistens ungenutzt; Armut und Hunger können sehr starke Fesseln sein und für lange Zeit das Bewusstsein und die Wahl der täglichen Möglichkeiten einengen.

In anderen Gebieten der Erde sind uns solche Fesseln fremd. Denn dort herrscht Überfluss. Niemand dürstet, niemand hungert. Fast jeder nennt ein Auto sein Eigen, eine Stereoanlage, einen Kühlschrank und eine Waschmaschine. Und niemand hat Zeit. Wer sich jeden Morgen einreiht in die Schlange der Wartenden im U-Bahn-Schacht oder wer jeden Morgen mit tausend anderen Stunden in einer zur Blechlawine erstarrten Autoreihe zubringt, der kann spüren, wie lähmend sich ein solches Gefühl der Enge und äußeren Beschränkung auf unser inneres Erleben auswirkt.

Und niemand hat Zeit, mit dem anderen zu reden. Niemand nimmt sich mehr die Zeit, einmal in seine Mitte zu gehen, einmal zu spüren, zu fühlen, ob denn ein solches Leben noch lebenswert ist und jene Dinge vermittelt, die weiterführen auf dem Weg zur Harmonie von Körper und Seele. Die Freiheit besteht dann oft nur noch darin, sich für eine bestimmte Automarke zu entscheiden oder für die Anzahl der Ratenkredite oder für eine Wohnung im zwölften oder dreizehnten Stockwerk. Oft findet man dort mürrische Gesichter. Materieller Wohlstand als Lebensrahmen kann sehr angenehm und hilfreich sein zum Wohlfühlen für manche Menschen, aber Überfluss und Konsum als Selbstzweck und Sinngebung sind sehr starke Fesseln, die nur zu sprengen weiß, wer sich der Kraft und Energie des inneren Selbst in seiner Mitte erinnert und diese nutzt.

Es könnte auch Gebiete geben, in denen der Mensch eingebunden ist in den natürlichen Ablauf der Dinge. Die Jahreszeiten bestimmen dort den Tagesablauf. Frühling und Sommer, Herbst und Winter – alles hat seine Zeit. Die innere Uhr gibt Ruhe und Geborgenheit, sie zeigt genau, wie spät es ist, was notwendig ist und was noch Zeit hat, ohne Eile und Hast. Jeder ist auf seinem Weg, und alle haben ein gemeinsames Ziel. Natürlich gibt es auch Häuser dort und Technik, Zeiten der Arbeit und Zeiten der Ruhe. In der Mitte steht der Mensch, stehen alle Menschen. Alle reden miteinander, lachen, weinen, streiten. Aber die Basis sind Liebe und Verständnis, Gelassenheit und Toleranz, das tiefe Wissen, allein zu sein und doch geborgen, Individuum und ein Teil des Ganzen, unverwechselbar und völlig einzigartig.

Dort ist Zeit, die Kanäle zu öffnen, alles zu spüren, außen und innen, den Lebensraum selbst zu gestalten und zu bestellen wie einen Garten; zu sehen, wie alles wächst und gedeiht, zu sehen, wie jedes aus jedem hervorgeht und wie das eine der Nährboden für das andere ist. Dort lässt es sich gut leben, und alle sind frei. Niemand wird in einem solchen Land einen anderen geringschätzen wegen seiner Hautfarbe. Niemand wird dort wegen seiner Herkunft oder seines Besitzstandes verachtet oder bewundert. Denn jeder dort hat verstanden, dass dies alles nur Möglichkeiten, Rahmenbedingungen, Erfahrungsfelder sind, ohne Rangordnung und Wertigkeit, an und mit denen man lernen und wachsen kann, jeder auf seine Art.

Was spüren Sie beim Anblick eines Menschen anderer Hautfarbe? Ist es Liebe, Toleranz, Offenheit und Verständnis? Freuen Sie sich mit Ihrem Nachbarn über das neue Gartenhaus oder Auto? Spüren Sie eine tiefe innere, lang anhaltende Befriedigung beim Kauf eines dritten Videogeräts? Fühlen Sie sich wirklich wohl in Ihrer Freizeit, und nutzen Sie Ihre Möglichkeiten, die das Leben Ihnen bietet?

Auf welchem Kontinent dieses Planeten Sie auch immer leben, welche Aufgaben sich Ihnen in Ihrem Land bevorzugt stellen mögen – die Grundbedingungen, die Basis, die Möglichkeiten sind für alle gleich. Ob Sie in Europa leben oder in Amerika, in Asien oder Afrika, ob Sie Mann sind oder Frau, grenzenlos reich oder bettelarm, nichts und niemand kann Sie daran hindern, Ihre Wahlmöglichkeiten wahrzunehmen, für Ihren Rahmen, Ihre Lebensumstände, Ihre Entwicklung, Ihre Lernmöglichkeiten selbst verantwortlich zu sein. Natürlich macht es für Ihre Erfahrungen einen Unterschied, ob Sie reichlich zu essen haben oder hungern, ob Sie in einem totalitären Staat leben oder in einer Demokratie, welchen gesellschaftlichen Status Sie innehaben. Natürlich sind wir, diese äußeren Bedingungen betreffend, nicht alle gleich. Niemand existiert auf dieser Welt oder sonstwo ein zweites Mal. Und genauso unterschiedlich sind die Lebensbedingungen, die jeder von uns gewählt hat für seine Erdexistenz, um genau jene Dinge und Zusammenhänge kennen zu lernen, die in seine Entwicklung konsequent hineinpassen. In diesem Sinne sind wir alle gleichgestellt, mit einem genau entsprechenden Lebensrahmen, Aufgaben und Spannungsfeldern, die wir genauer betrachten und an denen wir wachsen möchten, um neu zu lernen oder bereits Gelerntes zu überprüfen.

So bietet Reichtum nicht mehr Lernmöglichkeiten als Armut, Überfluss andere als Hunger, und Afrika ermöglicht andere Perspektiven für einen Europäer als für einen Afrikaner. Wo immer der Ausgangspunkt Ihrer Reise liegen mag, die innere Stimme, der eigene innere Maßstab sind unfehlbare Wegweiser zum Ziel, zur Harmonie von Körper und Seele, zum Verständnis von Ursache und Wirkung.

Viele wissen um diesen Kompass in ihrer Mitte, der ihnen sicher und unmissverständlich hilft, alle Möglichkeitn zu nutzen auf diesem Weg. Aber auch einen Kompass muss man lesen und deuten können, um dann die Schritte in die richtige Richtung zu lenken, um Umwege und Klippen zu vermeiden.

Auch wenn wir viel Zeit haben zu lernen, ein ganzes Leben oder so viel wir sonst wollen, so erfüllt es Sie vielleicht doch mit Freude und Zuversicht, bereits von diesem Moment an genau und bewusst die Einladungen aus Ihrem Umfeld anzunehmen, genau die Möglichkeiten wahrzunehmen und zu nutzen, die es Ihnen erlauben, schon heute einen großen Schritt auf Ihrem Weg zu gehen und dann wieder einen und immer weiter.

Die Entscheidung darüber liegt ganz allein bei Ihnen. Angebote in unbegrenzter Zahl werden Ihnen täglich unterbreitet. Sie können entscheiden, ob Sie dem Nachbarn freundlich zulächeln möchten oder achtlos an ihm vorübergehen. Sie können entscheiden, ob Sie sich von Ihrer Frau bzw. Ihrem Mann und den Kindern herzlich verabschieden oder mit Groll aus dem Haus gehen. Sie können entscheiden, ob Ihnen die „Sachzwänge" wie Autozahlungen oder andere Ratenkäufe wichtiger sind als die Möglichkeit, einen anderen Beruf zu ergreifen mit geringeren Verdienstmöglichkeiten, aber mehr Zufriedenheit. Was immer Sie wollen, jeden Tag können Sie Ihr Leben völlig neu bestimmen, auch wenn eine abrupte Richtungsänderung mitunter unangenehme Konsequenzen haben könnte.

Alles ist eine Frage der Wahl und Ihrer Entscheidung. Möglich ist immer und ohne Einschränkung alles. Sie können achtlos an allen Angeboten vorübergehen oder sehen, fühlen und abwägen und Ihre Wahl treffen. Ihren Erfolg, die Konsequenz Ihrerer Wahlen, dürfen Sie von Herzen genießen, vielleicht die vollendete körperliche Gesundheit, vielleicht beruflichen oder wirtschaftlichen Erfolg, vielleicht eine glückliche Familie mit fröhlichen Kindern, vielleicht innere Ausgeglichenheit, Gelassenheit und Zuversicht? Vielleicht sind Ihnen auf Ihrem Weg auch ganz andere Dinge wichtig.

Immer werden Sie die Auswirkungen Ihrer Wahl und Entscheidung spüren können. Und immer haben Sie die Möglichkeit, sich darüber klar zu werden, ob Sie den eingeschlagenen Weg weiterverfolgen möchten oder ob Ihnen eine andere Marschroute sinnvoller oder angenehmer erscheint auf Ihrem Weg zur Harmonie von Körper und Seele, beim Austausch mit allem, was ist auf dieser Erde und in Ihnen selbst.

Vielleicht genießen Sie es gerade, wie in einer Achterbahn in rasanter Fahrt und schneller Folge vom tiefen Tal in luftige Höhen zu sausen, mit einem Kribbeln im Bauch, aber mit unbändiger Freude und Energie. Vielleicht bevorzugen Sie eine ruhige Floßfahrt in seichten Gewässern. Oder Sie wählen eine Fahrt mit der Eisenbahn, erreichen eine Station nach der anderen mit dem sicheren Wissen, die Fahrkarte bis zum Zielort in der Tasche zu haben, und im Vertrauen auf die Zuverlässigkeit dieses Verkehrsmittels. Für viele kann auch der Marsch zu Fuß die beste Möglichkeit sein, Schritt für Schritt und mit offenen Augen und Ohren alle Weg zu bewandern, mit dem sicheren Wissen in ihrer Mitte, nichts versäumt oder übersehen zu haben.

Da es sich bei unserem Erdenleben keinesfalls um einen Wettlauf mit der Zeit oder den Mitmenschen handelt, können Sie getrost und mit der gebotenen Gelassenheit und Zuversicht wirklich jenen Weg, jene Möglichkeiten und Angebote auswählen, die Ihnen ein Höchstmaß an Wohlbefinden und Lerneffekt sichern. Auch wenn sich die eine oder andere unangenehme Erfahrung nicht immer wird vermeiden lassen: Hilfreich ist jede Erfahrung, die schmerzliche wie die wohltuende, denn Ursache ist Wirkung, und Wirkung ist Ursache.

In unserem äußeren Lebensraum können wir viel lernen. Es gibt unendlich viele Möglichkeiten, dieses Umfeld zu benennen, einzuteilen oder sich auf andere Art Orientierungshilfen zu schaffen, die einen Überblick und einen Rahmen vermitteln. Die meisten Tiere erleben sich bevorzugt in der Beziehung zur Natur. Manche von ihnen haben ein besonders gut entwickeltes Riechorgan, andere hören Geräusche in Frequenzen, von den die Menschen lediglich aus physikalischen Messungen wissen. Die Raubvögel verfügen über ein Sehvermögen, das ihnen zu erstaunlichen Leistungen verhilft, und faszinierend ist es, anzusehen, mit welcher Anmut und Geschmeidigkeit die Fische durch das Wasser gleiten. Wenn auch alle diese Lebewesen in irgendeiner Weise beweglich sind und in gewissem Rahmen ihre Umgebung verlassen können, so bleiben sie doch überwiegend an einen Raum gebunden, in dem die entsprechenden Erfahrungen und Lernprozesse erworben und umgesetzt werden.

Einen solchen Lebensraum, ein Lebensgebiet, ein Lebenselement, das grundlegende Erfahrungen auf ganz spezifische Art vermittelt, kann man als Medium bezeichnen. Dieser Begriff ist unabhängig von den so genannten Elementen. In einem Medium können wichtige Beziehungen auf unterschiedliche Art erfahren werden.

Medien vermitteln Grunderfahrungen des materiellen Lebens und sind erlebbar durch unsere fünf Sinne der äußeren Wahrnehmung. Immer setzen wir uns zu den Medien in Beziehung und erfahren uns an und mit ihnen. Können Sie sich daran erinnern, wann und wo eine Melodie Sie besonders berührt hat und welche Gefühle Sie dabei in Ihrer Mitte gespürt haben? Vermittelt Ihnen der feste Boden, die Erde unter Ihren Füßen, ein Gefühl der Sicherheit? Wie erleben Sie Erde beim Umgraben im Garten im Frühling, wenn die Pflanzen keimen?

Medien und alles, was sich in ihren Lebensbereichen befindet und ihre spezifischen Lernangebote verdeutlicht, kann man riechen, sehen, hören, fühlen oder schmecken. Es gibt in diesem Sinn vier Medien: Luft, Wasser, Erde und Schall.

Eine Atmosphäre aus Luft umgibt uns alle. Ein Gas sei sie aus unterschiedlichen Teilen verschiedener chemischer Elemente, sagen die Wissenschaftler. Bestimmte Atome finden sich darin, Sauerstoff,

Wasserstoff, Stickstoff und manche andere. Die einzelnen Bestandteile der Luft kann man messen und sich darüber ein Bild von ihr machen. Meistens ist ein solcher Versuch, zu dem Medium Luft eine Beziehung aufzunehmen, sehr zeitaufwendig und erfordert immense Apparaturen. Dann allerdings, am Ende eines solchen langwierigen Prozesses, hat man die Messergebnisse schwarz auf weiß und in Zahlen ausgedruckt. Für manche Menschen zählt nur, was sie in dieser Form wahrnehmen können.

Luft erfahren kann man auch über Atmung. Atmung geschieht immer, meistens ruhig und regelmäßig, ein Leben lang. Beim Atmen kann man spüren, wie Luft in die Lungen einströmt, wenn sich der Brustkorb hebt oder das Zwerchfell senkt. Einige Stoffe, wie zum Beispiel Sauerstoff, treten von den Lungen in unser Blut über und werden weiter in jede Zelle des Körpers transportiert. Andere Stoffe, die der Körper nicht mehr benötigt, nehmen den umgekehrten Weg. Und bei jedem Ausatmen, beim Senken des Brustkorbs, verlässt Luft spürbar wieder unsere Lungen und wird von der Atmosphäre aufgenommen. Wenn es draußen sehr kalt ist, kann man den Atem auch sehen.

Viele Menschen genießen es geradezu, einmal tief ein- und auszuatmen, zu spüren, wie die Luft ein- und ausströmt, und fühlen sich dann oft wie befreit und sehr leicht. So kann man Luft sehr direkt und als wohltuend erfahren.

Wer gern im Wald spazieren geht, wird solche Wanderungen aus vielen Gründen lieben. Im Wald riecht Luft unnachahmlich würzig und köstlich, nach Moosen und braunen Blättern, nach Farnen und Erde, nach frischem Grün und altem Laub; selten findet sich ein solches Nebeneinander von Werden und Vergehen wie in der Waldluft. Sie bringt Frische und Energie. Mit der Waldluft spürt man Leben unmittelbar, ein herrliches und wohltuendes Gefühl.

Die Luft kann auch angefüllt sein mit beißenden Gasen, wie in den Straßen einer großen Stadt. Auspuffgase und die Schlote der Fabriken und Müllverbrennungsanlagen geben manche Stoffe in die Luft und Atmosphäre. In solchen Gebieten einmal tief und bewusst ein- und auszuatmen kann von großem Gewinn sein. Aber die Gefühle, die uns die Luft dort vermittelt, die Erkenntnisse, die wir daraus gewinnen können, sind völlig anderer Natur.

An einem frostklaren Wintermorgen am Strand entlangzulaufen vermittelt viele Eindrücke. Die Luft an solchen seltenen Tagen ist klar und der Blick ungetrübt bis zum Horizont. Eine solche Sicht wünschen sich viele Menschen an allen Tagen, ungehindert und frei. Aber die Luft kann auch sehr trübe sein, von Nebelbänken durchzogen und manches verhüllend. Dann weiß man nicht, was sich hinter dem Dunst verbirgt. Im Nebel kann man sich verirren und wird manches Mal die Richtung überprüfen müssen. Im Nebel kann man Ziele überdenken und eine Pause einlegen, bis die Sicht wieder klar ist und der Blick offen. Luft kann gestochen scharfe Konturen vermitteln oder die Ziele nebulös verwischen. Klarheit schafft Gelassenheit und Zuversicht.

Man kann Luft auch spüren auf der Haut. An einem heißen Sommertag wirkt kühler Wind von der See sehr erfrischend auf den Körper und die Seele. An frostigen Tagen kann Luft die Gesichtshaut beißen oder sie angenehm zum Prickeln bringen. Warme Luft kann den Körper umschmeicheln und umschließen wie ein angenehmes Bad. Luft kann die Haut sanft streicheln oder kräftig die Haare zerzausen. Manchmal kann man Luft auch schmecken. Salzig ist sie dann oder bitter oder süß.

Mit allen Sinnen erfährt man die tosende Gewalt eines Sturms, der sehr elementare Gefühle vermittelt. Manche Menschen lieben den Sturm, weil er ihnen ein unbeschreibliches Empfinden von Kraft und ursprünglicher Energie bereitet. Andere Menschen erleben sich in einem solchen Naturereignis eher als hilflos, schutzbedürftig und ausgeliefert. Natürlich können Orkane auch Bäume knicken und Dächer abdecken.

Luft ist ein Medium, das vieles vermittelt. Jeder macht seine eigenen Erfahrungen, je nach der eigenen Entwicklung. Manche Lebewesen haben die Luft zu ihrem Hauptlebensraum gewählt. Den Flug der Vögel zu beobachten und zu sehen, wie sie sich frei in diesem Medium bewegen, weckt in vielen Menschen Sehnsüchte und Wünsche. Der Traum vom Fliegen und Flugzeuge lösen bei anderen Menschen sehr eindrückliche Ängste aus.

Für einige Lebensformen im Wasser stellt Luft eine tödliche Bedrohung dar, weil sie es vorgezogen haben, sich schwerpunktmäßig auf ein anderes Medium und dessen Lebensbedingungen auszurichten. Menschen stehen alle vier Medien zur Verfügung, um sich in ihnen auf die unterschiedlichste Art und Weise zu erfahren.

Luft lässt sich in vielen Bereichen des täglichen Lebens einsetzen. Windkraftwerke und Mühlen werden von Luft angetrieben und liefern Energie, die frei ist von Schadstoffen und die Umwelt nicht belastet. Die meisten Reifen, beim Auto wie bei Zweirädern, sind luftgefüllt und fahren so gepolstert auch über unebene Wege und Straßen. Luft wird auch und oft zur Kühlung eingesetzt, in Kraftwerken, Fabriken, im Kühlschrank, beim Gefrieren – oder gepustet bei zu heißem Essen. Der Schmied verwendet seinen Blasebalg, um die Glut an der Feuerstelle neu zu entfachen, und jeder Freund des Grillens weiß, wie hilfreich sich das Zufächeln von Luft auf die Hitze der Holzkohle auswirken kann. Die Segelflieger genießen es über alle Maßen, dass sie manchmal stundenlang durch die Lüfte gleiten und die Tragkraft der Luft für ihre Zwecke nutzen können. Im Kleinen freuen sich die Kinder an ihrem Drachen, der am Himmel steht, vom Wind getragen.

Die Campingfreunde schätzen die Fähigkeiten ihrer Luftmatratze als Liegeunterlage des Nachts ebenso, wie sie es lieben, sich am Tag von ihr auf dem Wasser tragen zu lassen. Luft wird in einigen Bereichen auch zum Trocknen eingesetzt. Die Wäscheleine im Garten ist für jeden Haushalt sehr viel energiesparender als der elektrisch betriebene Trockner. Und manche Salami besitzt nur dann ihren besonderen Wohlgeschmack, wenn sie an der Luft getrocknet wurde.

Die Möglichkeiten, sich des Mediums Luft im täglichen Leben auf sehr direkte und praktische Art und Weise zu bedienen, sind ohne Grenzen. Es liegt an Ihnen, welches der faszinierenden Angebote des Mediums Luft Sie auswählen, welche Möglichkeiten, die Luft Ihnen bietet, Sie genauer betrachten möchten. Ihre Entscheidung ist es natürlich auch, ob das Schwergewicht Ihres Interesses mehr auf den Auswirkungen dieses Mediums im materiellen Bereich liegt oder ob es Ihnen wichtiger erscheint, diese Auswirkungen als Ursache für alle Prozesse, Gedanken, Gefühle oder Änderungen und Erfahrungen zu sehen, die sich bei Ihnen dann als Wirkung oder Konsequenz einstellen.

Vielleicht möchten Sie auch während der nächsten Tage und Wochen erst einmal gezielt Ihre Aufmerksamkeit dem Medium Luft zuwenden und es sehr bewusst in allen Situationen und Möglichkeiten kennen lernen, bevor Sie sich entscheiden. Mitunter ist der Alltag auch mit so zahlreichen Verpflichtungen und Arbeiten gespickt, dass Sie sich im Augeblick nicht noch weitere Aufgaben zumuten möchten. In diesem Fall genießen Sie doch einfach die klare Sicht, den Flug der Vögel, den Wind in den Haaren und das herrliche, belebende Prickeln auf Ihrer Haut. Niemand und nichts auf der Welt kann Sie daran hindern, sich an der Luft allein zu erholen und Kraft zu schöpfen für alle Aufgaben und Tätigkeiten, die Ihnen im Moment wichtig erscheinen. Das Medium Luft lässt sich auf vielerlei Arten erfahren, eher anstrengende oder eher erholsame, eher direkte oder eher indirekte, eher als Ursache oder eher als Wirkung, so wie Sie es möchten.

Medium Wasser

Wasser lässt sich in chemischer Formel als eine Verbindung aus zwei Teilen Wasserstoff und einem Teil Sauerstoff beschreiben. Das mag Ihnen heute eher banal erscheinen, dennoch war ein erheblicher Einsatz an Wissenschaft und Forschung vonnöten, um diesen Umstand zum einen herauszufinden und um ihn zum anderen messtechnisch zu belegen. Manche Menschen nehmen dies eher beiläufig zur Kenntnis, andere halten es für sehr bedeutsam.

Was gäbe es Schöneres, als an einem stickig-heißen Sommertag – mit einem Kopfsprung vielleicht – in herrlich erfrischendes und kühles Wasser zu springen? Man spürt zunächst das leichte Kribbeln auf der Haut, verursacht von all den kleinen Luftelementen, die beim Eintauchen an der Oberfläche der Haut hängen blieben und sich nun als winzige Bläschen wieder von der Haut lösen. Dann taucht man immer tiefer ein, vernimmt ein Rauschen in beiden Ohren, spürt die zärtliche Berührung des vorbeigleitenden Wassers auf der Haut, gleitet, wird getragen, aufgefangen, nahtlos und völlig umschlossen, wird Bestandteil des Mediums und bleibt doch von ihm getrennt, genießt die Frische und den innigen Kontakt, fühlt sich sicher und geborgen und wird allenfalls von der langsam, aber sicher eintretenden Luftnot davon überzeugt, dieses herrliche Erlebnis beenden und an die Wasseroberfläche zurückkehren zu müssen, um die Lungen wieder mit Sauerstoff zu füllen.

Vielleicht haben Sie dann beim Auftauchen dieses Erleben in Ihrer Mitte verglichen mit dem Wissen um die chemische Zusammensetzung des nassen Elements und sind zu Ihrem eigenen Ergebnis gekommen.

Vielleicht haben Sie sich aber auch erinnert an die Zeit der Wärme und Geborgenheit, an eine Phase Ihres Lebens, die Sie sicher und beschützt im Leib Ihrer Mutter verbracht haben. Alle Geräusche dort waren gedämpft, alle Bewegungen waren getragen, und Sie konnten alle Sinneseindrücke genießen und sich wohl fühlen.

Möglicherweise waren Sie auch einfach erstaunt darüber, welche beeindruckenden und globalen Empfindungen für fast alle Sinne Ihnen das Wasser vermittelt. Wasser kann man auf unterschiedliche Art und Weise schmecken: Kühl und klar schmeckt das Wasser aus einem Brunnen oder einem Bergquell, eher salzig wird ein Schluck vom Meerwasser Ihre Geschmacksnerven reizen; abgestandenes Wasser kann faulig sein; Geschmackszusätze vermitteln ungezählte Aromen. Einem übersättigten Menschen schmeckt Wasser nur langweilig und fade, köstlich mundet ein kühler Schluck dem Durstenden in der Wüste oder anderswo.

Die Farbe des Wasser ist nirgendwo gleich. Bei einem Bergsee herrscht Klarheit vor, sodass man bis zum Grund sehen kann. Die Nordsee führt ein graubräunliches Wasser, das aufgrund der Gezeiten, des Wechsels von Ebbe und Flut, Teile des aufgewühlten Meeresbodens enthält. Manche Flüsse sind so überladen mit Abfällen aus Industrie und den Haushalten, dass sie kloakenähnlich schwarzbraun dahinfließen. Immer spüren Sie in Ihrer Mitte etwas anderes, bei jeder Farbe, bei jedem Geruch, alles hinterlässt einen anderen Eindruck mit unterschiedlichen Konsequenzen. Für alle Lebewesen ist Wasser notwendig und unverzichtbar. Ohne dieses Element wachsen keine Blumen, verdorren die Felder, verdursten die Tiere und Menschen. Einige Tiere haben diesen Lebensraum gewählt, um das Medium Wasser besonders intensiv kennen zu lernen, wie die Fische, die Muscheln, die Korallen und die Seehunde.

Auf dem Wasser kann man in einem Schiff die Meere überqueren. Dann ist es das tragende Element des Wassers, welches sich auf die eine oder andere Art vermittelt. Bei ruhiger See gleitet das Schiff sanft dahin. Man fühlt sich sicher und geborgen. Peitscht ein Sturm die See, türmen sich die Wellen oft meterhoch. Manche Menschen fühlen sich dann sehr unwohl und werden seekrank, andere haben gar Angst um ihr Leben; und manches Mal können Schiffe dann auch sinken. Ohnehin wird das Medium Wasser von einigen Menschen als bedrohlich empfunden, weil man keinen festen Boden unter den Füßen hat. Schließlich kann Wasser auch über die Ufer treten bei Orkan und Sturmflut.

Wasser lässt sich auch im Alltag vielseitig nutzen. So werden Turbinen in Staudämmen von Wasser angetrieben. Es kühlt Kernkraftaggregate. Mit Wasser lässt sich Geschirr spülen und Wäsche waschen. Ein Duschbad vermittelt Körperfrische, ein Vollbad genießt man entspannt in Ruhe und wohliger Wärme. Wasser dient auch als Transportmittel, das zahllose Stoffe in Lösung bringt und weiterleiten kann.

Im Winter kann Wasser gefrieren. Dann beschlagen im Haus die Scheiben, und die Sicht ist verschwommen. Draußen gefrieren die Seen und Flüsse, und wir können Schlitten fahren oder Schlittschuh laufen. In manchen Regionen bauen Menschen aus gefrorenem Wasser sogar ihre Häuser, die sie dann vor Kälte und wilden Tieren schützen und ihnen Behaglichkeit bescheren. Wasser fällt vom Himmel als Regen, Wasser gibt es als Meere, Seen und Flüsse, nach Wasser kann man unter der Erde suchen, Bäche entspringen aus den Bergen.

Wasser ist immer in Bewegung. Es fließt von einem Ort zum anderen, es zirkuliert in stehenden Gewässern durch die Temperaturunterschiede, es verdampft, und es kondensiert. Es nagt an manchen Küstenstreifen, und Wellen können Sand zurückbringen.

Wasser lässt sich sehr gut transportieren. Man kann es in Flaschen füllen oder in Kanister und es an jeden Ort bringen, an dem es gebraucht wird. Man kann es auch über Schläuche und Leitungen in bestimmte Gebiete leiten und es dort einem Nutzen zuführen. Man kann Wasser stauen hinter riesigen Dämmen oder umleiten in ein anderes Bett. Wenn man Wasser verdunsten lässt, kann man Salz gewinnen. Im Wasser leben Tiere und Pflanzen, die uns zur Nahrung dienen können, Schwämme gibt es dort und Korallen, und alles können wir selbst erfahren, die Möglichkeiten und Angebote sehen, annehmen und nutzen.

Für manche Menschen ist Wasser nur zum Waschen da und zum Zähneputzen; einige kennen es auch nur in der Form von Bier. Jeder trifft täglich seine Wahl. Am besten und intensivsten kann man Wasser kennen lernen, indem man es aus allen denkbaren Perspektiven betrachtet. Jede Beobachtung, jede Erfahrung mit diesem Medium wirkt sich aus. Und diese Auswirkungen sind wieder Anlass zu neuen Erfahrungen und Fragen. Denn Ursache ist Wirkung, und Wirkung ist Ursache.

Vielleicht möchten Sie gerade jetzt einmal genauer kennen lernen, welche Bedeutung das Medium Wasser in Ihrem Leben einnimmt, ob es ein Lebensrahmen ist, der Ihnen besonders nahe steht, weil Sie sich schon längere Zeit damit auseinander gesetzt haben.

Entscheidungen haben immer Konsequenzen, sodass Sie die Auswirkungen Ihrer Wahl spüren können im Alltag. Schließlich dienen all unsere Bemühungen, alle unsere Probleme, alle Betrachtungen und alle Medien lediglich einem Ziel: Sie sollen weiterhelfen auf dem Weg zur Harmonie von Körper und Seele.

Wasser ist ein Medium, das unzählige, sehr eindrucksvolle Erfahrungsmöglichkeiten bietet, angenehme und unangenehme, leichte und schwere, oberflächliche und profunde. Und Sie werden überrascht sein, welch eindrucksvolle Beziehungen sich zum Medium Wasser herstellen lassen. Und Sie werden sich freuen können auf jeden Tag, weil er Ihnen all diese Möglichkeiten bietet.

Medium Erde

Der Erdboden, auf dem wir uns täglich bewegen, lässt sich chemisch nur sehr unvollkommen beschreiben. Die Zusammensetzung dieses Mediums wechselt ständig und ist regional sehr verschieden.

Den meisten Menschen vermittelt die Erde, der Boden unter den Füßen, Sicherheit und Halt, Ruhe und Beständigkeit. Für dieses Gefühl der Sicherheit ist es ohne Belang, über welche Art von Boden Sie laufen, sieht man einmal ab von moorigem Gelände und Treibsand.

Die Erde nimmt viele Sinne in Anspruch. Wer im Frühling einmal durch die Felder in seiner Umgebung wandert, wird vielleicht zunächst vom frischen Geruch des Bodens beeindruckt sein. Es duftet nach frischem Grün, nach neuem Leben und erwartungsvoller Energie. Ein Geruch ist das, den man kaum beschreiben kann, den man aber spüren kann, indem man tief ein- und ausatmet, die Augen schließt und seinen Gedanken und Vorstellungen freien Lauf lässt.

Wenn Sie dann die Augen wieder öffnen, werden Sie den Boden, das Land vor Ihren Blicken, mit einem anderen Verständnis betrachten können. Vielleicht entdecken Sie die veränderte Oberfläche, oder es fallen Ihnen die zahlreichen feinen und großen Risse im Boden auf. Oder Sie richten Ihre Aufmerksamkeit besonders auf das zarte Grün, die ersten Spitzen von Gras oder Getreide, von Raps oder Löwenzahn? Der Boden fühlt sich dann noch recht fest an, man muss ein wenig schaben, um einige Krumen zu lösen. Diese Erdbröckchen lassen sich zwischen den Fingern zerreiben und vermitteln viel von dem, was Erde sein kann. Jeder kann das auf seine Art und Weise spüren.

Im Frühling wie in allen anderen Jahreszeiten bietet die Erde eine solide Basis, und man kann sich an ihr und mit ihr auf vielfältige Art erfahren. Jede Erfahrung, jedes In-Beziehung-Setzen lässt Sie die Erde in neuer Weise kennen lernen. Die Erde ist der Boden, aus dem neues Leben wächst.

Im Sommer kann man sehr angenehm den weißen Sand am Strand unter den nackten Füßen spüren, fein und beweglich, anschmiegsam und rauh. Vielleicht lieben Sie es auch, den körnigen Sand zwischen den Fingern hindurchrieseln zu lassen, und freuen sich daran, wie bereits leichter Luftzug den Flug der feinen Sandkörner verändert. Der Sand am Strand verströmt einen sehr eigenen Geruch, trocken und ein wenig staubig, salzig und kräftig, eindringlich und auch flüchtig.

Die Felder des Frühlings sind im Sommer kaum wieder zu erkennen. Alles ist von einer dichten grünen oder goldgelben Schicht überzogen, von zahlreichen farbenprächtigen Blumen durchsetzt; das Getreide steht mitunter einen Meter hoch und lässt kaum einen Blick auf unbedeckten Boden frei. Im Sommer hat man oft den Eindruck, dass der Boden als Medium etwas in den Hintergund tritt und dass alles, was man auf seiner Oberfläche wahrnehmen kann, im Mittelpunkt steht.

Im Herbst ändern sich dann wieder die Verhältnisse. Die Ernte wird eingefahren, das Getreide gedroschen, wir sehen weite Stoppelfelder, und schließlich wird der Boden umgepflügt. Dann empfinden viele von uns die Erde wieder als in einer Art Urzustand: ursprünglich, dunkelbraun und schwarz, schwer und feucht. Der Geruch eines solchen Bodens ist gehaltvoll, würzig und satt. Wer diesen Duft einmal „auf der Zunge zergehen“ lässt, vielleicht wieder mit geschlossenen Augen, wird manches spüren können, sich an Reife erinnert fühlen und an Vollendung, an Früchte denken oder an Abschied. Das Auge vermittelt ruhige und getragene Eindrücke, voller Wärme und Intensität. Alles befindet sich in einer Phase der Besinnung und der Zuwendung nach innen. Die Erde will sich zur Ruhe begeben und bietet Laub und Tieren Unterschlupf und Sicherheit.

An manchen Tagen im Winter ist die Erde von einer dicken Schneedecke überzogen, wie von einem schützenden und wärmenden Mantel. Aber zur gleichen Jahreszeit findet man den Boden oft auch bretthart, frostig und trocken, mit einer Oberfläche ohne die scholligen Erhebungen des herbstlichen Pflügens, eintönig verstrichen. Während sich dem Auge eher gleichförmiges Einerlei ohne auffällige Akzente darbietet, vermittelt der feste Boden doch auch das Gefühl einer sicheren Fläche, die ohne Zweifel alles trägt. Der Duft des Bodens ist flüchtig, abgerundet und ausgeglichen. Die Stürme des Herbstes haben keinen großen Eindruck hinterlassen. Jetzt herrscht Ruhe und Einkehr nach innen. Alles bildet eine feste Einheit, und nur schwer lassen sich Proben aus dem Boden entnehmen, meistens in größeren Brocken. Nur der Waldboden zeigt dem Spaziergänger auch im Winter noch, wie federnd und dämpfend, wie elastisch die Erde im Wald sein kann.

Wer im Winter einmal die Augen schließt, um intensiv wahrzunehmen, was die Erde ihm mitteilt, wird vielleicht besonders deutlich die Wärme spüren, die der eigene Körper im Gegensatz zum Boden vermittelt. Oder tiefe Ruhe wird sich in Ihnen ausbreiten und die Basis bilden für neue Erfahrungen und Wünsche. Vielleicht wird dabei auch manches deutlicher, was vorher verschwommen war. Oder Sie genießen die eherne Festigkeit, die unerschütterliche Sicherheit: Die Erde ist da, der Boden ist fest und tragfähig, ohne jeden Zweifel.

Wenn man die Erde unter dem Aspekt der Jahreszeiten betrachtet, eröffnen die Sinne viele Möglichkeiten des Austauschs und Kennenlernens. Das Medium Erde lässt sich sehr gut ersehen, erriechen oder ertasten. Hören kann man die Erde nur sehr selten, etwa bei einem Erdbeben, das in unseren Breiten glücklicherweise ebenso selten wie ungewöhnlich ist. Von der Erde können wir viel über uns und unser Leben erfahren, wenn wir die Sinne öffnen und die Fähigkeiten zu fühlen und zu spüren in angemessener Weise im Alltag einsetzen. Denn, was auch immer geschieht: Die Erde vermittelt Sicherheit, fest und ruhig.

Einigen von Ihnen mag es interessanter und lehrreicher erscheinen, das Medium Erde unter anderen Gesichtspunkten zu betrachten, etwa dem seines Nutzens im Alltag. Auf Erde baut man Häuser mit Mörtel, der zum großen Teil Sand enthält, und mit Ziegeln, die aus Ton gebrannt sind. Was wären unsere Häuser ohne Erde? An den Küsten errichtet man aus Erde hohe Schutzdeiche, die bei Sturm Sicherheit bieten und das Leben dort und auf den Inseln oft erst ermöglichen. Die Erde bietet festen Halt für Hochspannungsmasten, für Brücken und Leuchttürme, für Pfeiler und Zäune. Und natürlich ist der Boden die Grundlage für Straßen und Wege, für Landebahnen und Rennpisten. Unter der Erde haben Menschen Höhlen und Tunnel gegraben, um damit Flüsse oder Berge zu unterqueren oder um dort nach Rohstoffen zu graben, von denen Energie und Reichtum, Macht und Schönheit zu erhoffen waren.

Vor allem ist die Erde Nährmedium für unsere Nahrung. Korn wächst dort und Gemüse, Kartoffeln und Früchte. Die Bäume haben ihre Wurzeln in der Erde. Für die Tiere wächst dort Gras und mancherlei Kraut. Schutz bietet die Erde für zahllose Insekten, viele Nagetiere und andere Höhlenbewohner.

Die Erde verstehen viele als Ausgangspunkt und Ende unseres Lebens. Im Frühjahr wird die Saat gelegt und sicher dort zunächst verwahrt. Dann sprießt das neue Leben mit dem Keimling und entwickelt sich. Nach der Blüte folgt die Reife und schließlich das Vergehen. Die Erde nimmt alles wieder auf und gibt damit neuem Leben später Nahrung. Auch der mächtigste Baum modert einmal in der Erde, auch der mächtigste Felsen wird einmal zu Staub. Die Körper von Menschen werden in der Erde begraben. Am Medium Erde lässt sich der Kreislauf aus Werden und Vergehen sehr deutlich erkennen, lassen sich Ursache und Wirkung eindringlich erfahren. Alle diese Erfahrungen werden auf einer sicheren Basis vermittelt, die man täglich spüren kann unter den Füßen. Dieser sichere Boden rückt manches wieder ins Lot, ganz gleich, wie der Tag begann.

Medium Schall

Der Schall lässt sich wissenschaftlich auf verschiedene Verständnisbilder bringen. So kennt man unter anderem die Maßeinheiten Phon und Dezibel, oder man beschreibt die Tonhöhe durch Frequenzen (Schwingungen). Für manche Menschen wird diese Art, den Schall als Medium zu beschreiben, ähnlich inhaltsvoll und aussagekräftig sein wie das Wort selbst. Andere mögen sie für die einzige adäquate Darstellungsform halten und ihre ganze Energie in die weitere

Erforschung und physikalische Beschreibung dieser Erfahrungsebene stecken.

Jeder von uns hat einen Platz, an den er sich zurückziehen kann, um einmal Stille einkehren zu lassen und sich seinen Gedanken zu überlassen. Das kann ein Zimmer in Ihrem Haus sein, ein Dachboden vielleicht, oder auch ein Platz, von dicken Mauern umgeben, an dem man gemeinhin Stille erwartet, wie eine Kirche zum Beispiel. Dort ist man abgeschirmt vom Lärm der Umwelt und den akustischen Reizen unserer Mitmenschen. Wenn Sie sich dort einmal auf eine Bank setzen, die Augen schließen und in sich hineinhorchen, dann spüren Sie möglicherweise zuerst, wie sich alle Muskeln lösen und einer wohltuenden, sanften Schwere und inneren Ausgeglichenheit Raum schaffen. Jede Zelle Ihres Körpers öffnet sich dann dieser Ruhe und jede Sekunde Ihres Bewusstseins. Und dann spüren Sie die Stille auch in Ihrer Mitte. Nichts anderes zählt dann mehr, alles andere ist völlig gleichgültig.

Wenn Sie mit diesem Gefühl des inneren Friedens und der Geborgenheit einmal Ihre innere und äußere Aufmerksamkeit auf Ihr Gehör richten, werden Sie Erstaunliches erleben können: Ruhe zunächst, nichts als Ruhe oder, viel deutlicher noch: das Fehlen all jener Geräusch, die täglich ohne Unterlass auf Sie einwirken, vom sehr leisen Geräusch einer fallenden Stecknadel über das Motorengeräusch des Staubsaugers, den Klang eines Liedes im Radio über den Lärm im Straßenverkehr bis zum ohrenbetäubenden Turbinengeheul eines startenden Flugzeugs. Erst jetzt, wo alle diese Schalleindrücke fehlen, spüren Sie vielleicht jene ungeheure Kraft, den Einfluss, dem Sie täglich ausgesetzt sind und auf den Sie täglich auf vielfältige Weise reagieren.

Wenn Sie dann noch einmal in diese fast vollkommene Stille hineinhören und Ihre Aufmerksamkeit allein darauf konzentrieren, werden Sie wahrnehmen können, dass jetzt auch in dieser Stille verschiedene Schalleindrücke deutlich wahrnehmbar sind: ein tiefes niederfrequentes Brummen vielleicht, ein sehr hochfrequenter, fast schriller Pfeifton und mehr oder minder intensive andere Schwingungen. Immer feiner und differenzierter werden Sie mit der Dauer des Lauschens die einzelnen Bereiche wahrnehmen können.

Spüren Sie dann einmal in sich hinein, wie sich die einzelnen Töne und die feinen Geräusche in Ihnen auswirken, wie Ihre Organe auf das Medium Schall reagieren. Spüren Sie vielleicht ein sehr zartes Vibrieren in Ihrer Mitte, vergleichbar dem Flügelschlag eines Schmetterlings? Vertieft sich Ihre Entspannung, wird Ihre Atmung langsamer und tiefer bei einem niederfrequenten Brummen, oder spüren Sie eine keimende Unruhe? Erinnert Sie die eine oder andere Schwingung gar an ein Gefühl oder einen Zustand aus einer Zeit, die schon lange zurückliegt? Spüren Sie durch die Schalleindrücke etwas, das mit dem Ort und den Umständen eigentlich überhaupt nicht in Zusammenhang stehen kann und trotzdem da ist, als Gefühl in Ihrer Mitte, aktiviert und ausgelöst durch einen leisen Ton in der Stille? Oder ziehen Sie es vor, sich dem Gesamteindruck aller Töne und Geräusche zu überlassen, dahinzutreiben in Harmonie und Geborgenheit, sich eins zu fühlen mit sich selbst und Ihrem Umfeld?

Wie immer Ihre Entscheidung ausfällt: Nach der ersten Überraschung über die vielen Angebote der Stille beginnen Sie vielleicht zu ahnen, welch ein ausdrucksstarkes Medium der Schall sein kann. Viele Gedanken mögen Ihnen dann durch den Kopf gehen – über die tranceeinleitende Wirkung von Popkonzerten oder über die beruhigende Wirkung eines mütterlichen Schlafliedes auf den schreienden Säugling. Wenn Sie dann erneut Ihre innere und äußere Aufmerksamkeit auf den Eindruck von „Stille" richten, sich von den „Geräuschen" der Stille also abwenden, schaffen Sie Raum für neue Eindrücke, die Ihnen der Schall vermitteln kann.

Viele Geräusche nimmt man täglich kaum noch wahr: das Ein- und Ausströmen der Atemluft zum Beispiel, den fast unhörbaren Lidschlag der Augen, das Vibrieren der angespannten Muskeln, das Schließen des Mundes oder die Bewegung der Haare im Wind. Leise Geräusche sind oft nur über Konzentration wahrnehmbar. Entweder sind dann die auslösenden Handlungen als Informationsträger wichtiger, wie bei den eben genannten Körpergeräuschen, oder der Schall wird als Austauschmöglichkeit für Informationen nur ungenügend in Anspruch genommen. Es gibt viele leise Geräusche: den Flügelschlag eines Insekts, den zarten Hauch des Windes, das Umschlagen einer Buchseite, das Fallen eines Blattes, das Gleiten eines Vogels und das Fließen eines Baches. Manche Menschen haben gerade ein Ohr für die leisen Töne.

Es gibt auch Tage, an denen es sehr schwer fällt, sich auf einzelne Schalleindrücke zu konzentrieren. So kann der Lärmpegel in einer Großstadt sehr hoch sein und dem rastlosen Treiben, dem

Verkehrsgewühl und den hastenden Menschen eine sehr eindrucksvolle Kulisse liefern. Auf diese Weise kommen dann einige Merkmale der Großstadt multidimensional zum Ausdruck. Vielleicht nutzen Sie auch dort einmal die Möglichkeit, neben einer Litfaßsäule oder einem Kiosk stehen zu bleiben, die Augen zu schließen und in sich hineinzuspüren. Manch einer wird Erstaunliches in seiner Mitte wahrnehmen können und möglicherweise diese Gefühle zur Grundlage einiger wichtiger Entscheidungen wählen.

Es gibt allerdings auch Tage, an denen manche Menschen geradezu die fast gewalttätige Macht des Schalls aufsuchen, um sich intensiv und körperlich zu spüren. Möglichkeiten eröffnen die eigene Stereoanlage – falls sie nicht zur Untermiete wohnen – oder der Besuch in einer Diskothek. Wie wohltuend wirkt sich danach wieder jene Ruhe aus, die in der Stille liegt.

Manche von Ihnen werden es am eigenen Leibe erfahren haben: Der Schall kann ein sehr eindringliches Medium sein.

Den Schall kann man spüren, direkt und ohne Zwischenstationen. Wie könnte man die unbeschwerte Lebenslust eines kleinen Insekts besser vermitteln als mit dem Zirpen einer Grille? Das Rauschen des Meeres löst in vielen von uns sehr intensive Gefühle aus, die dem Fernweh ähneln oder an den Rhythmus des Lebens beim Kommen und Gehen der Wellen erinnern. Das Läuten einer fernen Glocke lässt in manchen von uns Ruhe und Besinnung einkehren. Das Dröhnen eines Presslufthammers kann manchmal fast zum Wahnsinn treiben, und ähnlich unangenehme Empfindungen stellen sich bei Ihnen sicher ein, wenn das hochfrequente Turbinengeräusch beim Bohrer des Zahnarztes in den Vordergrund der Wahrnehmung tritt. Die direkte Wirkung von Musik wird kaum jemand unterschätzen wollen. Letztlich bildet der Schall die Grundlage für unser aller gemeinsames Leben und Kommunikation: die Sprache.

Kein Bereich des Alltags ist „schallfrei“. Kein Gefühl ist vorstellbar, das nicht durch den Schall angesprochen oder ausgelöst werden könnte. Jeden Tag, jede Minute, jede Sekunde unseres Lebens setzen wir uns in Beziehung zum Medium Schall, bewusst oder nichtwissend. Und dabei gilt, was immer gilt: Ihre Entscheidung ist es, in welchem Umfang Sie sich diesem Medium zuwenden möchten und was Sie an dieser Zuwendung lernen oder erfahren möchten.

Manche Menschen machen geradezu einen Sport daraus zu entdecken, wo und wie sie besonders intensiv und besonders angenehm das Medium Schall in ihrem Alltag in Anspruch nehmen können.

Medien im Alltag

Medien schaffen Sicherheit und Vertrauen. Medien geben Orientierungshilfen, Medien sind Wegweiser. Medien können wir mit unseren Sinnen erfahren, und die Wirkung spüren tief in unserer Mitte. Medien sind Ursache, und Medien sind Wirkung.

Welche Spannungsfelder Sie auch immer gerade in Anspruch nehmen, womit Sie sich auch auseinander setzen, an welchem Ort und zu welcher Zeit auch immer: Auf die Ebene der Medien, die Erfahrungsebene der Sinne, kann man immer zurückkehren und dort die Gelassenheit und Sicherheit finden, die durch deren Beständigkeit vermittelt wird. Auch wenn Sie einmal das Gefühl haben sollten, jeglichen Boden unter den Füßen verloren zu haben, orientierungslos durch den Tag zu irren und an nichts Halt zu finden: Die Medien sind auf dieser Erderfahrungsebene immer vorhanden.

Wahrscheinlich werden Sie bei der Beschäftigung mit den Medien feststellen, dass Ihnen eines besonders entspricht, Ihnen besonders intensiv Freude und positive Erfahrungen vermittelt, während andere Bereiche Sie eher nebenbei oder gar nicht berühren. Jeder öffnet sich seinem Umfeld auf seine spezifische und unverwechselbare Weise, die genau der eigenen Erfahrungsart und den eigenen Lernbedürfnissen angepasst ist. Schließlich handelt es sich bei dem Weg zur Harmonie von Körper und Seele keinesfalls um einen Wettkampf, bei dem es gilt, „schneller, höher und weiter" an das Ziel zu gelangen. Vielmehr geht es darum, die Angebote des täglichen Lebens in Gelassenheit und Zuversicht möglichst umfassend und vollständig auf angenehme Art kennen zu lernen und sich dabei wohl zu fühlen. Welchem Medium Sie dabei auch immer den „Scheinwerfer der Aufmerksamkeit" zuwenden, Sie werden Überraschendes entdecken. Eine Welt von Eindrücken wird sich Ihnen völlig neu eröffnen, die Sie bereits zu kennen glaubten. Und Sie werden bemerken können, dass Sie während dieser Entdeckungsreise besonders offen für das Medium Ihrer Wahl werden. Die Eindrücke dieser Wahrnehmungsebene werden sich Ihnen oft in einer

Intensität nie gekannten Ausmaßes erschließen und sich mitunter sogar irritierend im Alltag auswirken. Vielleicht beginnen Sie mit Ihrer Entdeckungsreise bei dem Medium Schall? Da kann es passieren, dass das Surren einer Fliege Sie sehr beeinträchtigt bei einer alltäglichen Beschäftigung. Selbst wenn Sie in einer ruhigen und eher ländlichen Gegend wohnen, wird es Sie überraschen, wie Sie es bei dem bislang kaum wahrzunehmenden, nun fast unerträglichen Verkehrslärm so lange in Ihrem Haus haben aushalten können. Das Spielen Ihrer Kinder im Nebenzimmer, auf einem alltäglichen, gewohnten Lärmniveau, kann Ihnen wie eine Folter erscheinen, sodass Sie vielleicht Aggressivität als Antwort auf diesen Schalleindruck nur mit Mühe unterdrücken können. Sicher werden Sie sich in einer Zeit der intensiven Auseinandersetzung mit dem Medium Schall darüber wundern, dass alle Menschen Ihres Umfelds den Fernseher oder das Radio nur mit ohrenbetäubender Lautstärke betreiben, die Sie veranlasst, das Zimmer fast fluchtartig zu verlassen.

Vielleicht gestalten sich Ihre Erfahrungen auch gänzlich anders und ohne störende Empfindungen. Den Schall werden Sie in besonderem Maße und fast störungsfrei in allen Nuancen und Möglichkeiten dann auf die angenehmste Weise kennen lernen können, wenn es Ihnen gelingt, Ihre Aufmerksamkeit in der Wahrnehmung allein auf dieses Medium zu konzentrieren. Das wird den meisten Menschen nur schwer gelingen.

Wer allerdings versucht, die Geräusche in seinem Umfeld und die Auswirkungen in seiner Mitte zu erkunden und dabei gleichzeitig mit anderen Dingen beschäftigt ist, wird sehr wahrscheinlich lediglich Unruhe, Nervosität und ein Nachlassen der Konzentration spüren können. Die Auswirkungen des Schalls können sich so eindrucksvoll darstellen, dass körperliche Schäden die Folge sind. Davon betroffen zeigen sich keinesfalls allein die Hörorgane. Bewohner einer viel befahrenen Straße in einer Großstadt werden diese Theorie am eigenen Leibe ganz praktisch erfahren können. Die Arbeiter in einer lärmintensiven Maschinenfabrik werden trotz vorgeschriebener Schutzmaßnahmen ähnliche Erfahrungen anführen können. Und bei den Anliegern der Einflugschneise oder Startbahn eines Flughafens löst wahrscheinlich bereits die Vorstellung eines Flugzeugs das Aufstellen der Nackenhaare aus.

Diese Auswirkungen von Schall sind natürlich nicht allein auf mangelnde Konzentration im Umgang mit dem Medium Schall zurückzuführen. Vielmehr sind sie ein sehr deutlicher Hinweis, eine eindeutige Aufforderung, über manches nachzudenken, was mit Lärm im Zusammenhang steht.

Auf jeden Fall bietet sich Ihnen – wie immer – die Möglichkeit der Wahl: Sie können sich dem negativen Eindruck hingeben, Ihr Schicksal bedauern, sich eben als „stressgeplagt" empfinden und als ausgeliefert, sodass es am Ende kaum noch überrascht, wenn sich schließlich ein Magengeschwür oder ein anderer körperlicher Hinweis einstellt. Oder Sie nehmen die Botschaft an, den Appell an Ihre Kreativität, Ihren Ideenreichtum, Ihre Tatkraft und Ihre Energie, und beginnen unverzüglich mit der Suche nach Lösungsmöglichkeiten. Lösungen sind immer Wege, die hinausführen, auch wenn man mitunter nach solchen Wegen etwas länger suchen muss oder wenn es Zeit braucht, diese Lösungen im Alltag umzusetzen.

Viele von Ihnen werden es ohnehin vorziehen, all die angenehmen und wohltuenden Möglichkeiten kennen zu lernen, die der Schall Ihnen bietet. Welche herrliche Leichtigkeit können südamerikanische Rhythmen vermitteln, wie geborgen und sicher schlafen Kinder mit dem leisen Lied ihrer Mutter ein, ein unbeschreibliches Glücksgefühl löst oft der Gesang eines Vogels aus. Es kann ein sehr großes Vergnügen sein, herauszufinden, was vom Medium Schall besonders gut zu erfahren ist.

Zunächst einmal bieten Ihnen die Medien die Möglichkeit, die Werkzeuge der äußeren Wahrnehmung, Ihre Sinnesorgane, zu nutzen und zu schulen. Diese Botschaften können Sie dann in Ihrer Mitte umsetzen, spüren, was Ihnen die Wahrnehmungen an Informationen vermitteln können. Und damit nutzen Sie dann bereits die Möglichkeiten der inneren Wahrnehmung, Ihre Gefühle. Auf diese Basis können Sie immer zurückkehren; sie gibt Sicherheit, schafft Vertrauen und Gelassenheit. Wann immer und wo immer Sie vielleicht in der Zukunft einmal aus Ihrer Mitte geraten sollten und auf der Suche nach Orientierungshilfen sind: Halten Sie kurz inne, und nehmen Sie wahr, was ist. Jedes Medium bietet Ihnen die Möglichkeit, auf diesem Weg in Ihre Mitte zurückzufinden.

Die Erde als „bodenständige" Erfahrungsebene lädt Sie vielleicht ein, sich mit einem Baum auseinander zu setzen. Mächtige Bäume gibt es, oft schon viele hundert Jahre alt. Manche von ihnen sind so gewaltig, dass man ihren Stamm nicht einmal mit beiden Armen umfassen kann. Über dem Stamm wölbt sich eine ausladende

Krone. Sie sehen diesen Baum einfach an und spüren, wie sicher und fest verwurzelt er in der Erde steht, mit majestätischer Gelassenheit. Welches Problem Sie auch vorher beschäftigt haben mag, Sie betrachten einfach den Baum – egal ob im Wald oder in Ihrer Erinnerung –, nutzen Ihre Sinne und spüren dann, wie Sicherheit und Ausgeglichenheit sich in Ihrer Mitte einstellen.

Wichtiges wird wieder wichtig, und Unwichtiges wird wieder unwichtig. Sie sehen wieder klar, und mit der Basis kehrt die Gelassenheit zurück und das Wissen, den Problemen des Alltags mit Umsicht und Ruhe gewachsen zu sein. Vielleicht nehmen Sie dann auch schon wieder das leise Rauschen der Blätter hoch über sich wahr. Blätter gewähren Schutz vor Regen und Sonne, Blätter nehmen Schadstoffe auf und spenden Sauerstoff. Und tief in Ihrer Mitte spüren Sie die Weisheit der Bäume.

Von der Erde und den Bäumen kann man lernen, in seine Mitte zurückzufinden, sicher und ohne jeden Zweifel. Immer spürt man so die Basis.

Die Probleme des Alltags lasten oft schwer auf uns. Dabei spielt es keine Rolle, ob es sich wirklich oder nur vermeintlich um existenzbedrohende Fragen handelt oder ob kleinere Spannungsfelder im persönlichen Bereich betroffen sind. Man kann einfach nicht frei atmen, die Schultern hängen nach unten, und der Gang wirkt nur wenig elastisch, der Blick ist nach unten gerichtet und fällt dabei vielleicht auf einen Vogel, der dort unten hüpft, hierhin und dorthin flattert, schließlich seine Flügel spreizt und sich scheinbar schwerelos in die Lüfte hebt. Immer höher und höher steigt er auf, lässt sich tragen vom Wind, gleitet durch die Luft, schwerelos, so scheint es. Wie gern wäre mancher in einer bedrückenden Situation dieser Vogel, um sich einfach aus allem zu lösen, davonzufliegen, frei und unbeschwert, sich tragen zu lassen und sich leicht zu fühlen wie Luft.

Jedes Medium hat sein Symbol. Sie beobachten den Vogel, lauschen seinem Zwitschern in der Luft und richten sich auf. Die Luft füllt Ihre Lungen mit Sauerstoff, und Energie fließt neu durch Ihre Adern. Wie von einer Last befreit straffen sich die Schultern, der Blick wird weit und frei, die Sinne öffnen sich. So beruhigend und sicher es sein kann, festen Boden unter den Füßen zu spüren, so berauschend spürt man die Freiheit und Schwerelosigkeit der Luft. Und doch fühlt man sich geborgen.

Vielleicht entsteht dann der Wunsch, einmal manches aus der Ferne, von oben zu betrachten, aus einer anderen Perspektive. Aus der Distanz, aus der Sicht des Vogels in der Luft ändern sich die Dimensionen. Mitunter fehlt einfach nur die Distanz, um den Weg zu sehen, der hinausführt.

Luft kann keine finanziellen Problem lösen, und nur selten heilt Luft Krankheiten. Aber auch Luft kann die Basis schaffen, wie alle Medien. In der Luft fühlt man sich frei, die Luft riecht frisch, nach einem neuen Anfang. Luft nimmt Gewichte, und Luft macht den Kopf frei. Das ist die Grundlage.

Sich und seinen Sinnen zu vertrauen, zu wissen, dass die Medien immer da sind, gibt Sicherheit und Selbstvertrauen. Mit dem Selbstvertrauen kommen neue Kräfte und neue Energien. Und mit diesem Gefühl in der Mitte lässt sich ein neuer Anfang wagen oder ein altes Problem endlich und endgültig beheben. Luft löst keines Ihrer Probleme, aber Luft ist ein wichtiger Wegweiser, und Luft vermittelt Gelassenheit.

Man muss die Botschaft der Medien zur Kenntnis nehmen, spüren und umsetzen im Alltag. Dann können Sie sich am Flug des Vogels von Herzen freuen und ihm Sicherheit und Gelassenheit wünschen für seine Probleme. Denn auch Vögel haben Ängste, kennen Gefahren und müssen sich mit ihrem Umfeld auseinander setzen, um daran zu lernen und sich zu entwickeln. Aber Vögel haben es einfacher, weil ihnen nur eingeschränkte Informationen der Medien zur Verfügung stehen, unter denen sie wählen können. Vögel haben eine andere Entwicklung hinter sich, sodass sich ihnen Probleme, die uns banal erscheinen mögen, als sehr bedrohlich darstellen können.

Sicher gibt es auch viele Menschen, denen das Medium Wasser besonders gut vertraut oder angenehm ist, weil sie es schon besonders intensiv kennen gelernt haben oder weil sie die allumfassende, nahtlose Geborgenheit als besonders tragend oder hilfreich empfinden.

Auch Wasser hat sein Symbol, seine Lebewesen, die Eigenschaften und Möglichkeiten dieses Mediums besonders deutlich werden lassen können. Es kann spannend sein, einmal nach diesem Symbol zu suchen. Vielleicht ist es ein Seehund, ein Fisch, eine Muschel, eine Alge oder eine Koralle, oder vielleicht ist es auch etwas gänzlich anderes. Ich bin sicher, Sie werden das für Sie besonders eindrucksvolle und wassertypische Sinnbild finden und an ihm alle Möglichkeiten entdecken und nutzen, die in Ihrem Leben von Bedeutung sein können. Sie werden die richtigen Kanäle öffnen, die richtigen Sinne mobilisieren und sehr eindringlich in Ihrer Mitte spüren, wie sich das Medium Wasser in Ihrem Leben auswirkt.

Die Natur mit ihrer kaum zu erfassenden Vielfalt eröffnet Ihnen in jeder Sekunde neue Möglichkeiten, Medien und Sinnbilder kennen zu lernen. Je intensiver Sie Ihre Werkzeuge der äußeren Wahrnehmung, die Sinne, nutzen, umso faszinierender und verantwortungsbewusster, umso wertschätzender und umso liebevoller wird sich der Umgang mit dem natürlichen Umfeld gestalten.

Vielleicht beginnen Sie im Kleinen und erfahren zunächst, wie sich aus einem Samenkorn eine Pflanze entwickelt, die zur Blüte heranwächst, neue Samenkörner bildet und schließlich vergeht, um im Frühjahr durch Wärme, Licht und Wasser zu neuem Leben zu erwachen. Bereits auf diese Art können sich die Prinzipien von Ursache und Wirkung eindrucksvoll vermitteln.

Es mag aber auch sein, dass Sie den Umgang mit Tieren besonders lieben, weil Sie die Geburt, die Aufzucht, das Heranwachsen, das Altern, das Sterben und das Weiterleben durch die Nachkommen für besonders geeignet halten, wesentliche Dinge im eigenen Leben zu verdeutlichen.

Oder Sie ziehen es vor, das Meer, die Berge oder die Wüste für Ihre Entdeckungsreise im Bereich der Medien nutzbar zu machen, um sich so zunächst einen Überblick zu verschaffen, bevor Sie genauer die Einzelheiten betrachten.

Jeder geht seinen Weg. Wie immer Sie wählen, eines wird sehr deutlich werden :

Sie können die Blume nur entdecken, wenn Sie sie am Wegrand wachsen lassen. Erst die Liebe zu einem Tier, das Verständnis für seine Bedürfnisse ermöglicht Ihnen, es zu verstehen. Die beglükkenden Möglichkeiten innerhalb der Wälder und Berge und Seen offenbaren sich Ihnen nur in einem gesunden Umfeld. Sie haben die Wahl, jeden Tag, und die Medien bieten Ihnen dafür einen sicheren Rahmen.

Die Entscheidung liegt bei Ihnen.

Innere Wahrnehmung

Gefühle

Im Leben eines jeden Menschen gibt es Tage, die von den Rahmenbedingungen her so schön und harmonisch sind, wie man sie sich nicht besser wünschen kann. Die Sonne lacht von einem herrlich blauen Firmament herunter, keine Wolke ist am Himmel. Sie haben keine Verpflichtungen und beschließen, einen Ausflug ins Grüne zu unternehmen. Auch dort zeigt sich die Natur von ihrer allerbesten Seite. Die Bäume stehen in prächtigem Laub, die Wiesen leuchten in frischem Grün mit zahllosen Blüten in allen Farbtönen, die Luft ist erfüllt vom Zirpen der Grillen und dem Gesang der Vögel.

Doch obwohl Sie in die Natur hinausgefahren sind, um diesen wunderschönen Tag von ganzem Herzen zu genießen, nehmen Sie weder die Blütenpracht noch das Summen der Bienen bewusst zur Kenntnis, auch wenn Ihre Sinne Ihnen in vollem Umfang zur Verfügung stehen. Ihr Blick wandert auch nicht in die Ferne zum Horizont, sondern ist eher auf den Boden gerichtet. Gedanken gehen Ihnen im Kopf herum, die eher einengen als öffnen. Irgendetwas veranlasst Sie, Ihre Aufmerksamkeit mehr nach innen zu richten, auch wenn Sie wachen Sinnes durch die Landschaft wandern. Irgendetwas lässt Sie, trotz der fast idealen Rahmenbedingungen in Ihrem Umfeld, ein Glücksgefühl nicht empfinden.

Sie verarbeiten alle Informationen, die Ihrer äußeren Wahrnehmung zugänglich sind, und spüren als Summe dieser Wahrnehmung dennoch nicht „Was für ein herrlicher Tag ist das heute, so richtig zum Wohlfühlen", sondern vielmehr „Einen klaren Gedanken kann man bei dieser Wärme nicht fassen, und einen Lärm machen diese Vögel in der Luft, kaum auszuhalten". Ihre Gefühlslage lässt sich vielleicht mit den Worten „lustlos", „deprimiert", „aggressiv" oder „leer" treffend beschreiben.

Die Botschaft des „Senders Natur" kommt bei Ihnen nicht an, weil Ihre eigene innere Botschaft, die der inneren Wahrnehmung, Ihnen eine Mitteilung unterbreitet, die offensichtlich einen höheren Stellenwert einnimmt als alle wohlmeinenden Hinweise aus Ihrem äußeren Lebensraum, dem Ihre Sinnesorgane zugeordnet sind.

Oder erinnern Sie sich lieber an den letzten Regentag, an dem Sie sich so herrlich frei und unbeschwert gefühlt haben wie nur selten zuvor? Der Himmel war fast schwarz verhangen, die Wolken trieben zum Greifen tief; einige unangenehme Böen kündigten das Nahen heftiger Regenschauer an, und bevor Sie auch nur in die Nähe einer schützenden Behausung gelangen konnten, begann es wie aus Kübeln zu gießen, sodass Sie nach wenigen Minuten bis auf die Haut durchnässt waren. Zu allem Überfluss nahm der Wind fast sturmartigen Charakter an und blies Ihnen das Wasser nur so ins Gesicht.

Alle äußeren Zeichen standen auf Regen und Sturm. Die fast abendliche Dunkelheit vermittelte Bedrohliches. Ihre klatschnass am Körper klebende Kleidung versprach ziemlich sicher einen fieberhaften Infekt oder einen unangenehmen Husten in den folgenden Tagen. Alle äußeren Sinne rieten zur Flucht, zum Aufsuchen schützender Räumlichkeiten.

Ihre innere Wahrnehmung konnte das an diesem Tag überhaupt nicht anfechten. Mit einem fast heiteren Lächeln im Gesicht und einem Erstaunen über die mürrischen Mienen der anderen Menschen auf der Straße setzten Sie Ihren Weg unbeirrt fort, mit dem sicheren Wissen, dass alle Unbilden der Natur Ihnen nichts würden anhaben können. Ihre innere Wahrnehmung vermittelte Ihnen völliges Wohlbefinden, im auffälligen Kontrast zu den Informationen Ihrer fünf Sinne.

In diesem Fall haben Sie sich wahrscheinlich gar nicht viele Gedanken darüber gemacht, warum Ihnen die widrigen Wetterverhältnisse so wenig zusetzten, sondern einfach das angenehme Gefühl in Ihrer Mitte genossen. Auch in dieser Situation ist Ihnen wahrscheinlich ein Zusammenhang zwischen innerem Fühlen und äußeren Verhältnissen nicht bewusst gewesen.

Auch in diesem Fall haben Sie aber offensichtlich die Gefühle in Ihrem Inneren jenen Informationen der Wahrnehmung übergeordnet, die Ihnen Auge und Ohr, Nase oder Haut vermittelten. Während aber die Organe der äußeren Wahrnehmung offenbar Informationen erstellen, die direkt zuzuordnen sind, scheinen die Mitteilungen der inneren Wahrnehmung nicht immer klar und zwingend in einem Bezug zum unmittelbaren Geschehen zu stehen.

Es sind aber auch Erlebnisse vorstellbar, bei denen sich die Sinnesorgane scheinbar völlig in den Dienst der inneren Wahrnehmung stellen. Vielleicht erinnern Sie sich an ein solches Erlebnis in Ihrer Kindheit, vielleicht auch an eine andere Situation, die noch nicht so lange zurückliegt: Sie liegen abends in Ihrem Bett und möchten gern einschlafen. Da ist allerdings dieses unangenehme Gefühl der ängstlichen Erwartung in Ihrer Mitte, das sich mit der Liegedauer nicht verringert, sondern an Bedrohlichkeit ständig zunimmt. Schließlich alarmiert ein knirschendes Geräusch vor dem Haus, ein leises Rascheln im Garten oder das Prasseln der Regentropfen an der Fensterscheibe alle Sinne. Mit gespannter Aufmerksamkeit lauschen Sie in die Stille und entdecken vom Knarren des Lattenrostes unter der Matratze bis zum leisen Quietschen eines nicht vollständig geschlossenen Fensters sicher und zielstrebig noch unzählige Geräusche, die sich dem anfangs genannten Grundgefühl der angespannt ängstlichen Erwartungshaltung zuordnen lassen.

Es kann natürlich sein, dass eine solche Kette von Wahrnehmungen und Gefühlen die Folge eines gruseligen oder unheimlichen Fernsehfilms ist oder nach der Lektüre eines spannenden Kriminalromans auftritt. Vielleicht – und das vergrößert eher die Angst – können Sie sich auch an kein auslösendes Ereignis erinnern, weil Sie vorausgegangene Mitteilungen Ihrer inneren Wahrnehmung, die weniger eindringlich, dafür aber den entsprechenden Situationen zugeordnet waren, nicht zur Kenntnis genommen haben.

Auf jeden Fall aber konnten Sie in der beschriebenen Situation sehr intensiv und deutlich eine Wechselbeziehung zwischen innerer und äußerer Wahrnehmung erfahren und in diesem Sinn den Zusammenhang zwischen Ursache und Wirkung kennen lernen.

Angenehme Erfahrungen und Begebenheiten bereiten Freude, auch wenn die Zusammenhänge nicht immer klar sind. Unangenehme Situationen im täglichen Leben machen oft Angst, besonders, wenn die Zusammenhänge nicht klar sind. Das System der „inneren Wahrnehmung" kann man kennen lernen und aus seinen Informationen sicher und ohne Angst Zusammenhänge herstellen.

Beziehungen und Austausch sind immer in beide Richtungen möglich. Sie erinnern sich sehr wahrscheinlich auch an ein Erlebnis, in dem zunächst die innere Wahrnehmung, eine gefühlsmäßig unangenehme Grundstimmung ohne offensichtlichen Bezug zum realen Anlass, im Mittelpunkt Ihres Interesses stand und in dessen Verlauf Sie dann Wohlbefinden und Gelassenheit durch die Wahrnehmung Ihrer Sinne wieder fanden.

Solche Tage beginnen oft damit, dass man bereits morgens beim Aufwachen ein leichtes, aber deutliches Drücken in der Magengegend empfindet, ohne einen bestimmten „Grund" dafür parat zu haben. Die nächsten kleineren Entscheidungen und Ereignisse des Tages liefern dann weitere Mosaiksteinchen für „inneres Unwohlsein".

Während der Mittagspause erholen Sie sich dann vielleicht in einem nahen Park, im eigenen Garten oder an einem anderen Ort, der Ihnen vertraut und nahe ist. Und dann kann es sein, dass es vielleicht die Enten auf dem Teich sind, deren Lebendigkeit und Lebensfreude Sie fasziniert. Oder es sind die Sonnenblumen in Ihrem Garten, deren intensives und leuchtendes Gelb Ihnen Wärme und Geborgenheit vermittelt, sodass Sie mit einem Mal die Sonne wieder auf der Haut spüren, den strahlenden Himmel über sich zum Anlass nehmen für ein herrliches Gefühl der Harmonie in Ihrer Mitte.

Falls der Anlass für das „ungute Gefühl" in Ihrer Mitte lediglich ein banaler war, der keine weitere Beschäftigung erfordert, kann es sein, dass der Rest des Tages in Zuversicht und Gelassenheit verläuft. Sollten die Mitteilungen Ihres inneren Wahrnehmungssystems allerdings Hinweis auf wichtige innere Spannungsfelder gewesen sein, so werden Sie wahrscheinlich am nächsten Morgen oder bald darauf erneut das beschriebene leichte, aber deutliche Drücken in der Magengegend verspüren können. Vielleicht sind Ihnen die Ursachen und Wirkungen in Bezug auf das unangenehme Gefühl in Ihrer Mitte inzwischen klarer geworden, sodass Sie sich in direkter und kreativer Weise daranmachen können, die Spannungsfelder zu beseitigen, um sich dann auch jeden Morgen wieder wohl zu fühlen in Ihrer Haut.

Das System der inneren Wahrnehmung ist in seiner Vielfalt dem der Wahrnehmung durch die Sinnesorgane überlegen. Natürlich gibt es sehr viele Geruchsnuancen, die besonders geübten Menschen oder manchen Tieren zugänglich sind. Selbstverständlich kann mancher Maler Farbtöne verwenden, die uns erstaunen lassen. Einige

Musiker verfügen über ein absolutes Gehör, und manche Tiere nehmen Frequenzen wahr, die wir lediglich durch physikalische Messungen darstellen können. Aber all das verblasst gegen jene Vielfalt der Gefühle, die jeder von uns ohne besondere Ausbildung in seiner Mitte spüren kann.

Manche Menschen haben verlernt, die Wahrnehmung in ihrem Inneren zur Kenntnis zu nehmen und für sich zu nutzen. Aber jedem von uns steht dieser unbeschreibliche Facettenreichtum der inneren Wahrnehmung zu jeder Zeit zur Verfügung. Ein sehr einfacher und erstaunlich direkter Zugang zur Welt inneren Erlebens, zu unseren Gefühlen, eröffnet sich, wenn man an einem möglichst ungestörten Ort einmal die Augen schließt, den Gedanken freien Fluss gewährt und dann einmal in sich hineinspürt. Die meisten Menschen orten ihre Gefühle am deutlichsten im Bereich der Magengrube, im Bereich des so genannten Sonnengeflechts, in dem unzählige Nerven zusammenlaufen.

Schwierigkeiten bereitet es vielen, diese Gefühle in Worte zu kleiden und zu beschreiben. Diese Schwierigkeit ist sehr gut verständlich, denn entweder fehlt einfach die Erfahrung, diese innere Wahrnehmung zu nutzen – schließlich leben wir in einem Zeitalter der „Vernunft" und der „Wissenschaft" –, oder aber es bereitet Probleme, das Gespürte zu entwirren, handelt es sich doch meistens um ein Gemisch aus mehreren Gefühlen.

Aus zahlreichen Gründen, die hier nicht erörtert werden sollen, gelingt Frauen der Zugang zu diesem inneren Erleben, zu den Gefühlen, häufig leichter und spielerischer als Männern. Viele Frauen haben sich noch das Vertrauen in die Bedeutung ihrer Gefühle bewahrt und nutzen die sicheren Hinweise der inneren Wahrnehmung häufiger im täglichen Leben.

Diese einfache Art der Zuwendung nach innen durch das Schließen der Augen kann jedem Menschen bereits nach sehr kurzer Zeit erstaunlich klare Hinweise auf die eigene Befindlichkeit vermitteln. Auf die Frage „Wie geht's dir?" kann man dann präzise Antworten geben, sich selbst oder den Mitmenschen. Dabei wird es nach einiger Übung immer deutlicher und eindeutiger möglich sein, die einzelnen Gefühlsqualitäten wahrzunehmen und auch zu beschreiben.

Mitunter empfinden Sie vielleicht nur eine leichte Unruhe, dann wechselt Angst mit Zuversicht, Sie können sich einsam oder allein fühlen; Verwirrung und Unsicherheit weichen vielleicht Gelassenheit und Sicherheit. Für manche Menschen bedeutet Wärme Sicherheit, für andere ist es Klarheit. Heiter und beschwingt kann man sich fühlen, herrlich frei und offen, erwartungsvoll und neugierig. Bei der Reise durch die Möglichkeiten der inneren Wahrnehmung sind Ihrem Einfallsreichtum und Ihrer Empfindungsfähigkeit keinerlei Grenzen gesetzt. Jedes neue Gefühl, das Sie in Ihrer Mitte entdecken, wird Ihnen neue Wahrnehmungsangebote eröffnen.

Die Augen zu schließen, den Gedanken freien Lauf zu lassen und einmal in sich hineinzuspüren wird Sie auf Ihrem Weg zur Harmonie von Körper und Seele eine gutes Stück weiterbringen. Schließlich werden Sie es vielleicht kaum erwarten können, diese herrlichen neuen Informationen aus Ihrer Mitte nicht nur zu spüren, sondern auch im Alltag zu nutzen.

Bei diesem nächsten Schritt können Ihnen auch Ihre Sinnesorgane eine große Hilfe sein. In Ihrer Umgebung gibt es sicher viele Gegenstände, die Ihr Interesse wecken oder finden könnten. Vielleicht suchen Sie sich in der nächsten Zeit einige davon ganz bewusst heraus, nutzen alle Möglichkeiten der äußeren Wahrnehmung: betasten den Gegenstand Ihrer Wahl, betrachten ihn aus allen möglichen Perspektiven, riechen an ihm und hören einmal, ob er Ihnen etwas zu sagen hat.

Nach jeder dieser Wahrnehmungen schließen Sie dann wieder in der schon gewohnten Weise Ihre Augen und spüren einmal, was Ihre innere Wahrnehmung Ihnen zu den Informationen der Sinnesorgane zur Kenntnis bringt, was Ihr Gefühl Ihnen dazu sagen kann. Vielleicht decken sich die beiden Informationen, vielleicht ergeben sich auch interessante Unterschiede.

Möglicherweise sind Sie von dieser Art der „kombinierten" Wahrnehmung und den Möglichkeiten, die sich Ihnen dadurch bieten, so fasziniert, dass Sie in den nächsten Wochen für andere Dinge nur noch wenig Zeit aufbringen möchten. Vielleicht sind Sie überrascht, wie sich manche vertraut und bekannt geglaubte Sache in der Wertschätzung oder in der Beziehung zu Ihnen verändert. Möglicherweise finden Sie aber auch lediglich bestätigt, was Sie schon immer und vorher gespürt haben. So könnte es sein, dass Sie den Wert eines Gegenstandes noch höher einstufen als bisher oder aber dass Sie sich von einem Ihnen sehr lieben und teuren Stück trennen und es vielleicht verschenken, weil Sie erkannt haben, dass Sie alles, was es Ihnen vermitteln konnte, bereits vollständig umgesetzt haben. Die innere Wahrnehmung schafft Klarheit und Sicherheit.

Schließlich möchten Sie vielleicht erfahren, wie sich die lebenden Mitbewohner Ihres Haushalts, wie sich Pflanzen und Tiere mit der inneren Wahrnehmung, den Gefühlen, erfassen lassen. Da bieten sich zunächst die Möglichkeiten der Sinne an, die Sie bereits ausführlich kennen lernen konnten. Auch Pflanzen kann man betrachten, befühlen, schmecken (bitte keine giftigen ...) und mitunter auch hören. Zusätzlich werden Sie aber wahrscheinlich entdecken können, dass Sie zu Pflanzen eine tiefe gefühlsmäßige Bindung, eine Beziehung haben können, die es zu Gegenständen in solcher Form nicht geben kann. Außerdem können Sie verschiedene Seinszustände der Pflanze beobachten, sich an den ersten Keimlingen freuen, die Farbe und den Duft der Blüten genießen und die welken Blätter abschneiden.

Um eine Pflanze muss man sich kümmern, damit sie gedeiht. Immer können Sie Ihr System der inneren Wahrnehmung befragen, in sich hineinspüren, wie Ihre Beziehung zu jedem Aspekt der Pflanze sich darstellt, der Ihnen in der Betrachtung gerade wichtig ist. Zu jeder Pflanze kann so eine völlig einzigartige und sehr intensive Beziehung entstehen. Und mit jedem Gefühl dazu in Ihrer Mitte erfahren Sie etwas über sich selbst, Ihr Verständnis, Ihre Entwicklung, Ihre Wünsche und Ihre Existenz. Natürlich helfen Ihnen all diese Informationen auch dabei, im Alltag in der genau entsprechenden Weise mit Ihren Pflanzen umzugehen.

Während sich die innere Wahrnehmung für feste Gegenstände recht einfach nutzen lässt und nachdem sich auch die Beziehung zu Pflanzen in der Umgebung noch unter Einbeziehung der Gefühle relativ übersichtlich gestalten kann, stellt sich das emotionale „Sich-in-Beziehung-Setzen“ zu Tieren in wesentlich komplexerer Weise dar. Auf die gewohnte Art lassen sich viele Anteile ihrer Existenzform mit den Sinnesorganen erfassen. Auch an Tieren lässt sich besonders gut das Geborenwerden, Wachsen und Gedeihen und schließlich das Sterben erfahren und betrachten. Dann allerdings erschließt sich dem Bewusstsein eine weitere Ebene, die bei Pflanzen und Gegenständen nicht so deutlich wahrnehmbar ist: die Wechselbeziehung zwischen betrachtetem Objekt, in diesem Fall vielleicht einem Haustier, und dem Betrachter. Das Prinzip von Ursache und Wirkung tritt eindrucksvoll in Erscheinung.

Wenn Sie diese neuen, faszinierenden Möglichkeiten des Kennenlernens umfassend in Anspruch nehmen möchten, gehen Sie am sichersten auf vertrauten Wegen. Nehmen Sie zunächst alle Informationen auf, die Ihre Sinnesorgane Ihnen in beeindruckender Vielfalt bieten. Vielleicht möchten Sie wieder die Augen schließen und spüren, wie Ihre Gefühle auf die Sinneseindrücke reagieren. Möglicherweise verspüren Sie ein starkes Bedürfnis, das betreffende Tier zu streicheln, oder Sie fühlen sich erinnert an eine Phase Ihrer Kindheit, in der Sie sich sehr wohl gefühlt haben, oder Ihr Tier vermittelt Ihnen das Gefühl von Sicherheit und Schutz.

Und dann werden Sie spüren, wie Ihre Sinneseindrücke von der Kreatur, Ihre Gefühle und die Zuwendung zusammenfließen und eins werden, und Sie werden spüren können, dass all diese Eindrükke in konzentrierter Form fast wie Energie dem Tier zuströmen. Wenn Sie dann einmal dieses Tier genau betrachten und die Kanäle der inneren Wahrnehmung geöffnet lassen, werden Sie bei entsprechender Aufmerksamkeit nicht nur eine äußere Veränderung, eine Reaktion bei Ihrem Tier feststellen können, sondern Sie werden sehr zart oder sehr intensiv in Ihrer Mitte spüren können, dass von Ihrem Tier zu Ihnen etwas zurückfließt, das vielleicht als Zuneigung oder Bestätigung, als Dankbarkeit oder als Aufforderung verstanden werden kann.

Einige Tage oder Wochen der Übung wird es brauchen, bis Sie diese Möglichkeiten der inneren Wahrnehmung vollständig im täglichen Leben und im Umgang mit Tieren und Pflanzen nutzen können, aber schon nach sehr kurzer Zeit werden Sie bemerken, wie sich diese Art des intensiven Austauschs in Ihnen und Ihrem Umfeld auswirken wird. Nach einiger Zeit werden Sie Ihre Gefühle völlig selbstverständlich und sicher und bewusst als wichtigen Informator auf dieser Erfahrungsebene in Anspruch nehmen. Auf diese Art und Weise wird es Ihnen gelingen, sich und Ihre Umwelt sehr viel komplexer und reicher zu erleben, als es Ihnen bislang möglich war, und vielfältige neue Erfahrungsmöglichkeiten und Verbindungsebenen werden sich Ihnen erschließen.

Nach einiger Zeit werden Sie dann sicher auch bemerken, dass Sie die Instrumente der inneren Wahrnehmung auch im Umgang mit anderen Menschen zunehmend und gern in Anspruch nehmen und dass sich daraus gänzlich neue Aspekte ergeben, die Ihr Zusammenleben in überraschender Form beeinflussen und mitgestalten.

Auf ein anderes weites Feld der inneren Wahrnehmung sind Sie wahrscheinlich bereits gestoßen und haben es unbewusst oder bewusst schon zur Kenntnis genommen: die Vorstellungskraft. Sie werden dabei festgestellt haben, dass es überhaupt keinen konkreten Anlass braucht, um die Information der Gefühle für sich zu nutzen. Vielmehr reicht bereits die Vorstellung von einer Situation, einem Menschen, einem Tier oder einer Sache, um in Ihnen das System der inneren Wahrnehmung zu aktivieren. Manche Menschen erinnern sich so zum Beispiel nur mit Unbehagen an die Tage und Stunden vor einer Prüfung. Die Verdauung ist erhöht, das Herz klopft schneller und vermeintlich intensiver, Schlafstörungen stellen sich ein, und während des Tages „läuft" man ohne Unterlass „auf Hochtouren". Auslösend für diese Vielzahl von unterschiedlichen Wahrnehmungen ist lediglich die Vorstellung der bevorstehenden Prüfung.

Aber vielleicht erinnern Sie sich lieber an ein besonders angenehmes Ereignis in Ihrem Leben, auf das Sie sich schon lange vor dem eigentlichen Eintreten gefreut haben. Man spürt dann in seiner Mitte entweder ein sehr intensives, sehnsüchtiges Gefühl des „Habenwollens" oder stellt sich bereits sehr konkret vor, wie sich das betreffende Ereignis oder Geschenk auswirken wird. Auch dabei leistet die innere Wahrnehmung hervorragende Dienste. Eine solche Vorfreude erleben manche Menschen als dergestalt farbig und angenehm, dass die konkrete Umsetzung hinter der Vorstellung zurückbleiben und dann anstelle der erwarteten Freude leichte Enttäuschung spürbar werden kann.

Von der ängstlichen Erwartungshaltung und von der Vorfreude gehen eine Vielzahl von Informationen aus, die jeder Mensch für sich sinnvoll nutzen kann. *Gefühle sind wichtige und verlässliche Wegweiser.* Zahlreiche Menschen machen es sich deshalb zur Gewohnheit, wichtige Entscheidungen oder geplante Veränderungen ihres Lebens zunächst einmal aus theoretischer Perspektive zu beurteilen. Zu diesem Zweck stellen sich diese Menschen die entsprechenden Situationen so vor, als seien sie bereits eingetreten. Und dann spüren sie in sich hinein, welche Gefühle sich in ihrer Mitte einstellen. Diese Gefühle, die Beurteilung der inneren Wahrnehmung, können dann eine sichere Grundlage für weitere Entscheidungen sein: die Verhandlungen oder die Änderung der Lebensumstände zügig voranzutreiben oder sich zunächst unter Berücksichtigung anderer

Gesichtspunkte noch Sicherheit zu verschaffen oder Entscheidungen zu vertagen und neu zu überdenken.

Eine solche Inanspruchnahme der inneren Wahrnehmung kann allen Entscheidungen im Alltag eine stimmige Basis verschaffen und Sie mit viel mehr Gelassenheit und Zuversicht an die Aufgaben des täglichen Lebens heranführen. Viele innere Spannungen können so vermieden werden, und viel häufiger als bisher werden Sie sich wohl fühlen können, in dem sicheren Wissen, auf dem richtigen Weg zu sein, der Ihnen und Ihren Möglichkeiten gerecht wird und Ihnen alle Erfahrungen so anbietet, dass Sie den größten Nutzen davon haben können.

Die Informationen der inneren Wahrnehmung sind auf vielerlei Art zu erfahren. Sie haben Ihre Gefühle als ein „eigenständiges" Informationssystem kennen gelernt und die Auswirkungen auf den Alltag beobachten können.

Dabei können Ihre Gefühle Basis der äußeren Wahrnehmung sein, diese in ihren Informationen verändern oder sich ihnen unterordnen. Das Kennenlernen des Lebensumfelds gestaltet sich so viel intensiver, farbiger und komplexer als ohne diese Möglichkeiten. Und jedes Betrachten der „lebendigen" oder „nichtlebendigen" Anteile Ihres Lebensraumes hat zur Folge, dass eine neue Beziehung ensteht, die wiederum Ausgangspunkt für neue Erkundungen und Erfahrungen sein kann. Und Sie haben lernen können, dass die Gefühle auch dann wertvolle Hinweise und Informationen liefern, wenn Sie Ihr System der inneren Wahrnehmung nutzen, um Vorstellungen oder Wünsche in Ihrem Leben auf ihre praktische Umsetzbarkeit hin zu untersuchen.

Auf Ihrer Reise durch die Gefühlswelt werden Sie festgestellt haben, dass verschiedene Organe Ihres Körpers besonders spontan oder deutlich auf bestimmte Gefühle reagieren.

Darüber hinaus ziehen es manche Menschen vor, diese Eindrücke durch Organe ihres Körpers zu verstärken. So können Aufregung, Angst oder Freude zu sehr ähnlichem Herzrasen führen. Im Magen können sich manche Gefühle als leichter Druck oder als heftiges Kneifen bemerkbar machen. Die Atmung kann man als ruhig und regelmäßig empfinden oder als oberflächlich, schnell und beengt. So können alle Organe in sehr kreativer und deutlicher Weise die Informationen der inneren Wahrnehmung aufnehmen und umsetzen.

Die inneren Wegweiser, Ihre Gefühle, können Sie nutzen nach der Art Ihres Empfindens (Freude, Angst, Gelassenheit), der Intensität des Wahrnehmens oder nach den Auswirkungen auf Ihre Organe. Alle Informationen dienen nur einem Zweck: dass Sie sich und Ihr Umfeld besser und intensiver kennen lernen, die richtigen Schlüsse ziehen und die richtigen Entscheidungen treffen im Alltag.

Gefühle vermitteln Botschaften, und jeder, der wieder gelernt hat, die Botschaften in seinem Inneren wahrzunehmen, wird daran interessiert sein, den Inhalt, die Informationen, zu entschlüsseln, um daraus zu lernen und seine täglichen Entscheidungen danach auszurichten. Jeder von uns trägt seinen eigenen „Decoder", seinen Schlüssel, zu den Angeboten der inneren Wahrnehmung in seiner Mitte. Und jeder von uns hat sein spezifisches für ihn gültiges und schlüssiges Wahrnehmungssystem, das für die Menschen in seiner Umgebung nicht immer die gleiche Gültigkeit besitzt. Gleichwohl vermitteln einzelne Gefühle Sinninhalte, die von allgemeiner Gültigkeit sind und, bei aller Unterschiedlichkeit der Empfindungsqualität, Hinweise auf Möglichkeiten geben, die uns allen in gleichem Maße offen stehen.

Gefühle bieten immer die Alternative an, sich in ihnen „zu verlieren", sich ihnen „hinzugeben", sich von ihnen „überwältigen" zu lassen, sie als isoliert zu sehen oder aber sich bewusst des Informationsgehaltes eines jeden inneren Hinweises zu bedienen, darin ein Hilfsangebot für die Entscheidungen des täglichen Lebens zu sehen, Gefühle als Konsequenz getroffener oder als Beurteilung zu treffender Entscheidungen anzunehmen und sich danach zu richten.

Die erste Möglichkeit legt fest und verhindert eine freie Wahl im Alltag, sie engt ein und bindet Kräfte. Die zweite Möglichkeit erweitert die Freiheit der Wahl um weitere Informationen und Angebote, ebnet den Weg für neue Entscheidungen, macht bewusst, dass Gefühle Ursache sind und Wirkung, hilft weiter auf dem Weg zur Harmonie von Körper und Seele.

Wer sein Leben eigenverantwortlich, in freier Wahl der Angebote leben möchte, wird es sich nicht nehmen lassen, sich täglich so zu entscheiden, dass die Auswirkungen seiner Entscheidungen genau jene Gedanken, Wünsche und Vorstellungen berücksichtigen und umsetzen, die zu Gelassenheit, Harmonie und innerem Frieden führen, die Sicherheit und Zufriedenheit vermitteln. Das System der inneren Wahrnehmung leistet dabei sehr gute Dienste von hohem Wert und mit großer Zuverlässigkeit.

Unfreiheit

Das Gefühl von Unfreiheit lässt sich oft nur schwer in Worte fassen. Manche Menschen empfinden es als einen dumpfen Druck, der Wahrnehmung und Bewusstsein wie ein Reifen einzuengen scheint. Andere erleben es mehr als undefinierbare Mischung aus Angst, Wut, Ohnmacht, Unwissen, Unklarheit und Unruhe. Es kann ein solches Gefühl der Unfreiheit auch besonders an einer eher flachen und angestrengten Atmung deutlich werden; oder auch ein leiser Druck in der Magengegend als Zeichen innerer Zerrissenheit mag als Hinweis auf die vermeintlich eingeschränkte eigene Handlungsfähigkeit gedeutet werden.

Jeder von uns zeigt sich sehr erfinderisch und kreativ, wenn es gilt, Unfreiheit körperlich zu verdeutlichen und in das Bewusstsein zu bringen. Und viele von uns verstehen diese zahlreichen Hinweise auch als Aufforderung, über die Ursachen der inneren Unruhe nachzudenken. Da sind die „Verantwortlichen" oft schnell gefunden. Ob es gerade regnet, ob die Sonne scheint, ob man sich wohl fühlt oder eher zerrissen, ob das Auto nicht anspringt, ob es Ärger am Arbeitsplatz gibt, ob das Familienleben sich unharmonisch darstellt, ob die Steuerlast drückt, ob der Lottogewinn ausbleibt, ob die Depression würgt, ob die Nächte ohne Schlaf zur Ewigkeit werden, ob man sich wie gefesselt empfindet oder als entscheidungsunfähig, etwas oder irgendeiner ist daran ursächlich „schuld".

Oft wird an erster Stelle das Wetter als Verursacher von Unfreiheit empfunden, denn das Wetter scheint zu veranlassen, dass wir uns so oder so fühlen und daher in unserem Wohlbefinden und in unserer Entscheidungsfreiheit eingeengt werden. So kann es sein, dass ein bedeckter Himmel ein Gefühl von Bedrückung auslöst, das sich wiederum lähmend auf manche Aktivitäten auswirkt. Oder eine Wetterveränderung kann innere Spannungen in Form einer Migräne zutage treten lassen.

Der „Stress" soll auch dafür sorgen, dass sich manche Mensche vielen Situationen und Gefühlen ausgeliefert fühlen, sodass sich insgesamt das Gefühl der Unfreiheit in der Mitte einstellen kann. Denn bei „Stress“ fühlt man sich unter Druck, unter dem Druck der Zeit, unter dem Druck der Leistung, unter dem Druck der Beurteilung, unter dem Druck der Sachzwänge.

Natürlich werden sich auch Wesen in der näheren Umgebung finden, die das Gefühl von Unfreiheit und Enge verursachen können. So kann der Ehepartner einem die Luft zum Atmen nehmen, oder die Kinder schränken die Handlungsfreiheit weitgehend ein; der Chef lässt keinen Spielraum für eigene Ideen und Vorschläge, der Nachbar will nicht in Frieden mit Ihnen leben, der Banker schränkt ihre finanziellen Möglichkeiten ein, und der Hund fordert mittags seinen Spaziergang und verhindert so eine schöpferische Pause.

Vielleicht haben Sie Spaß daran, einmal eine Liste zu erstellen, wer oder was Ihnen in welchen Situationen am deutlichsten ein Gefühl von Unfreiheit, Ausgeliefertsein, von Fremdbestimmung oder von Getriebensein vermittelt. Wenn Sie dann das nächste Mal spüren, dass Ihnen Ärger wie ein Stein im Magen liegt, wenn Sie trotz der besten Vorsätze an manchen Tagen zum Kettenraucher werden, wenn der Kaffeekonsum Ihrer Verdauung zusetzt oder wenn der Schlaf sich überhaupt nicht einstellen mag, dann erinnern Sie sich vielleicht an Ihre Aufstellung, und manches wird klarer.

Dann werden Zusammenhänge deutlicher, und Sie nutzen die Möglichkeit, die Schuldfrage oder das Verursacherprinzip neu zu überdenken. Die Mischung aus Angst und Verwirrung, Unruhe, Unsicherheit und innerer Zerrissenheit, sind sie wirklich Folge äußerer Einflüsse und Einwirkungen – oder handelt es sich dabei eher um die Auswirkungen von Entscheidungen, die Sie getroffen haben?

Es kann sehr hilfreich sein, wenn Sie Ihre Liste der „Ursachen“ einmal Punkt für Punkt überprüfen. Sie schließen ganz einfach die Augen, spüren einmal in sich hinein und nutzen die Möglichkeiten der inneren Wahrnehmung.

Es kann sein, dass diese Art der Beurteilung und Einschätzung Ihnen eine neue Perspektive vermittelt und Sie Unfreiheit in einem völlig anderen Licht betrachten. Es kann sein, dass Sie das Prinzip von Ursache und Wirkung noch deutlicher kennen lernen möchten. Dann lassen Sie die Augen weiter geschlossen und versuchen sich zu erinnern, wann und in welchem Zusammenhang Sie ein ähnliches Gefühl in Ihrer Mitte gespürt haben. Und vielleicht fällt Ihnen dann auf, dass Sie alle Gefühle, die Unfreiheit ausmachen, in früheren Situationen schon einmal einzeln erlebt haben.

So wäre es denkbar, dass Sie sich bereits bei der Wahl Ihres Arbeitsplatzes nicht wohl gefühlt haben, oder es ist möglich, dass Sie schon seit Wochen mit Ihrem Ehepartner reden wollten, um auf Missverständnisse hinzuweisen. Viele weitere Begebenheiten können dann wieder in das Bewusstsein gelangen, die Ihr System der inneren Wahrnehmung in der entsprechenden Situation so beurteilt hat, dass Angst, Unsicherheit und andere Gefühle deutlich zu spüren waren, als Hinweis darauf, Entscheidungen zu überdenken oder Versäumtes nachzuholen.

Mit zunehmender Kenntnis der Zusammenhänge wird Ihnen dann immer klarer werden, dass Sie diese Hinweise, die Aufforderungen der inneren Wahrnehmung, aus irgendwelchen Gründen überhört oder übersehen haben und Ihre Entscheidungen ohne Berücksichtigung des inneren Unwohlseins getroffen haben.

Jedes Gefühl allein, jede einzelne Handlung oder Entscheidung ist überschaubar, beurteilbar und änderbar. Die Summe zahlreicher Gefühle, die auf Missverständnisse oder Unstimmigkeiten hinweisen, mündet oft in einem globalen Gefühl der Unsicherheit, der Fremdbestimmung und des Ausgeliefertseins. Dann gestaltet sich die Suche nach Klarheit und das Bemühen um Verständnis von Zusammenhängen ungleich schwieriger, und nur mit großer Anstrengung lässt sich hinter allem das Prinzip von Ursache und Wirkung entdecken. Fragen können dann Klarheit schaffen und das Wissen um die Möglichkeiten der inneren Wahrnehmung. Dann ist es wichtig, die Gefühle in seiner Mitte zu kennen, zu wissen, wohin die Wegweiser führen, um dieses Wissen im Alltag umsetzen zu können. Erst dann bestimmen auch wieder bewusste eigene Entscheidungen die Geschehnisse im Alltag, und der Umgang mit den Menschen in der Umgebung entspricht den eigenen Vorstellungen, Wünschen und Zielsetzungen.

Unfreiheit kommt von innen heraus, ebenso die Freiheit. Wer Gelassenheit und Zuversicht an seiner Seite weiß, wird die innere Wahrnehmung zur rechten Zeit nutzen und die neue Entscheidung unter Berücksichtigung aller Gesichtspunkte zu seiner Grundlage machen. Auch das Gefühl von Unfreiheit lässt sich entwirren und ordnen, sodass Sicherheit und das Wissen um die Zusammenhänge der eigenen Lebensweise an die Stelle von Verwirrung und Angst treten.

Die Angst hat viele Gesichter. Manche von ihnen sind bleich mit weit aufgerissenen Augen, andere zeigen sich eher stumm in Erwartung des Kommenden, manche schreien ihre Angst auch heraus.

Die milden Formen dieses Gefühls hat jeder kennen gelernt. Vielleicht erinnern Sie sich an das leichte, aber eindringliche Drükken in der Magengrube vor einigen Tagen, wissen noch, dass sich die dünne Schicht kalten Schweißes auf Ihrer Stirn unangenehm bemerkbar machte und dass Ihre Finger leicht zitterten, was Sie mit Sorge registrierten.

Angst lässt sich auch spüren als ein Spannungsfeld, das den gesamten Organismus durchzieht und dadurch eine sehr deutliche innere Unruhe auslöst. Angst hat in manchen Körperorganen starke Verbündete, die das Gefühl mit Nachdruck dem Bewusstsein vermitteln. So spüren viele Menschen das Nahen eines angstbesetzten Ereignisses zunächst daran, dass ihr Herz zu rasen beginnt, völlig ohne äußeren Anlass. Oder ein unangenehmes „Stolpern" dieses Organs wird als sehr störend zur Kenntnis genommen. Dazu gesellt sich dann oft der Eindruck, als schnüre einem jemand die Luft ab, sodass es nur mühsam möglich ist, Atemluft in die Lungen strömen zu lassen.

Alle diese Reaktionen führen meistens dazu, dass sich das Gefühl von Angst noch verstärkt, und heftige Schweißausbrüche bestätigen dieses eindrucksvoll. Wollte man eine vollständige Umsetzung von Angst durch die Organe des Körpers beschreiben, gesellten sich nun noch ein Zittern der Hände, Beine oder Arme hinzu, und Zähneklappern wäre deutlich vernehmbar.

Nicht immer wird Angst sich dergestalt Raum schaffen, und vielleicht sind bei Ihnen noch andere Organe „führend" bei der Umsetzung von Angst, vielleicht steht bei Ihnen auch das heftige Gefühl in der Magengrube im Vordergrund. Jeder empfindet Angst auf seine eigene Art, und jedem steht eine überraschend große Variationsbreite bis in die feinsten Nuancen zur Verfügung.

Situationen, in denen man Angst spüren kann, sind sehr zahlreich und treten in irgendeiner Form täglich bei den meisten Menschen in Erscheinung. Die intensivste Form dieses Gefühls findet sich bei vitaler Bedrohung oder wenn diese vermutet wird. So wird man der Angst durch konkrete Gefahr im Krieg begegnen können, beim Entschärfen einer Bombe oder anderen gefährlichen Unternehmungen, die das Leben kosten können.

Ähnlich ausgeprägt kann Angst spürbar werden in Situationen, die den Betroffenen in der Vorstellung bedrohlich und gefährlich erscheinen. Darunter fallen Spaziergänge im dunklen Park, bei denen ein Überfall oder eine andere Gewalttat befürchtet oder erwartet wird, ebenso wie die Angst im Umgang mit einem an Aids erkrankten Menschen, weil aus Unkenntnis eine Ansteckung und damit Gefahr für das eigene Leben oder doch die Gesundheit befürchtet wird.

Die häufigste Form von Angst zeigt sich in alltäglichen Situationen, in denen man eine wirkliche Bedrohung nicht erkennen kann. Zu diesen Ereignissen darf man jene großen und kleinen Prüfungen rechnen, denen sich alle von uns in der Schule, in den Ausbildungsbetrieben, an den Universitäten oder in anderen Bereichen unterziehen müssen, um eine Ausbildung zu beginnen oder eine Qualifikation zu erhalten. Manche Menschen sind durch ihre Angst in Prüfungen so beeinträchtigt, dass der sonst sicher beherrschte Lehrstoff nicht in der geforderten Form dargestellt werden kann, sodass eine Wiederholung der entsprechenden Prüfungen daraus folgen kann.

Kinder empfinden Angst, wenn sie befürchten müssen, dass das Übertreten eines Tabus oder die Nichtbefolgung eines Verbots entdeckt wird und eine Strafe zu erwarten sein könnte oder der zeitweilige Entzug von Zuneigung.

Auch für Erwachsene gelten im Berufsleben oder in der Familie eine Vielzahl von Regeln, deren Außerachtlassen mit Angst besetzt sein kann, weil eine Entdeckung dieser Verstöße mit vermeintlichen oder realen Konsequenzen befürchtet wird. Eine typische Situation: wenn das Auto durch einen Polizisten angehalten wird. Sehr häufig stellt sich dann ein unbehagliches Gefühl in der Mitte ein, weil man befürchten muss, dass das eine oder andere Verkehrsvergehen – und wer kann sich auf diesem Gebiet sicherer Unschuld bewusst sein? – nun vor der Entdeckung steht.

Wer sich einmal auf die Suche macht, welche Ereignisse im Alltag ein Gefühl der Angst in leichter oder stärkerer Form vermitteln, wird überrascht sein, welche Bedeutung dieses Gefühl dabei einnimmt. Und wie immer wird jeder, der um genaues Betrachten bemüht ist, bemerken können, dass auf dem fokussierten Gebiet, hier der Angst, für einige Zeit eine Verstärkung dieses Gefühls zu finden sein wird. Dies sollten Sie dann aber in keinem Fall als bedrohlich empfinden, sondern wissen, dass dieses Phänomen nur vorübergehend vorhanden ist – solange Sie sich intensiv damit auseinander setzen – und dass es allein der genaueren Betrachtung und dem besseren Kennenlernen dient.

Nach dem Kennenlernen Ihrer Angst können Sie zu entdecken beginnen, welche Botschaften, welche Hinweise Ihnen dieser Teil Ihrer inneren Wahrnehmung anbieten möchte. Denn Angst hat keinen eigenständigen Wert, sondern setzt sich immer in Beziehung zu der Person, die sie empfindet, und kann ein wertvoller Ratgeber sein.

Zunächst gilt es, auf diesem Weg wieder zu entdecken, dass es grundsätzlich zwei Möglichkeiten gibt, auf Angst zu reagieren. Sie können sich diesem Gefühl völlig hingeben, sich von ihm überwältigen lassen und alles andere vergessen. Im Fall einer akuten Bedrohung, im Verkehr oder in anderen gefährlichen Situationen wird das zur Folge haben, dass Sie unüberlegt und „kopflos" reagieren, sich dadurch sehr wahrscheinlich so verhalten, dass die erwartete Gefahr tatsächlich wirksam eintritt. In weniger brenzligen Situationen wird ein solches Verhalten dazu führen können, dass Sie in einer Prüfung „versagen" und mit einer Wiederholung rechnen müssen. Oder einer Ihrer Mitmenschen, etwa Ihr Chef, wird Ihre scheinbare oder spürbare Angst als Eingeständnis einer Schuld oder eines Fehlers werten, die oder der Ihnen eigentlich gar nicht anzulasten ist. Jeder Mensch wird sich in seinen entsprechenden Lebensbereichen vorstellen können, wie lähmend und unerwünscht sich Angst, der man in dieser Art begegnet, auswirkt.

Man entscheidet sich mit einer solchen Wahl, sich der Angst auszuliefern und ihr nachzugeben, für eben genau jene Konsequenz, der man entgehen möchte, von der lebensbedrohlichen Gefahr bis zum Prüfungsversagen. Andere Entscheidungen helfen weiter.

Wer sich entscheidet, die Angst als Hinweis und Wegweiser zu sehen, als Aufforderung zur Überprüfung und zur Suche nach Sicherheit, wird feststellen können, wie sich eine solche Entscheidung in der Situation und im Alltag auswirken wird. In der konkreten Gefahr einer Bedrohung durch äußere Umstände, auf die eine geordnete und sinnvolle Reaktion erforderlich ist, dient Angst nur einem Ziel: alle Möglichkeiten im Körper schnell und im Höchstmaß zu aktivieren, sodass eine augenblickliche und wirkungsvolle

Entscheidung und Verhaltensweise möglich wird. Die spürbaren Hinweise aller Organe zeigen lediglich an, dass der Körper in höchster Alarmbereitschaft und damit in höchster Weise leistungsfähig und leistungsbereit ist. Nutzen Sie in solchen Situationen das Angebot Ihres Körpers und die Hinweise Ihrer Angst und reagieren Sie in der angemessenen Weise mit richtigen, lebensrettenden Entscheidungen. Ihnen stehen die höchste Aufmerksamkeit und ein Maximum an Leistungsfähigkeit zur Verfügung. Und nichts anderes teilen Ihnen – neben der konkreten Gefahr – Ihr Körper und Ihre Angst Ihnen mit.

Sehr wahrscheinlich und glücklicherweise werden die meisten von Ihnen solchen Situationen nur sehr selten oder gar nicht begegnen, es sei denn, Sie hätten einen Beruf gewählt, der täglich solche Lernmöglichkeiten anbietet. Im Alltag werden Ereignisse häufig als bedrohlicher empfunden, als sie tatsächlich sind. Mit dieser Überlegung kann Ihr Lernen mit der Angst seinen Ausgangspunkt nehmen. Überprüfen Sie zunächst einmal mit allen Ihnen zur Verfügung stehenden Informationen, ob eine angstbesetzte Situation tatsächlich eine Bedrohung darstellt oder ob lediglich eine ängstliche Erwartungshaltung dahinter steht und den Eindruck von Bedrohung vermittelt. Klarheit in diesem Punkt schafft oft schon Sicherheit und Gelassenheit. Nicht in jedem Park lauern Räuber, nicht jeder andere Verkehrsteilnehmer ist ein potenzieller Mörder oder Selbstmörder, und nicht alle Flugzeuge stürzen ab. Sicherheit durch Überprüfung der Gegebenheiten schafft man nicht in wenigen Minuten, oft nicht an einem Tag und sehr häufig nicht bei einer einzigen Gelegenheit. Vielmehr wird es einige Übung erfordern, Geduld und Gelassenheit, um Schritt für Schritt zu unterscheiden, zu korrigieren und die Sicherheit in der eigenen Mitte aufzubauen. Nur ein Gefühl, von dem man ohne Zweifel überzeugt ist, nur ein wirklich tiefes Verständnis wird Angst dann für die Zukunft in ähnlichen Situationen überflüssig machen, weil Sie bereits im Vorfeld die Weichen richtig gestellt haben und die klare Sicht für eine richtige Einschätzung der Situation geschaffen haben. Die Auswirkungen werden Sie spüren können an viel mehr Sicherheit, viel mehr Gelassenheit und viel mehr Zuversicht im Alltag.

Ein wenig anders stellt sich das Bild in einer Prüfungssituation dar. Bei oder vor einem solchen Ereignis Angst zu spüren heißt, die Aufforderung zur Überprüfung des Wissens und der eigenen Ansprüche wahrzunehmen. Jeder, der zunächst einmal den erlernten Stoff in Beziehung setzt zu dem geforderten Pensum, wird mit Erleichterung feststellen können, dass er dieses Ziel erreicht hat, sodass die Angst vor einer Prüfung dieses Wissens sich sehr schnell reduziert und man sich dann schon viel wohler fühlt. Falls Wissenslücken erkennbar werden, kann ein Mehr an Arbeit die nötige Sicherheit und damit ein „gutes Gefühl" für die Prüfung bringen. Haben Sie feststellen können, dass der Lernstoff in ausreichendem Maße erworben wurde und spüren Sie trotzdem noch ein ausgeprägtes Unwohlsein in Ihrer Mitte, sollten Sie im Bereich der eigenen Anforderungen und des eigenen Maßstabs suchen, ob es Missverständnisse oder Unsicherheiten gibt, die Sie korrigieren können. Auch das wird dann die gewünschten Konsequenzen nach sich ziehen und Ihnen die Sicherheit vermitteln, die Sie sich wünschen.

Sie werden sehr intensiv und mit großer Freude spüren können, dass jeder Zweifel, jede Überprüfung und jede Korrektur, die Sie vornehmen, hinführt zu Sicherheit und Gelassenheit. Angst werden Sie dann nicht als Hindernis und Einengung kennen lernen, sondern als Aufforderung und Angebot, sich dort auf unterschiedliche Art und Weise eine bessere und sicherere Grundlage für Ihr weiteres Handeln zu schaffen.

Angst vor Entdeckung ist auf solche Art nicht zu bewältigen. Wer diese Angst in seiner Mitte verspürt, hat imVorfeld oft gegen Glaubensgrundsätze verstoßen, gegen seine eigenen Maßstäbe oder Ansprüche. Vielleicht haben Sie einmal in einer anderen Situation etwas getan oder unterlassen, was nach für Sie gültigen inneren Gesetzen widersprüchlich war. Dann werden Sie solche Verhaltensweisen nur noch eingeschränkt korrigieren können und überlegen müssen, ob das Eingeständnis dieses „Fehlverhaltens" für Sie einen Sinn macht. Die Information des Wegweisers Angst wäre in solchen Situationen für künftige Verhaltensweisen im Umgang mit sich und anderen Menschen zu nutzen.

Unabhängig von der Situation, in der Sie auch immer Angst empfinden können, gilt es grundsätzlich, dann alle in diesem Zusammenhang stehenden Gesichtspunkte zu überprüfen, Überlegungen infrage zu stellen, Zweifel zur Kenntnis zu nehmen und sich durch erneute Wahl (Entscheidung) unter Berücksichtigung aller wesentlichen Aspekte Sicherheit zu schaffen. Sicherheit vertreibt die Angst. Wo Sicherheit ist, findet sich keine Angst. In allen geschilderten Beispielen war zuerst Angst da; und erst das eigene Handeln, die Auswertung der inneren Wahrnehmung von Angst, hat dann Sicherheit an ihre Stelle treten lassen.

In diesem Sinn kann man sagen: Angst schafft Sicherheit, wenn man ihre Wahrnehmung in der richtigen Weise nutzt, sich nicht in Angst verliert, sondern sie so nimmt, wie sie gemeint ist, als Aufforderung und Hinweis, wo und wie man in der entsprechenden Situation Sicherheit und Gelassenheit schafft, als Angebot, Zweifel so zu nutzen.

Wenn Sie Lust verspüren, mit diesem Hintergrund einmal auf Entdeckungsreise zu gehen und Ihre Ängste kreativ zu nutzen, werden Sie allerdings ohne jeden Zweifel alle Möglichkeiten entdecken und annehmen und im Alltag umsetzen können, die Ihnen helfen, sich wohl zu fühlen und geborgen. Vor Angst werden Sie sich dann nur noch sehr selten oder gar nicht mehr fürchten. Und das wäre dann ein sehr gutes Gefühl.

Einsamkeit

Im Zeitalter der Elektronik, der Raumfahrt, der Massenmedien und der Turbinenflugzeuge schrumpfen die Entfernungen. Fernsehen und Telefon verbinden auch entlegene Winkel dieser Erde mit den Zentren des Geschehens. In den Städten pulsiert das Leben, voller Hektik, voller Lärm, voller Farbe und voller Licht. Unzählige Stätten der Begegnung sollen Verbindungen schaffen und Nähe zu anderen Menschen vermitteln: Freizeitparks, Sportanlagen, Gaststätten und Kommunikationszentren. Nie zuvor lebten Menschen so dicht zusammen. Und wahrscheinlich haben sich die Menschen nie zuvor so oft einsam gefühlt.

Einsamkeit kann sein wie Dunkelheit. Man fühlt sich von allem abgeschlossen, nirgendwo leuchtet ein Licht, kein Wegweiser taucht im Dunkeln auf, und die Sinnesorgane scheinen irgendwie von der Außenwelt abgekoppelt und schaffen keinen genügenden Rahmen für Geborgenheit und Sicherheit.

In solchen Situationen ist der Gang gebückt, der Kopf gesenkt und der Blick irgendwo ins Leere gerichtet. Die Atmung wirkt flach und bringt wenig Energie, Bewegungen sind ziellos und langsam. Der Körper scheint dann oft wie eingeschnürt und lässt keinen

Raum für Wärme und Nähe. In seiner Mitte spürt man tiefe Traurigkeit und Leere, vielleicht hin und wieder den Druck in der Magengegend. Oder die Einsamkeit wird fast schmerzhaft spürbar, wie ein Brennen oder Ziehen in manchen Körperregionen. Mitunter kann es auch eine bleierne Schwere sein, die das Gefühl von Unbeweglichkeit und Eingeschlossensein vermittelt.

Einsamkeit lässt sich auf viele Arten spüren, und oft hat man den Eindruck, nichts und niemand könne einem helfen, dieses quälende Gefängnis wieder zu verlassen. Manche von uns meinen dann, vor einem tiefen Abgrund zu stehen und sich nur entscheiden zu können, ob sie mit geschlossenen oder geöffneten Augen springen möchten.

Einsamkeit und Kälte haben auch viele Gemeinsamkeiten. Weder ein warmer Ofen noch lärmendes Getümmel können die Starre lösen. Alle Wege scheinen in einer Sackgasse zu enden, und nirgendwo stößt man auf Nähe und Zuwendung, Freundschaft oder Liebe, nur auf Einsamkeit und die Mauern eines unsichtbaren Gefängnisses. Viele Menschen sind einsam, und viele Menschen leben ihr Leben in dem Gefühl innerer Isolation und äußerer Gleichgültigkeit.

Einsamkeit lässt sich in vielen Schattierungen und in zahlreichen Situationen des Alltags spüren. Jeder, der sich einmal auf die Suche nach einem solchen Gefühl in seiner Mitte macht, wird überrascht sein, wie wenig oberflächliche Nähe, betriebsame Geschäftigkeit und zahlenmäßige Anwesenheit mit Nähe, Zuwendung und Austausch in Zusammenhang stehen müssen. Einsamkeit in reiner Form, das Gefühl der völligen Isolierung, kann die Wahl der täglichen Möglichkeiten und auch das Wahrnehmen der Angebote im täglichen Leben vollständig lähmen. Aber auch jeder Mensch, der lediglich Spuren dieses Gefühls in seiner Mitte wahrnimmt und sich ihm nicht ausgeliefert fühlt, steht vor einer Entscheidung.

Denn zunächst gilt es wieder zu entscheiden, ob Sie dieses Gefühl der Einsamkeit immer deutlicher und intensiver zur Kenntnis nehmen und es damit verstärken, sodass schließlich tatsächlich der Eindruck des Ausgeliefertseins entstehen kann – oder ob Sie diese innere Wahrnehmung auch in diesem Fall als einen Hinweis auf Spannungsfelder in Ihrer Mitte sehen wollen, die eine Auseinandersetzung und Klärung der Umstände erforderlich und wünschenswert macht. Dann kann Einsamkeit eine sehr starke

Aufforderung sein, die den Weg zu neuen Möglichkeiten öffnet und in die Freiheit hineinführt.

Dieser Weg kann überall beginnen: in der Dunkelheit, in der Sackgasse, in der Verlassenheit, in der Monotonie, in der Traurigkeit, in der Ausweglosigkeit, am Abgrund, in der Ignoranz, im Unverständnis, in der Verwirrung, in der Ratlosigkeit, im Gefängnis, in der Leere oder irgendwo anders. Wer sich für diesen Weg aus der Einsamkeit hinaus in die Freiheit und für den Weg zur Harmonie von Körper und Seele entscheidet, wird zunächst einmal wieder Klarheit schaffen und Zusammenhänge ordnen.

So muss man zunächst herausfinden, ob das Gefühl einen konkreten, einsehbaren Hintergrund hat, der sich direkt zuordnen lässt. Ein solches Gefühl der Einsamkeit in sehr schmerzlicher Form stellt sich häufig nach dem Verlust einer nahe stehenden Person ein, beim Tod des Partners oder eines Kindes, beim Scheitern oder der Auflösung einer längeren und vertrauten Beziehung, die dem Leben einen sicheren und gewohnten Rahmen gab.

In einer Phase des Verlustes fällt es oft sehr schwer, den Weg aus der Einsamkeit hinaus zu wählen; zu tief und zu breit scheint oft die Lücke, die es zu überbrücken gilt. Niemand kann für diesen Weg Patentrezepte anbieten. Auch der Rat und die wohl gemeinten Ratschläge von Freunden und Verwandten können nur unzureichend Trost und Hilfe spenden. Wer Verlust schmerzlich empfindet und sich in seinem Gefühl verlassen und einsam sieht, wird zunächst einmal sein Verhältnis zu jener Person klären müssen, die er verloren hat.

Ein solcher Prozess nimmt oft viel Zeit und Geduld in Anspruch. Am Ende der Überlegungen stehen dann aber meistens schon erste Klarheit und die Sicherheit der eigenen Basis. Im Alltag kann man das zum Beispiel daran spüren, dass die Welt nicht mehr nur schwarz aussieht, sondern dass sich hier und dort schon wieder Lichtstrahlen und Farben finden. Wer auf diesem Weg weitergeht, wird möglicherweise bei jedem Schritt etwas wieder entdecken, das er verloren glaubte. Und dann werden sich neue Möglichkeiten finden, die weiterhelfen, zurück auf den Weg. Alle neuen Erfahrungen, aller Schmerz, die Einsamkeit werden einfließen in die Suche nach einer neuen Umgebung, nach einem neuen Partner oder nach jenen Lebensbedingungen, die Sie dann vielleicht viel intensiver und viel bewusster genießen und leben lassen.

Alte Bindungen zu lösen, nachdem man ihr Wesen und ihre Bedeutung für das eigene Ich erkannt hat, heißt auch, sich neue und reichere Möglichkeiten zu eröffnen, Schritt für Schritt weiter voranzukommen im Verständnis von Ursache und Wirkung und damit, sich und sein Umfeld besser und vollständiger zu erfassen. Am Anfang der Auseinandersetzung mit der Einsamkeit, wenn das Gefühl des Verlustes noch übermächtig erscheint, wird dieses Wissen wenig nützen. Am Ende der Auseinandersetzung wird es sehr hilfreich sein, den zurückliegenden Weg aus dieser Perspektive zu betrachten.

Denn Klarheit schafft Sicherheit, und Sicherheit schafft Gelassenheit, sodass man dann Einsamkeit als Wegweiser in die Freiheit begreifen kann.

In jeder Gesellschaft gibt es Berufe, die in der Anerkennnung eher an „oberer" oder „unterer" Stelle stehen. Nicht immer ist der Sinn einer solchen Rangordnung erkennbar. Dennoch glauben manche Menschen, dass sie aufgrund ihrer sozialen Stellung in der Gemeinschaft isoliert und nicht vollwertig sind, weil vielleicht andere Menschen mit Verachtung auf sie herabsehen. Auch in solchen Situationen kann man sich sehr einsam fühlen, traurig und enttäuscht, dass derart oberflächliche und unsinnige Beurteilungen vorgenommen werden, die in keiner Weise wirklichen Werten und wichtigen Inhalten entsprechen. Manche Menschen übernehmen diese Beurteilung der anderen für sich und begeben sich dann freiwillig in die Isolation, mit dem Gefühl der Minderwertigkeit oder des Versagens.

Die innere Wahrnehmung kann sich auch in diesen Bereichen als sehr hilfreich erweisen. Denn der Wert eines Menschen kann an seiner sozialen Stellung ebenso wenig festgemacht werden wie an der Hautfarbe oder Nationalität. Das Gefühl der Einsamkeit vermittelt also die deutliche Botschaft, sich einmal mit diesen Beurteilungskriterien auseinander zu setzen und die Bedeutung des eigenen Wertesystems zu überprüfen.

Wer erkannt hat, wie unsinnig die Einstufung nach Nationalität, Hautfarbe oder Beruf ist, wird sich nicht mehr daran messen lassen. Die Reaktion auf eine solche Erkenntnis kann man im Alltag spüren: vielleicht daran, dass sich täglich neue Kontakte ergeben, oder vielleicht daran, dass manche Menschen einem viel freundlicher begegnen, oder auf eine andere Art, die sehr angenehm ist. Nur gilt auch in diesem Fall, dass die Kenntnis der Zusammenhänge, das Spüren der inneren Wahrnehmung noch keine Änderung bewirkt. Denn nur, wenn man etwas verändert, verändert sich etwas. Nur wer sich seines eigenen Wertesystems sicher ist, wird spüren, dass sich das der anderen nicht mehr auswirken kann. Und dann ist das Gefühl von Einsamkeit aus diesem Grund nur noch eine Erinnerung an den Beginn eines neuen und hilfreichen Weges.

Mit der Einsamkeit verhält es sich wie mit den anderen Mitteilungen Ihrer inneren Wahrnehmung auch: Sie ist ein Gefühl von individueller Prägung, das jeder auf seine Art empfinden kann. Die Stärke dieses Gefühls, seine Färbung, die bevorzugten Organe, die auslösenden Begebenheiten oder Situationen, alles unterliegt Ihrer Wahrnehmung, Ihren Mitteilungsmöglichkeiten und Ihren Ausdrucksmöglichkeiten.

Die Einsamkeit bietet die Chance, mit allen Erwartungen, mit allen Beziehungen, mit allen Kontakten und Menschen neu zu beginnen. Einsamkeit ermöglicht, Maßstäbe zu überprüfen, Werte zu ordnen und Gewichte neu zu verteilen. Und wenn die alten Überzeugungen, Vorstellungen oder Beziehungen in die quälende Einsamkeit geführt haben, was läge näher, als nach neuen Wegweisern und Orientierungspunkten zu suchen?

Wut

An manchen Tagen könnte man vor Wut aus der Haut fahren. Ein solches Gefühl beginnt vielleicht zunächst mit einem zarten Empfinden von innerer Zerrissenheit, wie es sich auch in anderen Situationen bereits als Grundlage bewährt hat. Über einen milden Zorn steigert sich dieses Unbehagen dann zu einem enormen Druck in der Magengegend, der sich schließlich zu einem Gefühl mit explosivem Charakter ausweiten kann. Dann kann man sie spüren, die Wut im Bauch, und nach Möglichkeiten zu suchen beginnen, diese gewaltige Energie in adäquater Weise einzusetzen, umzuwandeln oder sich ihr auszuliefern.

So stehen wieder mehrere Entscheidungsmöglichkeiten zur Auswahl. Vielleicht stellt sich Ihnen ein solches Gefühl als so übermächtig dar, dass Sie Ihre Energie zunächst einmal in schiere Gewalt umwandeln und den nächsterreichbaren Gegenstand irgendwie zertrümmern. Wenn Sie dabei niemanden treffen und wenn der besagte Gegenstand nicht gerade von unersetzbarem Wert war, wird Ihre Wut ein wenig an Energie verlieren und der Kopf klarer erscheinen und frei für weitere Entscheidungen.

Von der Möglichkeit, auf den vermeintlichen Verursacher oder Auslöser Ihrer Wut einzuprügeln oder in anderer Weise gewalttätig zu werden, sei aus nahe liegenden Gründen abgeraten. Aber möglicherweise verschafft es Ihnen Erleichterung, mit einem lauten Schrei oder ungerichteter körperlicher Bewegung der Wut zu begegnen. Manche Menschen bevorzugen es auch, ihre Wut nicht in äußerer Form darzustellen. Sie „verinnerlichen" dieses sehr starke Gefühl und fühlen sich ihm ausgeliefert. Ein Resultat dieser Art von „Wutbewältigung" kann das Auftreten von Magengeschwüren sein.

Die Möglichkeiten, mit der Wut in seiner Mitte umzugehen, sind so zahlreich und vielfältig wie die Erscheinungsformen dieses Gefühls selbst. Wer sich dafür entscheidet, seine Wut intensiv kennen zu lernen, wird die Hinweise und Angebote seiner inneren Wahrnehmung in Anspruch nehmen können und lernen, diese aggressive Empfindung in angemessener Form zu nutzen.

Auf einem solchen Weg ist es sehr hilfreich, zunächst nach Gefühlen und Hinweisen zu suchen, die Ihnen bereits aus anderen Bereichen bekannt sind. Jeder spürt seine Wut auf seine Weise und in unterschiedlichen Bereichen des Körpers. Mitunter hat man das Gefühl, der Schädel stünde unter einem so hohen Druck, dass er zu platzen droht. Das Gesichtsfeld wirkt dann eng und beschränkt.

Manchmal kann es auch sein, dass die anderen Sinnesorgane beeinträchtigt sind, so als seien sie umnebelt oder durch eine Wand von uns getrennt. Alle Muskeln des Körpers wirken unter dem Einfluss von Wut oft zum Zerreißen gespannt oder sind völlig verkrampft. Sehr schmerzhafte Reaktionen können die Folge sein. Auch auf das Gangbild wirken sich diese Veränderungen aus. Vielleicht spürt man seinen Körper wie unter einer gewaltigen Last oder einem unerträglichen Druck, sodass als einzige Bewegung das Öffnen oder Schließen der Augen möglich erscheint.

Die Atmung in solchen Situationen empfinden viele Menschen als gepresst oder eingeengt, der Brustkorb lässt sich nur unter erheblicher Anstrengung heben oder senken. Das Herz schlägt dann bis zum Hals und droht fast in der Brust zu zerspringen, so intensiv kann Wut sich auswirken. Im Bauchraum stellt sich vielleicht ein Gefühl ein, als hätte eine Explosion stattgefunden und eine unbeschreibliche

Zerrissenheit hinterlassen. Möglicherweise spüren Sie auch, dass Ihre Wut bei Ihnen Schweiß auf die Stirn treten lässt oder dass es Ihnen eiskalt den Rücken hinunterläuft.

Bei einigen Menschen stellt sich ein kaum kontrollierbares Zittern der Arme und Beine, der Finger und Zehen ein. Und selbstverständlich kann es sein, dass Sie eher zu einer stillen Form von Wut neigen, sodass Ihre Organe nur in einer sehr milden Form der Wut Ausdruck verleihen.

Welche Organe Sie auch immer zur Umsetzung Ihrer Wut in Anspruch nehmen, vielleicht kommt Ihnen das eine oder andere Organ in irgendeiner Weise bekannt vor, weil andere Gefühle sich dort auch in ähnlicher Form darstellen. Damit kommen Sie der Botschaft „Wut", die Ihre innere Wahrnehmung Ihnen anbietet, einen großen Schritt näher. Denn Wut setzt sich aus sehr komplexen Einzelgefühlen zusammen, die schließlich zu einem Gesamteindruck zusammenfließen und in der beschriebenen Form spürbar werden.

Da ist es interessant, herauszufinden, welche Gefühle einen hohen Anteil von Wut ausmachen und welche Gefühle nur wenig daran beteiligt sind. Gleich zu Anfang stößt man oft auf Angst, ein Gefühl, das Sie bereits ausführlich kennen gelernt haben. Dabei kann es sich um die Angst handeln, einer realen oder vermuteten Bedrohung nicht ausweichen zu können, sodass die resultierende Hilflosigkeit auch Wut nach sich zieht. Oder es kann auch die Angst vor Entdeckung von Fehlern sein, die man eifrig zu verbergen suchte, oder die Angst vor Entdeckung von Schwächen oder mangelnden Fähigkeiten, die bislang verborgen blieben. Und natürlich kann auch die Angst vor Einsamkeit in Wut münden, wenn weitere Gefühle sich dazugesellen.

Das Empfinden von Ungerechtigkeit führt häufig in Wut hinein. Ungerecht behandelt fühlt man sich immer dann, wenn die eigene Einschätzung nicht mit jener der Beurteilenden übereinstimmt. Das kann in einer Prüfung in Bezug auf eine echte Leistung so spürbar werden oder auch sonst im Umgang mit den Mitmenschen.

Dabei spielt es nur eine untergeordnete Rolle, ob das eigene Gefühl von Ungerechtigkeit „objektiv" zu Recht besteht oder nicht. Besonders ausgeprägte Gefühle von Wut kann eine solche Fehleinschätzung am Arbeitsplatz auslösen, wenn ein vielleicht minder qualifizierter Mitarbeiter eine Führungsposition übertragen bekommt, die man sich selbst viel eher zuerkannt hätte.

Eine große Rolle bei der Auslösung aggressiver Gefühle spielen sicher auch Schuldgefühle in jeder Form. Solche Empfindungen können auftreten nach vermeintlichem Versagen in Belastungssituationen oder beim Verstoß gegen innere Glaubensgrundsätze. Oder Sie spüren Schuldgefühle in Ihrer Mitte, weil die eigenen hoch gesteckten Erwartungen nicht erfüllt werden konnten, sodass Frustration, Angst, für einen Versager gehalten zu werden, Ärger über zu wenig oder nicht ausreichend sorgfältig geleistete Arbeit und die Entdeckung all dessen in einer Prüfung oder in einer anderen Situation sich zu einem explosiven Gemisch, zur Wut, vereinen.

Das Gefühl der Hilflosigkeit findet man ebenfalls sehr häufig als Basisbedingung für Wut. Hilflos kann man sich fühlen bei einer ungerechten Beurteilung, in der Argumente oder eigene Einschätzung keine Änderung erreichen können. Oder man fühlt sich verleumdet, wie politisch aktive Menschen dies oft erfahren, und kann den Unwahrheiten wenig Wirksames entgegensetzen. Hilflosigkeit kann man auch in sehr eindrucksvoller Weise spüren, wenn nahe stehende Mitmenschen wider den wohl gemeinten Rat und vielleicht auch wider besseres Wissen vermeintliche oder tatsächliche Fehlentscheidungen treffen und man keine Möglichkeit sieht, solche Entschlüsse zu verhindern. Und Hilflosigkeit spürt man sicher auch, wenn sich Fehler von schwerwiegender Art nicht mehr korrigieren lassen und man deshalb die Konsequenzen akzeptieren muss.

Enttäuschung führt in vielen Fällen direkt in die Aggression und in die Wut. Erwartungen können enttäuscht werden oder Zuneigung, die nicht erwidert wird. Wann immer und wie immer Ansprüche oder erwartete Erfüllung von Bedürfnissen nicht in ausreichendem Maße zum Zuge kommen, wird sich Enttäuschung breit machen können. Und Enttäuschung ist dann ein sehr starkes Gefühl, auf das oder auf dessen Verursacher sich dann der Zorn in starkem Maße richten kann.

Die Liste der anteiligen Gefühle von Wut ließe sich beliebig fortsetzen, und sicher wird jeder von Ihnen zahlreiche Beispiele und Erläuterungen aus der eigenen Erfahrung beisteuern können. Vielleicht spüren Sie Interesse, einmal nach den Ursachen und Zusammenhängen für Ihre letzten Wutausbrüche zu fahnden, falls Sie nicht ein ausgeprägt friedfertiger Mensch sind, dem solche Erfahrungen und aggressiven Gefühle gänzlich unbekannt sind.

Jeder, der einmal Ordnung in das „Chaos Wut" bringen möchte, wird erkennen, dass damit diesem Gefühl bereits ein hohes Maß an Energie entzogen wird und es sich oft schon freier atmen lässt.

Seiner Wut in angemessener Weise zu begegnen heißt auch, den Inhalt des Systems der inneren Wahrnehmung für sich in Anspruch zu nehmen. Dem nächsten Wutanfall können Sie dann viel gelassener begegnen, wenn Sie um seine Ursachen und Zusammenhänge wissen. Das eigentliche Wesen, der Hintergrund und die segensreichen Hinweise des Gefühls Wut werden sich Ihnen aber erst dann erschließen, wenn Sie die einzelnen Gefühlsanteile nicht nur zur Kenntnis nehmen und aufschlüsseln, sondern wenn Sie in entsprechender Art und Weise darauf reagieren und die Ursachen für die inneren Spannungen beseitigen oder Zusammenhänge anders beurteilen.

So kann die Einschätzung der eigenen Möglichkeiten auf einer realen und Ihnen wirklich entsprechenden Basis Sie vor Enttäuschung bewahren. Der Fleiß in der Vorbereitungsphase einer Prüfung kann Ihnen Sicherheit vermitteln und einer ungerechten Beurteilung nur wenig Ansatzpunkte bieten. Über den Umgang mit der Angst, ihre Ursachen und die Möglichkeiten, mit ihr umzugehen, wurde bereits ausführlich eingegangen. Wer der Angst wirksam begegnet und sein Leben danach ausrichtet, Sicherheit und Gelassenheit in den Mittelpunkt zu stellen, wird sie nicht mehr als Ausgangspunkt für Wut benötigen.

Mit dem Gefühl von Wut in der eigenen Mitte ergeht eine sehr starke Aufforderung an Sie: zu überprüfen, welche einzelnen Gefühle, welche Ursachen und Zusammenhänge in diese Empfindung einfließen. Der Überblick schafft die Ordnung, und dann fällt es leichter, zu entscheiden, welchen inneren Spannnungsfeldern, welchen Widersprüchen zwischen Anspruch und Wirklichkeit, welchen Bedürfnissen und Wünschen man in welcher Form begegnen kann.

Der Erfolg solcher Bemühungen lässt sich im Alltag spüren. Vielleicht merken Sie es daran, dass Sie täglich wieder mit viel mehr Gelassenheit durch den Tag gehen und die Zuversicht Ihr zuverlässiger Begleiter in allen Situationen ist. Möglicherweise fühlen Sie sich auch einfach nur wieder so richtig wohl in Ihrer Haut mit dem Wissen, auf dem richtigen Weg zu sein, dem Weg zur Harmonie von Körper und Seele. Oder Sie genießen es einfach von ganzem Herzen, besonders in jenen Bereichen Ruhe zu spüren, in denen Sie es am wenigsten erwartet haben.

Zärtlichkeit

Zärtlichkeit lässt sich nur schwer in Worte fassen. Spüren kann man sie, wenn das leise Streicheln einer Hand das sensible Sinnesorgan Haut auf sehr angenehme Art und Weise berührt, sodass sich vielleicht noch ein leichtes, wohliges Frösteln oder ein Kribbeln im Bauch einstellt. An manchen Tagen spielt der Sommerwind zärtlich mit den Haaren, und ein herrliches Gefühl von Geborgenheit und Sicherheit, zart und doch ohne jeden Zweifel, kann spürbar werden.

Ein neugeborenes Kind, das friedlich schlafend in seinem Bettchen liegt, weckt in den meisten Menschen ein sehr zärtliches Gefühl und den spontanen Wunsch, dieses Gefühl durch Berührung auch mitzuteilen. Ist Ihnen schon einmal in der Stadt ein alter, gebeugter Mensch begegnet, der in all dem Lärm, der Hektik der lauten Autos und Motoren fast fassungslos am Bordstein stand und sich nicht traute, die Straße zu überqueren? Und haben Sie auch schon einmal für einen solchen alten Menschen ein tiefes Gefühl der Zuneigung und Zärtlichkeit gespürt?

Sicher werden die meisten Menschen Zärtlichkeit auch besonders gern im Bereich der körperlichen Liebe als eine sehr spezielle Form der Zuneigung erleben und dieses Gefühl sehr intensiv genießen. Mitunter, und nicht weniger deutlich, lässt sich Zärtlichkeit spüren, wenn man an einen geliebten Menschen denkt, der einem sehr nahe steht und dem man sich verbunden fühlt.

Ein Lied, eine Melodie oder leise Töne wecken direkt und ohne Filter ein zärtliches Gefühl tief in der Mitte oder gerade eben unter der Oberfläche der Haut.

Immer spürt man Zärtlichkeit leise und behutsam, intensiv und doch mit eben sanfter Leichtigkeit des Seins, immer spürt man Zärtlichkeit als ein Gefühl, das mit den tiefsten inneren Schichten in Verbindung zu stehen scheint. Einem zärtlichen Gefühl kann man sich nicht entziehen, sondern muss vielmehr sehr behutsam und vorsichtig mit ihm umgehen, in dem Wissen, dass zarte Bande leichter reißen und dennoch viel verbinden können.

Jeder von uns hat seine spezifischen Organe, die dieses Gefühl vermitteln und es intensiv erleben lassen, unnachahmlich und schön.

Dabei nimmt die Haut bei vielen Menschen eine bevorzugte Stellung ein, denn Zärtlichkeit geht oft „unter die Haut", spürbar schon an einem leichten Aufrichten der feinsten Härchen. Etwas ausgeprägter kann man ein kaum definierbares Kribbeln unter der Haut spüren, so als fließe ein leichter Strom, und besonders intensiv ist als Ausdruck von Zärtlichkeit ein wohliges Frösteln am ganzen Körper und der gesamten Hautoberfläche zu erleben.

Wie alle Gefühle ist Zärtlichkeit sehr individuell. Vielleicht reagiert Ihre Haut gar nicht auf Zärtlichkeit, und Sie kennen eher ein Wärmegefühl im Bereich des Oberbauches, das sich von innen heraus über alle Organe ausbreiten kann. Manchen vermitteln auch Muskeln über Leichtigkeit und Geschmeidigkeit der Bewegung am deutlichsten Zärtlichkeit. Oder ist Ihnen ein unbeschreibliches Spannungsgefühl in Ihrer Mitte, eine Mischung aus freudiger Erwartung, Gelassenheit, Sicherheit und Neugierde, aus Zuneigung und Liebe vertrauter als Ausdruck Ihrer Zärtlichkeit?

Wahrscheinlich gibt es nur sehr wenige Menschen, die mit diesem Gefühl überhaupt nichts anzufangen wissen, weil die meisten Menschen Zärtlichkeit schon einmal irgendwo und irgendwie erfahren haben.

Wenn Sie nicht gerade zu dieser kleinen Gruppe der „Nicht-Zärtlichkeits-Erfahrenen" gehören, nutzen Sie vielleicht vertraute Wege, um sich mit diesem Gefühl noch intensiver zu befassen oder um es in allen Variationen zu genießen. Dann wird Ihnen klarer sein, welche Organe Ihnen bei der Vermittlung dieser Qualität der inneren Wahrnehmung besonders hilfreich sind.

Gönnen Sie sich einen Platz, an dem Sie ungestört sind, schließen Sie die Augen, spüren Sie eine Weile in sich hinein, bis sich das vertraute Gefühl der Ausgeglichenheit, des Geschehenlassens einstellt, und dann erinnern Sie sich wahrscheinlich an einen oder sogar an zahlreiche Augenblicke, in denen Sie Zärtlichkeit erfahren oder gespürt haben. Für den unwahrscheinlichen Fall, dass Sie sich an keine derartige Situation erinnern können oder möchten, gelingt es Ihnen vielleicht, sich eine Szene vorzustellen, die Ihnen in der Zukunft genau jenes Gefühl vermittelt.

Die Wahrnehmung eines Gefühls kann einen sehr breiten Raum einnehmen, und ein angenehmes Gefühl möchte man möglichst lange und intensiv spüren. Aus diesem Grund macht es Sinn, dem Inhalt, der Information von Zärtlichkeit einmal nachzugehen, entweder um das betreffende Gefühl neben seiner wohltuenden Qualität intensiver zu genießen oder um zu erfahren, wie man es möglichst bald wieder spüren könnte und unter welchen Bedingungen.

Wer morgens im Bett seinen noch schlafenden Partner neben sich betrachtet und spürt, dass aus der eigenen Mitte ein warmes Gefühl von Zärtlichkeit „hinüberströmt", der wird es selbst zu deuten wissen: Zärtlichkeit kann viel bedeuten: Dankbarkeit, Sicherheit, Geborgenheit, Freude, Zuneigung, Liebe, Akzeptanz, Toleranz, Verständnis, das Wissen um Stärken und Schwächen, uneingeschränktes Verstehen, Offenheit und vorbehaltlose Zuneigung. Alles ist in einem solch kurzen Moment der Zärtlichkeit zu spüren und perfekt ausgedrückt durch das Angebot der inneren Wahrnehmung.

Allen kleinen und vermeintlich schutzlosen Wesen in unserem Umfeld bringen wir ebenfalls dieses Gefühl der Zärtlichkeit entgegen und ermuntern sie vielleicht durch eine sanfte Berührung der Haut oder ein freundliches Lächeln. Auch in dieser Empfindung steckt Verständnis – schließlich waren wir auch einmal so klein – und das Angebot, Schutz zu geben und Sicherheit, Zuneigung und Akzeptanz – eine innere Übereinstimmung mit dem Wesen, um das es geht.

Die Zärtlichkeit im kurzen Moment gegenwärtigen Verstehens eines alten oder hilflosen Menschen, dem wir begegnen, ist ebenfalls geprägt von einem tiefen inneren Verständnis für dessen Situation, dessen Existenz, für etwas, das uns verbindet. Man spürt diese tiefe innere Zuneigung, und man findet keine intellektuelle Erklärung dafür.

Mitunter teilt sich unsere Zärtlichkeit einem anderen Menschen direkt mit durch eine Berührung, einen Blick. Manchmal aber bleibt sie dem anderen und seinem Bewusstsein auch verborgen, und doch spürt man eine Verbindung, einen Fluss von Gefühl, etwas, das hin- und auch zurückfließt. Zärtlichkeit entsteht immer aus der Beziehung zu einem anderen Menschen, seiner Anwesenheit, dem Denken an ihn, der Vorstellung von ihm, seinen Eigenschaften oder Lebensumständen. Zärtlichkeit schafft für einen oder einige Momente eine zarte und doch intensive Beziehung, die tief in die eigene Existenz und das eigene Verständnis hereinreicht.

Mitunter setzen wir dieses Gefühl als Botschaft direkt und bewusst ein und vermitteln und verstärken es durch Berührungen oder andere sichtbare und spürbare Kontakte. Oder wir empfinden Zärtlichkeit als Einverständnis, als Zusammengehörigkeitsgefühl, als Verbundenheit ganz für uns allein, ohne Wissen des anderen.

Zärtlichkeit ist immer ein Austausch, ein bewusstes Erkennen jener schlüssig und sicher gespeicherten Erfahrungen, die man tief in der eigenen Mitte aktivieren kann, intensiv fühlbare und erlebbare Bestätigung dafür, dass eben diese Werte richtig und gültig sind.

Innere Kommunikation

Bewusstsein

Stellen Sie sich nur einmal vor, Sie gingen aller Ihrer Sinne verlustig, vielleicht zuerst des Augenlichtes. Keine Farben, kein Licht, keine Helligkeit wären mehr erfahrbar. Sie müssten im wahrsten Sinnes dieses Wortes die Welt neu zu begreifen lernen. Das Sehen vermittelt dem Bewusstsein den Eindruck von Sicherheit. Wer sieht, weiß, wo es langgeht, erkennt Gefahren rechtzeitig, kann Hindernissen ausweichen, ist rechtzeitig informiert, wenn irgendjemand das Haus oder das nähere Umfeld betritt, auch bei ungebetenen Gästen. Und das Sehen vermittelt über die Buchstaben eine beliebige Anzahl von Informationen. Ginge Ihrem Bewusstsein dieser Teil seines Informationssystems verloren, wäre Ihre „Realität" ungleich ärmer, farblos, dunkel, unsicher.

Vielleicht stellen Sie sich als Nächstes einmal vor, Ihr Gehörsinn hörte auf zu existieren. Um Sie herum wäre plötzlich völlige Stille. Kein Auto auf der Straße würde sein Nahen durch ein Motorengeräusch ankündigen, kein Postbote könnte an der Haustür hörbar klingeln, der Gesang der Vögel bliebe ungehört, und Musik wäre für Sie nicht mehr unmittelbar zu erfahren und zu genießen.

Sehen und Hören vermitteln Ihrem Bewusstsein vitale und wesentliche Informationen, deren Fehlen eine selbstständige Entwicklung, das Wahrnehmen der Angebote und Möglichkeiten auf dieser Erfahrungsebene „Erde" verhindern würde.

Fehlten jetzt auch noch der Tastsinn, der Geruchssinn und die Möglichkeiten des Geschmacks, könnte Ihr Bewusstsein keinerlei Informationen über die Umwelt und Ihre Beziehung zu ihr mehr vermitteln; Ihre Existenz würde nicht mehr erlebbar, erfahrbar oder nachvollziehbar sein; Sie hörten einfach auf zu existieren, für diese Erfahrungsebene jedenfalls.

Glücklicherweise sind aber die meisten von Ihnen im Besitz all dieser herrlichen, unbegrenzten und vielfältigen Wahrnehmungsmöglichkeiten. Sie erfahren so in jeder Sekunde Ihres Lebens Ihre Umwelt und sehen sich in Beziehung zu ihr; dabei hilft Ihnen das Bewusstsein. Es vermittelt diese Vielzahl von Eindrücken und diskutiert mit Ihnen die möglichen Reaktionen.

Wenn es zum Beispiel während eines Spaziergangs plötzlich zu regnen beginnt, können Sie sich entscheiden, dieses köstliche Prikkeln auf Ihrer Haut zu genießen, panikartig einen schützenden Busch oder ein Haus aufzusuchen – weil Sie fürchten, sich zu erkälten –, oder aber Ihr Bewusstsein erinnert Sie daran, dass Sie vorsorglich einen Regenschirm mitgenommen haben, den Sie jetzt benutzen können, sodass Sie sich über Ihre vorausschauende Planung freuen können. Oder war es nur die Erfahrung, aus der Sie gelernt haben?

Aufgrund Ihrer persönlichen Erfahrungen, Ihrer inneren Maßstäbe, Ihrer Wertvorstellungen und manch anderer Richtlinie bietet Ihnen Ihr Bewusstsein für jede mögliche Situation in Ihrem Leben eine Vielzahl von Reaktionsmöglichkeiten an.

Sie können eine Information zur Kenntnis nehmen oder vergessen, Sie können sich darüber freuen oder sich ärgern. Sie haben die Freiheit, jede sich bietende Situation deutlicher und genauer zu betrachten und kennen zu lernen; Sie können auch zu anderen Punkten der Tagesordnung übergehen. Immer entscheiden Sie bewusst, wissentlich und überlegt, wie Sie sich verhalten wollen. Und Sie wissen dabei dann auch – manches Mal deutlicher, manches Mal weniger deutlich – um die Konsequenzen dieser Wahl. Führt Ihre Entscheidung zum gewünschten Ziel, werden Sie in einer ähnlichen Situation vielleicht ähnlich entscheiden. Geht die Sache doch anders aus, als Sie es sich vorgestellt haben, fällt Ihre Wahl beim nächsten Mal vermutlich anders aus. Ihr Bewusstsein speichert alle diese Erfahrungen und stellt Sie Ihnen bei Bedarf wieder als Entscheidungshilfen zur Verfügung, wenn Sie es möchten. Ich kenne allerdings auch Menschen, die ihre Fehler oft wiederholen, damit Sie auch wirklich irgendwann sicher sind, was „falsch" und „richtig" in der jeweiligen Situation für sie ist oder war.

Manche Menschen lernen schnell, andere benötigen ausgiebige Umwege, um wirklich alle Aspekte einer Sache kennen zu lernen – diese kennen zu lernenMenschen lieben die Gründlichkeit. Für Ihr

Bewusstsein ist es ohne Bedeutung, ob Sie sich für den einen oder anderen Weg entscheiden; es wird Ihnen immer mit Rat und Tat zur Seite stehen – falls Sie das wirklich möchten. Ihr Bewusstsein vermittelt alle für die Existenz wichtigen Informationen, speichert sie, bewertet sie, setzt sie in Beziehung zu anderen relevanten Daten und hilft Ihnen, Entscheidungen zu treffen und damit Ihr Umfeld zu formen, wie es gerade folgerichtig und lehrreich ist oder richtig und gut.

Denn jede Entscheidung hat Konsequenzen, und die Auswirkungen sind spürbar im Alltag, im Umgang mit anderen Menschen, in Ihrer Familie, bei der Berufswahl, bei der Entwicklung Ihrer wirtschaftlichen und sozialen Möglichkeiten, bei Gesundheit und Krankheit. Alle Veränderungen, die Sie für Ihr Leben beschließen, werden zunächst über das Bewusstsein eingeleitet, indem Sie sich Ziele oder Änderungen vorstellen, gedanklich durchplanen, Möglichkeiten und Risiken abwägen, Auswirkungen betrachten und bewerten und dann unter Berücksichtigung aller vorliegenden Informationen Entscheidungen treffen und die Änderungen einleiten. Ihr Bewusstsein vermittelt die erforderliche Sicherheit und die Vorstellung, dass Sie sich unter bestimmten Bedingungen in einer bestimmten Art und Weise verhalten müssen, um ein gewünschtes Resultat zu erhalten.

Einer meiner Freunde hat als Synonym für das Bewusstsein den Begriff „Scheinwerfer der Aufmerksamkeit" erdacht. Dieses Bild macht deutlich, dass es an Ihnen liegt, wohin Sie in Ihrer Existenz Ihren Scheinwerfer gerade richten, um sich Aspekte Ihrer Umwelt oder Ihres Selbst ins Bewusstsein, die aktive „Zurkenntnisnahme", zu rufen. Es hätte heillose Verwirrung zur Folge, wenn wir alle zugänglichen Informationen gleichzeitig und bewusst wahrnähmen. Und unzweckmäßig wäre es auch, da wir uns in jeder Minute des Tages ohnehin und ganz bewusst nur einem Ausschnitt des Möglichen zuwenden, um diesen besonders deutlich und genau zu betrachten, kennen zu lernen und kreativ zu gestalten und zu verändern.

Unbewusstes

Über das Unbewusste ließe sich ausdauernd streiten. Manche schreiben seine Existenz einem eher religiösen Glaubensgrundsatz zu, manche glauben, es sei durch das Triebhafte in uns dergestalt stark und eigenständig repräsentiert, dass wir ihm fast hilflos ausgeliefert seien. Einige Menschen vermuten den Sitz des Unbewussten im Kopf, andere eher im Oberbauchbereich, dort wo das so genannte Sonnengeflecht zu finden ist. Für zahlreiche Vertreter der Medizin und Psychologie erwächst eine Unzahl von Problemen – wenn nicht gar alle – aus den unterschiedlichen Ansprüchen von Bewusstsein und Unbewusstem sowie deren Umsetzung in der „Realität". Unabhängig vom Zeitgeist, von der Philosophie, den Religionen, irgendwelchen Herrschafts- und Machtverhältnissen wollen wir uns bemühen, ein natürliches und selbstverständliches Verhältnis zu unserem Unbewussten aufzubauen, ein gut nachbarschaftliches sozusagen, denn schließlich ist es doch ein wesentlicher Bestandteil unseres Selbst und meint es stets gut mit uns.

Dabei ist es sicher sinnvoll, einige Tatsachen (Denkansätze, Annahmen, Glaubensgrundsätze, Thesen etc.) wieder oder erstmals zur Kenntniss zu nehmen, um bewusst das Unbekannte kennen zu lernen, damit wir uns nicht fühlen wie die Bürger in jener Geschichte von „des Kaisers neuen Kleidern".

Zunächst bedeutet dies, die Annahme der Existenz eines Unbewussten, das dem Bewussten nicht immer vollständig zugänglich ist, wohlwollend zu akzeptieren. Schließlich finden sich im Alltag zahlreiche Hinweise, die für eine solche Annahme sprechen.

Sind Sie abends schon einmal mit dem Gedanken an ein schier unlösbares Problem eingeschlafen, und am Morgen war Ihnen mit dem Aufwachen unvermittelt die Lösung in allen Einzelheiten glasklar und verfügbar? Haben Sie vor einer Prüfung schon einmal – einer inneren Eingebung folgend – noch einige bestimmte Fragen spontan besonders genau durchgearbeitet, um diese dann am Prüfungstag als eben Ihr Thema wieder zu finden? Haben Sie schon einmal irgendwann – egal, ob im Auto oder Flugzeug reisend – auf eine bestimmte Fahrt oder einen Flug verzichtet und dann später aus der Presse erfahren, dass sich in jenem Bereich ein Unfall mit fatalem Ausgang ereignet hat? Gehören Sie auch zu jenen beneidenswerten Menschen, die Vorträge und Reden – bei vorher erworbenem Sachwissen – ohne jede Vorbereitung oder schriftlichen Plan halten, in festem Vertrauen darauf, dass Ihnen zum rechten Zeitpunkt das Richtige einfallen wird? Vertrauen Sie auf Ihre „innere Stimme", und verlassen sich gern auf den „ersten Eindruck"? Besitzen Sie in privaten oder geschäftlichen Dingen oft jenes berühmte „Fingerspitzengefühl“, das Ihnen – für Außenstehende häufig überraschend – zum Erfolg verhilft? Schätzen Sie Ihre Träume als verlässliche und regelmäßige Informanten für den Umgang mit sich selbst und anderen? Vertrauen Sie Ihren Gefühlen?

Es fällt schwer, die verschiedenen Bereiche auf einen Nenner zu bringen, den Nenner des Unbewussten. Auf jeden Fall sind alle Wahrnehmungen nicht mit dem Intellekt – der bewusstseinsmäßigen Einsichtsfähigkeit – zu erklären oder zu verstehen. Immer handelt es sich um Hilfsangebote aus Bereichen, deren Entscheidungsfindung dem Bewusstsein nicht zugänglich ist, deren Auswirkungen wir aber ständig spüren: als „spontanen“ Entschluss, als „momentane“ Eingabe (Idee), als kreatives Moment, als Warnung zur Vorsicht, als Hilfe bei belastenden Situationen, als Botschaft aus dem Traumbereich oder aber – immer und überall – als beurteilende innere Stellungnahme in allen Bereichen des Alltags und des täglichen Lebens – als Gefühl.

Ihr Unbewusstes ist also ständig präsent, als wohlwollender, wissender Ratgeber oder als „Schutzengel“ oder als Freund oder als ständiger Begleiter. Und da diese Instanz ganz offensichtlich so sicher und zielstrebig in der Lage ist, Sie zu beraten oder Hinweise auf den richtigen Weg, die richtige Entscheidung zu geben, weiß „sie“ offensichtlich etwas, das dem Bewusstsein in diesem Maße weder vertraut noch zugänglich ist.

Das bedeutet, Ihr Unbewusstes muss mit Ihrem „groben Lebensplan“, den Hauptproblemen, vertraut sein und aus einer übergeordneten Perspektive mit umfangreichen Informationen in der Lage sein, Entscheidungen im täglichen Leben zu beurteilen und Ihnen Hinweise und Wegweiser zur Verfügung zu stellen.

Dabei ist offensichtlich, dass Ihr Unbewusstes Sie niemals drängt oder nötigt, sondern immer nur Angebote vermittelt. Stets bleibt Ihnen die freie Wahl, ob Sie diese Hinweise nutzen wollen, indem Sie Ihr Handeln danach ausrichten, oder ob Sie sich für einen anderen Weg entscheiden. Dieses ist ein sehr wichtiger Grund dafür, dass Ihr Unbewusstes sich eher im Hintergrund hält, Ihnen nicht mit seinem gesamten Wissen zugänglich ist: Würden Sie das eigentliche Wesen, die übergeordneten Gesichtspunkte und Zusammenhänge dieser „erdgebundenen“ Existenz kennen, wären Sie nicht in der Lage, alle Möglichkeiten dieser Ebene kennen zu lernen, zu nutzen und anzuwenden, um daran zu lernen. Ein Beispiel mag diese Perspektive verdeutlichen.

Angenommen einmal, Sie seien eine Mann und befänden sich im Beamtenstatus des mittleren Dienstes und seien aus vielerlei Gründen mit diesem Status unzufrieden, sodass Sie endlich den Beschluss fassten, etwas daran zu ändern, indem Sie sich für die Prüfung zum höheren Beamtendienst entschließen. Im Umfeld dieser Entscheidung wissen Sie, dass Ihre Familie aus beruflichen Gründen (Ehefrau) und aus persönlichen Bindungen (Sie selbst, Ehefrau, Kinder) einen für diesen Schritt zwingend erforderlichen Ortswechsel kaum oder nur unter erheblichen Einwänden und Bedenken mittragen werden. Und Ihre Beziehung zur Familie wollten Sie eigentlich nicht auf Spiel setzen. Sie arbeiten also einige Wochen mit dem betrüblichen Ergebnis, die Prüfung am Ende nicht zu bestehen. Oberflächlich wäre ein solcher Verlauf zunächst völlig unverständlich. Sie haben innere Spannungsfelder registriert, auf Abhilfe gesonnen, Zeit und Mühe investiert und dennoch – trotz besten Willens – die Prüfung nicht bestanden. Aus einer anderen, abstrakteren Perspektive – der Ihres Unbewussten – stellt sich diese Angelegenheit anders dar: Sie haben ein Spannungsfeld bemerkt und sich entschieden, durch die nächsthöhere Laufbahn diesen Umstand zu ändern. Diese Bemühungen wären mit einem Ortswechsel verbunden gewesen, Frau und Kinder wären Ihnen aus verständlichen Gründen nicht gefolgt, Sie hätten allenfalls eine Wochenendbeziehung pflegen können, die früher oder später möglicherweise das Ende Ihrer Ehe bedeutet hätte. Nach Abschluss Ihrer Ausbildung wäre es keinesfalls sicher gewesen, dass man Sie an Ihren alten Wohnsitz zurückversetzt hätte. Außerdem hätte völlig infrage gestande, ob sich die Probleme im beruflichen Umfeld wirklich geändert oder nur verlagert hätten.

Ihr Unbewusstes traf also die einzig richtige Entscheidung: Es ließ Sie in Ihrer Leistung dergestalt auftreten, dass Sie das Prüfungsziel nicht erreichten und durchfielen; eine völlig richtige Entscheidung, oder?

Ohne jeden Zweifel hätte Ihr Unbewusstes Ihnen in einem solchen Fall bereits sehr frühzeitig und deutlich Zeichen gegeben, von der Entscheidung, sich zur Aufnahmeprüfung anzumelden, Abstand zu nehmen. Da Sie diese Zeichen offenbar überhörten, gab Ihr Unbewusstes deutlichere Signale, dass die Gewichtungen und der

Weg „falsch“ waren, und ließ den Ausgang der Prüfung für sich sprechen.

Wäre Ihnen das eigentliche, abstrakte Problem von Anfang an bekannt gewesen: sich in einem Spannungsfeld beruflicher Art so zu entscheiden, dass auch alle anderen, wichtigeren familiären Gesichtspunkte Berücksichtigung gefunden hätten, hätten Sie nicht so reagiert und konzentriert den aufwendigen, aber lehrreichen Umweg wählen können. So aber konnten Sie „entscheiden“ und sind mit Verspätung, aber an Erfahrung reicher auch ans Ziel gekommen. Sie können jetzt einen anderen Weg aus dem beruflichen Spannungsfeld hinaus wählen, der Ihr familiäres Umfeld nicht aufs Spiel setzt.

Ihr Unbewusstes nimmt zu allem und jedem in Ihrem Leben Stellung und teilt Ihnen seine Einstellung mit über die „innere Stimme“ und die Gefühle, die Sie durch jede Minute Ihres Lebens begleiten, falls Sie sich dazu entschlossen haben, sie wahrzunehmen.

Ihr Bewusstsein kann, wann immer es das möchte, auf diese Entscheidungshilfen zurückgreifen auf dem Weg zur Harmonie von Körper und Seele. Mitunter gibt es sicher gute Gründe dafür, den Rat des Unbewussten außer Acht zu lassen, weil Sie vielleicht hier oder dort noch ein wenig verweilen, sich Zusammenhänge genauer betrachten oder gleiche Fehler noch einmal machen müssen, um dann intensiver und endgültiger daraus zu lernen und Ihren Alltag danach auszurichten. Auch eine solche Entscheidung wird Ihr Unbewusstes mit Wohlwollen und Gelassenheit betrachten und auch für diesen Weg alle nur möglichen Hilfen gewähren – in Form von Träumen, Ideen, Warnungen, Gefühlen, Eingebungen oder auf völlig andere Art und Weise.

Ihr Unbewusstes verfügt über ein unerschöpfliches Reservoir an Möglichkeiten, Wegweisern und Lösungen. Ihr Unbewusstes begleitet Sie immer, wohin Sie auch gehen. Und Ihr Unbewusstes kennt die Gesetze des Seins. Schließlich gilt nach wie vor: Ursache ist Wirkung, und Wirkung ist Ursache. Bewusstsein und Unbewusstes – alles ist eins und doch getrennt, als Freund, Ratgeber und doch neutral, als Wissen um alles, was ist, und doch orientiert am Bewusstsein, den Schranken des Lebens, die man öffnen kann.

Je aufmerksamer und empfindsamer Sie die Zeichen und Signale des Unbewussten in ihrer vielgestaltigen Form wahrnehmen und in Ihrem Leben, im Alltag umsetzen, desto deutlicher und eindringlicher werden Sie die Auswirkungen dieser Wahl spüren können und verstehen lernen: Ihr Unbewusstes, das sind nur und ausschließlich Sie selbst, zu jeder Zeit, an jedem Ort und ohne jeden Zweifel.

Körpersignale

Das Bewusstsein unterhält einen ständigen Austausch mit dem Unbewussten, sind doch beide Teile derselben Existenz. So werden alle Informationen, Wahrnehmungen oder Eindrücke, die das Bewusstsein auswählt, direkt und in gleichem Umfang an das Unbewusste weitergeleitet. Dadurch findet in den „Strukturen" des Unbewussten eine Veränderung statt, die wiederum an das Bewusstsein weitergeleitet wird und dieses nun in einer folgerichtigen Weise „beeinflusst". Nichts, aber auch gar nichts in Ihrer Existenz geschieht, ohne dass es Auswirkungen auf alle Bereiche Ihres Wesens hätte: Ursache ist Wirkung, und Wirkung ist Ursache. Das können Sie spüren im Alltag in allen Lebensbereichen.

Möglicherweise sind Ihnen die Auswirkungen Ihres Unbewussten besonders im körperlichen Bereich vertraut und verfügbar. Es findet ein reger Austausch (Kommunikation) zwischen den Organen Ihres Körpers und dem Unbewussten statt. Jeder, der einmal in einer wichtigen und weit reichenden Entscheidungsfindung für seinen Lebensverlauf war, wird das bestätigen. Vielleicht standen bei dem einen eher vermehrte Herzaktionen („Herzklopfen") im Vordergrund oder Schweißausbrüche; beim anderen waren es vielleicht verstärkte Darmbewegungen bis hin zu Durchfällen oder Krämpfen; wieder andere schliefen einfach schlecht oder fühlten sich wie zerschlagen, vielleicht bestand auch eher ein Gefühl der Atemnot oder ein Kloßgefühl im Hals. Oder neigen Sie eher zu Migräne oder Verspannungen im Bereich der Wirbelsäulenmuskulatur?

Wie auch immer: Ihr Bewusstsein hat in einem solchen Fall – der wichtigen Entscheidungsfindung – diese Information an das Unbewusste weitergeleitet. Ihr Unbewusstes hat dabei vielleicht noch Unsicherheit und Orientierungsschwäche bemerkt und Ihnen diese „Spannungsfelder" als körperliche Symptome gleichermaßen gespiegelt. Dieses ist nun wieder ein Angebot an das Bewusstsein, diese Beschwerden zu registrieren und Abhilfe zu schaffen, indem Sie zum Beispiel die wichtigen Punkte Ihrer Entscheidungsfindung noch einmal überprüfen und Zweifel ausrräumen. Denn Zweifel sind bedeutsam auf dem Weg zur Sicherheit. Eine solche Rückmeldung Ihres Bewusstseins an Ihr Unbewusstes hätte zur Folge, dass dieses Ihren Organen die Botschaft schickt: Es ist alles in Ordnung! Die betreffenden Organe können also wieder reibungslos arbeiten.

Selbstverständlich findet diese Kommunkation auch dann statt, wenn Sie sich wohl fühlen in Ihrer Haut und Ihr Leben genauso verläuft, wie Sie es sich immer gewünscht haben. Vielleicht fühlen Sie sich dann besonders beschwingt und frei, was sich sichtbar und spürbar auf die Haltung, den Gang und die Atmung auswirken kann.

Möglicherweise spüren Sie auch ein sehr angenehmes, wohlig warmes Gefühl im Bereich der Magengrube. Oder Sie erkennen die Kommunikation mit Ihrem Unbewussten besonders daran, dass Ihr Unbewusstes keinerlei Botschaften an Sie über Organe des Körpers sendet und einfach alle Körpersysteme so funktionieren, dass man sie gar nicht wahrnimmt, sondern sich nur über den reibungslosen Bewegungsablauf, den tiefen und erholsamen Schlaf, den gesunden Appetit und die gute Verdauuung freuen kann. Manch einer hat in solchen Phasen seines Lebens auch jene rosige und gut durchblutete Haut, die gern mit einem Pfirsich verglichen wird, oder den Menschen in ihrer Umgebung fallen besonders Ihre strahlenden Augen auf. Wie Sie bemerkt haben werden, gibt es unendlich viele Möglichkeiten des Austauschs, der Kommunikation zwischen Ihrem Unbewussten und den Organen des Körpers.

Auf der wissenschaftlich-intellektuellen Ebene lassen sich inzwischen im Blut zahlreiche Botenstoffe oder Überträgersubstanzen nachweisen – Adrenalin wäre etwa ein solcher Übermittler –, die das organische Bindeglied zwischen Seele *(mind)* und Körper *(body)* darstellen.

Wer auf die Kommunikation, den Informationsaustausch mit seinem Unbewussten hört und die Auswirkungen auf die Organe des Körpers in der beschriebenen Weise deutet und im Alltag umsetzt, wird spüren können, wie lehrreich und wohltuend ein solches Zwiegespräch mit den anderen Anteilen der Existenz sich im Alltag auswirkt und wie verblüffend sicher man täglich den „roten Faden“, die Leitlinie in seinem Leben, entdecken und nutzen kann.

Eine weitere Art des Informationsaustausches bietet Ihnen Ihr Unbewusstes an, indem es Ihnen die Möglichkeit gibt zu spüren – Gefühle wahrzunehmen. Mit dieser „Sprache" bedient sich Ihr Unbewusstes einer ebenso präzisen wie differenzierten Ausdrucks- und Mitteilungsmöglichkeit.

Haben Sie schon einmal versucht, Ihre Gefühle aufzuschlüsseln, die Botschaften zu dechiffrieren und deren Inhalt umzusetzen? Dies erfordert viel Geduld und Gelassenheit, Selbstvertrauen und Offenheit. Denn selten sind Gefühle in ihrer Aussage eindeutig. Jeder von uns hat schon einmal Angst gehabt in milder oder extremer Form, weil er sich oder die Seinen in irgendeiner Art bedroht fühlte. Angst zu spüren bedeutet, Unsicherheit in Hinblick auf den Ausgang einer Sache wahrzunehmen, und beinhaltet – manchmal in sehr intensiver Form – die Aufforderung, sich auf die Suche zu begeben nach Sicherheit, Zweifel und Wissenslücken zu beseitigen, Gewichte in der richtigen Weise zu setzen. Erkennt man diesen auffordernden Charakter der Angst, werden zunehmend und vollständig Sicherheit und Zuversicht an ihre Stelle treten.

Es gibt keine Aktion in Ihrem Leben, die nicht von einem Gefühl begleitet wäre, unabhängig davon, ob Sie es wahrnehmen oder ob Sie versuchen, es aus irgendeinem Grund nicht zur Kenntnis zu nehmen.

Wer registriert schon gern ein Gefühl von Einsamkeit, sei es, dass man wirklich von Außenkontakten abgeschnitten ist, sei es, dass man sich inmitten eines lebendigen oder lebhaften Umfelds einsam fühlt. Dabei bietet die Botschaft, die Ihnen Ihr Unbewusstes damit sendet, auch eine große Chance für einen Neubeginn: Es nimmt Ihre Lebensumstände zur Kenntnis und fordert Sie auf, sich nach außen und innen völlig neu zu orientieren, zu bestimmen, welche Art von Kontakt nach außen (Partner, Freunde) Ihnen wirklich wichtig ist und auf welche Sie verzichten können. Es bietet Ihnen die Möglichkeit, darüber nachzudenken, was Ihnen überhaupt an Außenkontakten liegt, welche Angebote sich Ihnen eröffnen können oder welche Einschränkungen diese Beziehungen vielleicht zur Folge haben könnten. Und auf das Ergebnis dieser Überlegungen wird Ihr Unbewusstes mit einer weiteren folgerichtigen Mitteilung antworten und neue Angebote unterbreiten, wohin Sie den „Scheinwerfer der Aufmerksamkeit" – das Bewusstsein – vielleicht als Nächstes sinnvoll und „Gewinn bringend" richten können.

Gefühle sind ein sehr starkes Ausdrucksmittel Ihres Unbewussten und schaffen deutliche Argumente bei der Kommunikation, dem Gespräch mit Ihrem Bewusstsein. Oder haben Sie sich noch nie so richtig deprimiert und niedergeschlagen gefühlt, ohne Halt und Richtung? Wie könnte Ihr Unbewusstes Sie in Anbetracht Ihrer Lebensumstände – Ursache ist Wirkung, und Wirkung ist Ursache – deutlicher und eindeutiger auffordern, die Werte und Gewichte, die Richtlinie in Ihrem Leben neu zu überdenken und zu bestimmen, was auch zukünftig für Ihre Lebensplanung Bestand haben soll oder was vielleicht besser überprüft und geändert werden sollte?

Oder kennen Sie dieses herrliche Gefühl der Sicherheit in Ihrer Mitte, dass Ihnen nichts und niemand auf der Welt etwas anhaben kann? Könnte Ihr Unbewusstes Ihnen eine deutlichere und sicherere Information zu einer Lebensführung vermitteln, die hineinführt in die Harmonie von Körper und Seele?

Wahrscheinlich haben Sie die Kommunikation, das Gespräch mit Ihrem Unbewussten schon seit langer Zeit genutzt und Ihre Gefühle, die direkten Mitteilungen, in Ihre Entscheidungen im Alltag einfließen lassen. Das vermittelt dann ein sehr gutes Gefühl, vielleicht auf diesem Weg noch einmal eine Bestätigung für die Richtigkeit Ihres Tuns zu erhalten. Und dieses Wissen dient auch der Ermunterung, die Möglichkeit des Dialogs mit dem hilfreichen und sicheren Umgang viel intensiver und gezielter in Anspruch zu nehmen, indem Sie Ihr Unbewusstes zukünftig einfach fragen, was es von der einen oder anderen Entscheidung oder dem einen oder anderen Angebot in Ihrem Leben hält. Ihr Unbewusstes wird dieses Gesprächsangebot des Bewusstseins gern und eifrig aufnehmen und Ihnen seine Meinung direkt mitteilen. Und diese Meinung können Sie dann spüren, als Gefühl in Ihrer Mitte.

Innere Diskussionen

Haben Sie sich auch schon oft darüber geärgert, dass nie so richtig Ruhe ist „da oben" im Kopf? Mitunter hat man geradezu den Eindruck, als säße irgendwo im Gehirn ein „inneres Parlament", das pausenlos die wichtigsten und unwichtigsten, die nächstliegenden und aberwitzigsten Vorschläge in die Debatte einbringt, diskutiert und dann Sie „als Person" zu einer Entscheidung oder zur Umsetzung eines Beschlusses dieses inneren Parlaments drängt.

Vielleicht stellen Sie sich einmal eine völlig alltägliche Situation vor, um die Arbeitsweise dieses inneren parlamentarischen Organs zu verdeutlichen: Ihre Mutter hat mittels einer Postkarte sehr kurzfristig ihren Besuch bei Ihnen angekündigt, und das genau zu einem Zeipunkt, zu dem Sie gänzlich andere Pläne ins Auge gefasst hatten. Und schon beginnt die innere Diskussion: „Eigentlich habe ich mich schon sehr auf mein Wochenende beim Golf gefreut, schließlich habe ich ohnehin nur sehr begrenzte Freizeit. Meine Mutter ist schließlich frei, hat keine Verpflichtungen und kann deshalb genauso gut zu einem anderen Zeitpunkt kommen!" Der Einwand einer anderen „Fraktion" folgt meistens prompt: „Also, das kannst du nun wirklich nicht machen, deiner Mutter wegen eines Golfspiels absagen. Sie freut sich doch immer so, wenn sie dich einmal wieder sieht, schließlich besuchst du sie ohnehin viel zu selten." – „Ich tue, was ich kann. Mein Beruf und meine Verpflichtungen in der Gesellschaft lassen einfach keinen Raum!" – „Aber zum Golfen hast du Zeit ..."

Sie sehen, die innere Diskusssion zu diesem schlichten Thema ist gerade erst eröffnet, und wenn Sie möchten, können Sie sich gern einmal vorstellen, wie am Ende wohl das Ergebnis aussehen wird. Da können dann die Interessenvertreter „eigener Freiraum" mit den Vertretern der „Schuldgefühle" und denen der „Dankbarkeitsschuld gegenüber den Eltern" auf das Trefflichste streiten mit den engagierten Abgeordneten der „Männer für die Emanzipation von den Müttern". Am Ende wird sozusagen innerlich abgestimmt. Als Konsequenz dieser Abstimmung werden Sie dann entweder zum Telefon eilen, um Ihrer Mutter abzusagen, weil Sie eben für den infrage kommenden Termin schon Pläne haben, oder Sie werden sich überlegen, ob Sie mit Ihrer Mutter essen gehen, lieber etwas selber kochen und wie Sie Ihrem Freund möglichst schonend beibringen, dass aus dem so lange und mit großer Vorfreude geplanten Golfwochenende leider nichts werden kann.

Die unterlegenen Fraktionen werden zwar noch ein wenig grollen, aber schließlich kann man nun einmal nicht alle Interessen gleichzeitig umsetzen. Interessant wird in einem solchen Fall für Sie dann allenfalls sein, mit welchen Argumenten die anderen Vertreter Ihres „inneren Parlaments" überstimmt wurden.

In einer solchen Art und Weise wird mit allen Entscheidungen täglich verfahren, und Ihr inneres Parlament hat längst alle Für und Wider gewertet, wenn das Bewusstsein zu einer Entscheidung gelangt. Einer der stärksten Vertreter in diesem Abstimmungsgefüge ist sicherlich Ihr Unbewusstes. Für jede Situation denkt es sich die abenteuerlichsten oder vernünftigsten Argumente aus, die es Ihrem Bewusstsein als Diskussionsbeitrag liefert. Das gilt natürlich nicht nur für alle konkret zu treffenden Entscheidungen in Ihrem Leben, sondern auch und besonders für jene Bereiche, die ausschließlich innerlich unter allen Perspektiven betrachtet und diskutiert werden; Ihr Unbewusstes wird stets bemüht sein, Ihnen mittels der inneren Diskussion einen möglichst umfassenden Überblick über alle Gebiete zu ermöglichen, die gerade für Sie von Interesse sind.

Dies schafft mitunter Verwirrung, ermöglicht am Ende der Diskussion aber dann eine Entscheidung, die mit der Sicherheit dessen getroffen wird, der weiß, dass alle Aspekte in die Wahl mit eingeflossen sind. Sollten Sie einen Gedanken, den Sie innerlich diskutiert haben, am Ende verwerfen, ist die Angelegenheit zu den gegebenen Bedingungen – Ihrem derzeitigen Umfeld entsprechend – erledigt. Sollten Sie sich entschließen, diesen Gedanken weiterzuverfolgen, wird Ihr Unbewusstes Ihnen zunächst weitere Diskussionspunkte anbieten und überlegen, wie sich eine konkrete Umsetzung dieses Gedankens in Ihrem Leben auswirken würde. Vielleicht werden dabei einige Gefühle als weitere Botschaften und Hinweise nützlich sein, bevor dann Ihr Bewusstsein damit beginnen kann, nach „handfesten“ Bedingungen zur Verwirklichung Ihrer Vorstellung für Ihr Leben zu suchen. Spannend und aufregend ist das alles allemal!

Träume

„Träume sind Schäume“, pflegen manche Menschen zu sagen, und viele Zeitgenossen werden ihnen zustimmen.

Schaum kann man aus vielen Perspektiven betrachten und dabei etwas sehr Lebendiges, Schillerndes, Buntes, gleichwohl Kurzlebiges entdecken, voller Leichtigkeit und mit der kurzen Illusion der festen Materie behaftet. In diesem Sinn kann Schaum symbolhaft manche Inhalte vermitteln, sodass einige Parallelen zum Traum sichtbar werden.

Alle Menschen träumen, manche glauben auch an die Existenz einer eigenen „Traumwelt“ mit eigenen Gesetzmäßigkeiten und einem anderen Lebensraum, der selbstständig neben dem als real erlebten existiert. Man könnte unterscheiden in Tagträume und in nächtliche Träume. Manche Menschen empfinden ihre Träume als Urlaub und Erholung; andere sind der Ansicht, nachts eine „Traumarbeit“ zu leisten, um auf diesem Weg die nicht erledigten Probleme und Spannungsfelder „aufzuarbeiten“.

Einige Fachleute vertreten die Meinung, erst die Träume machten verlässliche Aussagen über eine Person, weil das bewusste Zurückhalten von Informationen oder deren bewusste Änderung im Traum nicht zum Tragen käme. Zu diesem Zweck wurden zahlreiche Bücher geschrieben, die bestimmte Traumsymbole bestimmten Inhalten und Problemfeldern zuordnen.

Eine andere Gruppierung ist fest davon überzeugt, dass nur dem Träumenden allein der Inhalt wirklich zugänglich sei, weil jeder Traum eine bestimmte, völlig individuelle Botschaft enthalte, deren Code allein die betreffende Person verstehe und weil es deshalb in keinem Fall Symbole gebe, die für alle Personen und alle Träume einsetzbar und zuverlässig verwendbar seien.

Und selbstverständlich lässt sich auch die Ansicht vertreten, dass allein der Versuch, Träume in irgendeiner Form inhaltlich zu deuten, völlig unsinnig und überflüssig sei, weil das Ergebnis einer solchen Analyse keine Bedeutung im Alltag habe.

Allerdings hat es zu allen Zeiten Menschen gegeben, die sich aus ihren Träumen die Zukunft vorhersagen ließen und ihr Leben nach diesen Deutungen ausgerichtet haben. Und mancher Entschluss z. B. zu einer Kriegsschlacht ist nach einem als günstig eingeordneten Traum gefasst worden. Aus welcher Perspektive man die Träume auch betrachten mag, niemand wird ihre Existenz leugnen. An manchen Tagen kann man sich sehr detailliert an ihren Inhalt erinnern, während an anderen dem Bewusstsein nur eine unklare Vorstellung zugänglich ist.

Von manchen Träumen bleibt ein intensives Gefühl, um dessen Auslöser man eigentlich nichts weiß, das aber den Tag wie ein roter Faden durchziehen kann. Und so tanzt mancher schon morgens ins Bad hinein, während es dem anderen nicht gelingt, das unerklärliche Gefühl der Niedergeschlagenheit oder Traurigkeit vom Morgen bis zum Abend abzulegen.

Der Inhalt unserer Träume kann sich auswirken.

Deshalb ist es hilfreich und sinnvoll, die Botschaft seiner Träume zu entschlüsseln. Jeder von uns trägt die Schlüssel dazu in seiner Mitte und kann sie nutzen, um die Informationen im Alltag umzusetzen. Deutungen durch Dritte und symbolhafte Umsetzung nach aufgelisteter Zuordnung der Interpretationslexika bringen wenig Klarheit, sie engen meistens ein und trüben den Blick für die eigenen Möglichkeiten. Verschiedene Traumtypen finden sich bei jedem Menschen und lassen sich global beschreiben. Die richtige Zuordnung kann nur jeder selbst treffen.

Sehr eindrucksvoll stellen sich meistens die Alpträume dar. Ihr Inhalt ist ausgesprochen angstbesetzt, und man fühlt sich ihnen oft gänzlich ausgeliefert. Mitunter erlebt man solche Träume derart intensiv und real, dass man um sich schlägt, schreit, schweißgebadet erwacht und einige Zeit braucht, um sich wieder in der gewohnten Umgebung zurechtzufinden. In solchen Träumen wird man oft von finsteren Gestalten bedroht, zu denen nur manchmal ein realer Bezug besteht. Gewalt scheint von ihnen auszugehen durch direkte Aggression in Form von Angriffen mit Pistolen, Messern oder ähnlichen Objekten. Sie verfolgen einen unerbittlich, oft aus unbekanntem Grund, treiben einen in ausweglose Situationen hinein, auf einen Abgrund zu, erschrecken allein durch ihre Anwesenheit, die Arges erwarten lässt. Und gegen all das kann sich der Bedrohte meistens nicht wehren, denn er kommt trotz äußerster Anstrengung nicht vom Fleck, es scheint, als hätte er Blei in den Gliedern. Ein solches Gefühl der Hilflosigkeit und der unausweichlichen Bedrohung steigert die Panik noch. Aus solchen Träumen erwacht man meistens, kurz bevor „es" geschieht, und ist dankbar, dass es sich bei der erlebten Situation lediglich um einen Traum gehandelt hat. Einige Menschen erinnern sich während des Traums auch gerade noch rechtzeitig daran, dass es sich eben nur um einen Traum handelt, und beenden ihn, indem sie einfach aufwachen.

Jeder, der sich sofort im Anschluss an einen solchen Alptraum daranmacht, den Inhalt schriftlich festzuhalten, wird meistens erfolgreich in diesem Bemühen sein. Bei der Interpretation, der Dechiffrierung der geträumten Botschaft herrscht dann meistens Ratlosigkeit. Denn so sehr man sich auch bemühen mag, ein solcher Traum erschließt sich vom Inhaltlichen her selten. Dem Traumtypus „Alp" lässt sich zunächst nur mithilfe der inneren Wahrnehmung näher kommen. Vergessen Sie den „sachlichen" Hintergrund eines

Alptraums zunächst einmal, und spüren Sie, welches Gesamtgefühl sich Ihnen mitteilt, indem Sie die Augen schließen, sich noch einmal auf den Gesamteindruck, die Vorstellung Ihres Traums einlassen. Spüren Sie eher Angst in Ihrer Mitte, Unbehagen, Schuldgefühle, Unrechtsbewusstsein, Wut oder ein anderes intensives Gefühl?

Dann können Sie im nächsten Schritt, vielleicht weiter mit geschlossenen Augen, versuchen, dieses Gefühl einer Person Ihres Traums oder einer Handlung im Traum zuzuordnen. Falls Sie auf diesem Weg erfolgreich sein sollten, haben Sie Ihren Traum bereits entschlüsselt und müssen sich wahrscheinlich nur noch Gedanken über die Zusammenhänge machen, um in angemessener Weise darauf reagieren zu könnnen. Sehr wahrscheinlich werden Sie auf diesem Weg aber oft nicht weiterkommmen. Dann lassen Sie die Augen weiter geschlossen – natürlich können Sie Ihren Interpretationsversuch auch mit geöffneten Augen und innerer Konzentration unternehmen –, und spüren Sie noch einmal das intensive Gesamtgefühl Ihres Traums in Ihrer Mitte. Dann warten Sie einige Minuten mit „offenen inneren Sinnen", ob bei dem intensiven Gefühl in Ihrer Mitte ein Bezug zu irgendeinem Ereignis in den letzten Tagen oder Stunden spürbar wird. Vielleicht taucht ein Bild vor Ihrem inneren Auge auf, oder ein Name fällt Ihnen ein, oder ein Versäumnis tritt ins Bewusstsein. Sollten Sie die Botschaft Ihres Unbewussten auch auf diese Art noch nicht entschlüsselt haben, können Sie entweder weitere Versuche in der gleichen Richtung unternehmen – Übung bringt oft Gewinn –, oder aber Sie geben Ihr aktives Bemühen um Verständnis auf und tragen nur den leisen Wunsch weiter mit sich in Ihrer Mitte, dass sich der Inhalt Ihres Alptraums Ihnen erschließen möge. Dann kommen Lösungen mitunter zu einem überraschenden Zeitpunkt in das Bewusstsein mit nicht weniger erstaunlichen Botschaften.

Für diesen Typus des Traumes gilt grundsätzlich, soweit keine eindeutiger inhaltlicher Bezug herzustellen ist, dass es meistens um die Botschaft des Grundgefühls geht, das Ihnen ein solcher Traum vermittelt. Sehr oft spürt man dann einfach intensive Angst, sodass der Traumhinweis der wäre, sich mit dieser Angst – in welcher Beziehung auch immer – auseinander zu setzen. Oder aber das intensive und unangenehme Gefühl eines solchen Traums gibt einen Hinweis darauf, dass Sie bei einer Entscheidung im Alltag gegen wichtige innere Glaubensgrundsätze vestoßen haben und eine solche Entscheidung korrigieren sollten, soweit eine solche Korrektur möglich ist.

Diese Art, der Botschaft und dem eigentlichen Inhalt seiner Alpträume nachzugehen, lässt sehr schnell erkennen, dass es einem „Außenstehenden" gänzlich unmöglich wäre, eine adäquate Deutung des nächtlich im Schlaf Erlebten vorzunehmen. Wegweiser können andere aufstellen, die Botschaft entschlüsseln kann nur jeder allein, mit seinem ureigenen Schlüssel. Das gilt natürlich auch bei der Umsetzung des zweiten Traumtypus, des Wunschtraumes.

Fast alle Menschen lieben Wunschträume. In Wunschträumen findet man sehr lebhaft und real alle Vorstellungen umgesetzt, die man sich erhofft hat.

Vielleicht handelt es sich dabei um einen größeren Lottogewinn oder um die lang erwartete Beförderung, möglicherweise gewinnen Sie die Gunst einer Frau / eines Mannes, die / den Sie bisher nicht anzusprechen wagten, oder aber Sie erleben in Ihrem Traum das Bestehen eines Examens so, wie Sie es sich immer gewünscht haben. In Wunschträumen können alle noch so abenteuerlichen Vorstellungen wahr werden. Und am Morgen wacht man auf, erinnert sich vielleicht noch vage an den Inhalt eines herrlichen Traums und wird sehr schnell wieder mit der „Wirklichkeit" konfrontiert.

Wunschträume können auch einen eher verschwommenen Inhalt haben, der sich von der sachlichen Erfüllung irgendwelcher Wünsche her nicht erschließen lässt. Vielleicht genießen Sie es in einem solchen Traum, in einem Meer von Blumen zu tanzen, die Freiheit der Bewegung zu genießen, oder aber Sie fliegen frei und losgelöst von allen Zwängen und Bindungen einfach durch einen Raum aus Licht.

Manche Menschen genießen es auch in ihrem Wunschtraum, die allumfassende Sicherheit des Wassers zu spüren, lassen sich einfach tragen, gleiten in herrlich anmutigen Bewegungen dahin und spüren die Einheit mit allem Lebenden sehr intensiv.

Nach einem solchen Traum zu erwachen ist meistens nur anfangs schmerzlich, wenn der Wecker klingelt. Danach überwiegt oft das herrliche Grundgefühl eines solchen Traums, und man spürt eine Leichtigkeit im Leben, ein Gefühl von Freiheit und Zuversicht, eine Botschaft, die den Tag auf angenehme Weise bestimmt. Vielleicht erscheint es Ihnen ausreichend, solche Wunschträume einfach nur zu genießen und sich an ihnen zu freuen.

Wenn Sie mehr über Wünsche und Träume, über Wohlfühlen und Erfüllung erfahren möchten, können Sie vertraute Wege gehen: Sie suchen wieder einen ruhigen Platz in Ihrer Mitte auf, spüren noch einmal diesen herrlichen Gefühlen des Wunschtraums nach. Stellt sich auf diese Art ein Zusammenhang zu tatsächlichen Wünschen her, können Sie bereits „im Voraus" den Erfolg, die Erfüllung Ihres Wunsches genießen. Der Sinn eines solchen Hinweises auf mögliche Genüsse liegt in der Botschaft, dass Ihre Vorstellungen in der von Ihnen gewünschten Form tatsächlich umsetzbar sind, weil Sie mit Ihren inneren Maßstäben übereinstimmen. In einem solchen Fall hieße das, den Weg zur Erfüllung dieses Wunsches konsequent und zielstrebig weiterzugehen, nach Möglichkeiten zur Umsetzung zu suchen und sich gedanklich die Auswirkungen einer Wunscherfüllung in möglichst vielen Perspektiven vorzustellen. Sollte sich im Anschluss an einen solchen Traum seine Verwirklichung im Alltag nach Tagen, Wochen, Monaten oder Jahren „tatsächlich" einstellen, so wäre Ihr Traum keinesfalls präkognitiv gewesen. Er hat lediglich Ihre Vorstellungen und Pläne bestätigt, Sie in Ihren Vorhaben bestärkt, sodass sie diesen Weg konsequent weitergehen und Ihren Traum umsetzen konnten.

In dem gleichen Sinn sind Wunschträume Bestätigung eines innerlich stimmigen Wegs, einer Entscheidung, die genau so richtig gewesen ist, um die Sie vielleicht lange mit sich um Klarheit gerungen haben. Als „Belohnung" genießen Sie dann in vielfältiger Form dieses Gefühl der Bestätigung, die Sicherheit, die Übereinstimmung mit allem, was ist, in Ihrer unverwechselbaren Art und Weise, die Ihnen genau entspricht.

Um diesen Zusammenhängen, dem Anlass Ihrer Traumbotschaft, auf die Spur zu kommen, ist es, wie so oft, sehr hilfreich, das Gefühl des Traumes noch einmal in seiner Mitte zu spüren und sich den Bildern, Vorstellungen und Hinweisen zu öffnen, die sich dann einstellen. Sich zu öffnen für Botschaften bedeutet ja lediglich, in sich hineinzuhören, innere Wahrnehmung zu nutzen und einen weiteren Schritt zu machen auf dem Weg zur Harmonie von Körper und Seele.

Manche nächtlichen Botschaften sind direkt und ohne Umschweife verstehbar und umsetzbar. In diese Gruppe gehören die „Lösungs- oder Ergebnisträume". Sie kennen das wahrscheinlich: Seit Wochen, Tagen oder Stunden denken Sie über die Lösung eines Problems nach, welcher Art auch immer das sein mag, aber Sie kommen nicht weiter mit Ihren Erkenntnissen und haben das Gefühl, in einer Sackgasse gelandet zu sein. Und dann – scheinbar ohne irgendeinen Zusammenhang – teilt sich Ihnen direkt und ohne jede Symbolhaftigkeit die Lösung Ihres Problems in einem Traum mit, sodass Sie sie nur noch im Alltag umsetzen müssen. Solche Traummitteilungen empfindet man als sehr hilfreich, wird ihnen gern nachkommen und nicht lange fragen, wie und wo denn nun diese Wege aus dem Problem heraus entstanden sind. Diese Einstellung zu einem solchen Traum ist sicherlich sinnvoll.

Genießen Sie einfach das Hilfsangebot Ihres Unbewussten, nehmen Sie einfach zur Kenntnis, dass es offensichtlich Anteile Ihres Selbst gibt, die Ihrem Bewusstsein nicht immer zugänglich sind, die Ihnen aber bei der Lösung Ihrer Aufgaben und Probleme zur Verfügung stehen und die Ihnen die Ergebnisse dieser hilfreichen Arbeit über einen Traum mitteilen.

Schließlich sind Sie auch Ihr Unbewusstes, und sich selbst und Ihren eigenen Botschaften können Sie vertrauen.

Träume stellen sich in vielfältiger und kreativer Weise dar, sodass sich ihr Inhalt nicht immer erschließt. Jeder, der am Morgen erwacht und sich deutlich oder vage an seine Träume erinnert, wird sich entscheiden müssen, ob es einen Sinn macht, diesem Gefühl, der Erinnerung an den Traum nachzugehen. Denn jeder weiß aus eigener Erfahrung, dass Trauminhalte sehr flüchtig sind und schnell wieder aus dem Bewusstsein verschwinden.

Das erste Kriterium für eine Entscheidung zugunsten der Traumdeutung stellt sicher Ihre Neugierde dar. Falls irgendetwas, ein Gefühl, ein Bild, ein Fragezeichen der nächtlichen Botschaften, aus irgendeinem Grund Ihr Interesse weckt, möchten Sie sicher mehr darüber erfahren.

In einem solchen Fall kann Ihre „Trauminterpretationsarbeit“ damit beginnen, dass Sie versuchen, Ihren Traum einem der drei beschriebenen Grundtypen zuzuordnen.

Ein solcher Schritt schafft oft schon Klarheit.

Lässt sich die Botschaft des Unbewussten dadurch noch nicht entschlüsseln, können Sie sich der Techniken der inneren Wahrnehmung bedienen, sich einen ruhigen Platz im Haus oder in Ihrer Mitte suchen und Trauminhalte erinnern, Gefühle spüren und geschehen lassen, offen sein für Fragen und Antworten, Bilder wahrnehmen und Zusammenhänge spüren.

Auf diese Weise werden Sie fast alle Träume enträtseln können.

Dann können Sie sich wieder entscheiden, ob Sie es bei diesen Informationen belassen möchten oder ob Sie andere Ereignisse des Tagesgeschehens oder äußere Zusammenhänge in Beziehung zu den Trauminhalten setzen möchten, um die Stellungnahme Ihres Unbewussten zuzuordnen.

Mit ein wenig Übung und Geduld werden Sie auch diesen Weg zielstrebig und sicher gehen und Gefühle als Wegweiser nutzen. Alle Menschen, die träumen und die Botschaft ihrer Träume in Anspruch nehmen, werden spüren, wie sich die Trauminhalte auf den Alltag mit allen Angeboten und Möglichkeiten auswirken.

Denn Klarheit schafft Sicherheit, und Sicherheit schafft Gelassenheit, ohne den geringsten Zweifel. Mitunter werden Sie aber auch feststellen können, dass Träume nicht immer eindeutig einzuordnen sind, dass sich manche Traumtypen vermischen oder dass Sie sich nur allzu bruchstückhaft an die nächtlichen Bilder und Gefühle erinnern.

Die Inhalte Ihrer Träume, ihre Botschaften oder Wegweiser, werden deshalb vielleicht trotz aller Bemühungen nicht immer und nicht immer vollständig umsetzbar sein. Dies sollte Sie aber keineswegs entmutigen, diese „Lebenshilfe" Ihres Unbewussten in Anspruch zu nehmen. Es gibt auch zahlreiche Menschen, die ihren Träumen überhaupt keine Bedeutung beimessen und dennoch gut durch die Tage kommen.

Wie alle Angebote der inneren Wahrnehmung kann man seine Träume als freundliche Angebote verstehen, die Klarheit und Sicherheit vermitteln helfen. Es bleibt deshalb – wie sonst auch – jedem Menschen überlassen, diese Einladung abzulehnen oder sie gern und interessiert anzunehmen. Nach einiger Zeit wird es Ihnen zwangsläufig so ergehen wie allen Leuten, die Einladungen oft annehmen: Sie werden sich immer sicherer bewegen auf dem Parkett Ihrer Träume und schon bald diese verlässlichen Freunde an Ihrer Seite nicht mehr missen wollen.

Träume sind immer das Ergebnis von Arbeit im nicht bewussten Bereich. Träume liefern Ihnen Beurteilungen, Stellungnahmen, ob Sie sich schlüssig mit Ihren inneren Glaubensgrundsätzen verhalten, ob Sie gegen tiefe Überzeugungen verstoßen haben bei Ihren Entscheidungen, ob Sie auf dem richtigen Weg sind mit Ihren Vorstellungen und Plänen, ob Sie Ihr Ziel in der gewünschten Weise erreichen. Und die Grundlagen für diese Stellungnahmen sind immer Ihr eigener innerer Maßstab, Ihre bisherige Entwicklung, Ihre Wertvorstellungen, Ihre inneren Glaubensgrundsätze, Ihre tiefe innere Überzeugung von „gut“ und „richtig“. Beurteilungen und Hinweise, Stellungnahmen und Interpretationen können aber aus verständlichen Gründen immer nur das Ergebnis von Arbeit sein. Und da diese Arbeit nicht nur bewusst stattfindet, kann sie nur das Ergebnis der Arbeit des Unbewussten sein. Ihr Unbewusstes besitzt einen anderen Code, andere Ausdrucksmöglichkeiten als Ihr Bewusstsein, und deshalb erfordert es oft Arbeit und Phantasie, diesen Code in eine für das Bewusstsein verständliche Form zu bringen. Ihre Träume sind das Mitteilungsblatt Ihres Unbewussten.

Wünsche und Sehnsüchte

Nachdem Sie nun wichtige „Mitteilungsorgane“ Ihres Unbewussten kennen gelernt haben – die Gefühle, die inneren Diskussionspartner und Ihre Träume –, sollten Sie sich auch mit jenen Anteilen Ihrer nicht immer bewussten Existenz vertraut machen, welche die Quellen allen Handelns sind und dennoch am seltensten in Erscheinung treten: die inneren Sehnsüchte und Wünsche oder die Lebensträume.

In meinem weiteren Bekanntenkreis finden sich viele Menschen, die bereits von Kindesbeinen an ein beständiges Ziel für Teile ihres Lebens vor Augen hatten. Am häufigsten sind davon wohl Vorstellungen von der beruflichen Existenz betroffen. Die Vorstellung, das Bild einer Lebensaufgabe hat sich bei diesen Menschen von ersten – eher diffusen – Ahnungen oder Wünschen dann beständig verdichtet.

So kann am Anfang einer solchen Entwicklung vielleicht der Wunsch, das tiefe innere Wollen bestanden haben, den Mitmenschen in irgendeiner Weise zu helfen. Durch eine Bekanntschaft im Freundeskreis erfolgte dann möglicherweise der erste Kontakt mit dem Bereich der helfenden Berufe. Und über beständig durchdachte, innerlich diskutierte und konsequent fortgesetzte Suche nach Möglichkeiten, diese Vorstellungen im Alltag umzusetzen, stand am vorläufigen Ende, das wiederum Beginn für die „konkrete“ Verwirklichung des Zieles wird, der Berufswunsch „Krankenschwester“ oder „Ärztin“ oder „Physiotherapeut“ oder „Psychologe“.

Der Motor, die eigentlich treibende Kraft für einen solchen komplizierten und mitunter viele Jahre dauernden Prozess war der tiefe innere Wunsch, anderen Menschen zu helfen. Nur selten findet man im Berufsbereich so früh und deutlich dergestalt klare Vorstelllungen, und nicht immer verlaufen die Entwicklung und der Weg zur Umsetzung eines solchen inneren Bedürfnisses so geradlinig und klar. Oft entdeckt man erst nach vielen Umwegen einen „Sinn", den „roten Faden" oder den Hintergrund für die eigene Entwicklung. Das gilt für alle Bereiche des Lebens, nicht nur für den beruflichen.

Vielleicht war es für Sie immer und vor allem ein tiefes inneres Bedürfnis, eine Familie zu gründen, um in ihr Geborgenheit und Sicherheit zu erfahren und zu vermitteln. Oder es ist der Traum Ihres Lebens, viele Kinder um sich zu haben, um zu sehen, welche Einflüsse sich wie auf das Umfeld der Kinder und dann auf ihr Verhalten auswirken und wie dann wieder Sie sich dazu in einen Bezug bringen und daran lernen können.

Das tiefe innere Sehnen kann man spüren, wenn man einmal in sich hineinhört. Es ist ein sehr intensives und starkes Gefühl, oft in der Magengegend, eine Mischung aus existenzieller Freude, Aufgeregtheit, zuversichtlicher Erwartung, ein wenig Angst, Spannung und noch vielen anderen Anteilen, die Sie vielleicht gern selbst herausfinden möchten, indem Sie auf „innere Entdeckungsreise" gehen, auf die Suche nach den tiefen Wünschen, den Sehnsüchten Ihres Lebens.

Eine solche Suche können Sie natürlich und selbstverständlich bewusst einleiten, indem Sie sich bequem und in ruhiger Umgebung zurücklehnen, die Augen schließen, die Zeit vergehen lassen, die Sie dafür brauchen, bis sich eine innere Ausgeglichenheit einstellt. Und dann verfolgen Sie den Gedanken „innere Sehnsucht" oder „wichtiger Weg in meinem Leben" in Ihrer Mitte – oder wo immer Sie diese Gedanken verfolgen möchten –, und nach einiger Zeit, sogleich oder nach mehrmaligem Üben werden Sie die Möglichkeit haben, den „Motor", den Antrieb für wichtige Bereiche Ihres Lebens kennen zu lernen, den Ihr Unbewusstes Ihnen mitteilt.

Wer die Möglichkeiten seiner inneren Wahrnehmung nutzt, die Mitteilungen des Unbewussten zur Kenntnis nimmt und den Bezug zum täglichen Leben herstellt, dem wird sich der Motor des Handelns und Denkens in allen Bereichen des Alltags mitteilen.

Vielleicht haben Sie Freude daran, einmal darauf zu achten, in welchen Situationen des täglichen Lebens, bei welchen Ereignissen, Bildern, Gedanken oder Vorstellungen sich bei Ihnen diese intensiven Gefühle des Sehnens, des Strebens nach Umsetzung eines solchen inneren Erlebens einstellen. Manche Menschen vertreten die Ansicht, dass es diese Wahrnehmungen seien, die ihnen Hinweise auf den Sinn ihres Lebens geben. Und alle, die diese Erfahrungen in ihrem Leben machen wollen, werden finden können, dass es wiederum in keiner Weise um die Offenbarung sensationeller, neuer, grandioser oder sonst mit einem Feuerwerk begleiteter Inhalte geht, sondern dass es sich vielmehr um die Umsetzung und Erfahrung eigentlich selbstverständlicher und natürlicher Bereiche, Lernprozesse und Inhalte handelt.

Die Kunst des Lebens, und um eine Kunst handelt es sich wirklich dabei, besteht darin, dieses tiefe innere Streben, die „Ursehnsucht", dieses zunächst völlig abstrakte Gefühl in konkreten Bereichen des Lebens kreativ umzuformen und darzustellen, mit dem Endziel, dieses Erfahren des inneren Antriebs bis in die kleinsten Bereiche des Alltags einzubringen und den daraus erwachsenden Anforderungen nach dem eigenen inneren Maßstab gerecht zu werden.

Diesem hohen Anspruch des übergeordnetes Lebensziels sind zunächst alle anderen Erlebnis- und Erfahrensbereiche untergeordnet. Ob Ihr Unbewusstes mit Ihren Verhaltensweisen, Ihren Umsetzungen oder Ihren Plänen in Bezug auf die tiefen inneren Sehnsüchte und Ansprüche einverstanden ist, teilt es Ihnen über die Möglichkeiten der inneren Wahrnehmung, Ihre Gefühle, mit. Diese sind dann Hinweise darauf, ob Sie dem eigenen, selbst gewählten Maßstab entsprechen oder ob Sie dabei sind, einen Umweg auf der Straße des Lernens zu wählen.

Es mag Ihnen ein Bedürfnis sein, an dieser Stelle des Buches kurz innezuhalten, weil Sie inzwischen das vage Gefühl spüren, dass Ihr vorher so Unbewusstes Ihnen so vertraut geworden ist, Ihnen der ständige Kontakt und Austausch – die Kommunikation – so geläufig geworden sind, dass Sie sich einen neuen Namen für das „Unbewusste" ausdenken möchten – so bewusst ist es Ihnen vielleicht geworden.

Und möglicherweise haben Sie mit dem gleichen Gedanken beschlossen, von jetzt an die vielfältigen, unbegrenzten und immer wohlwollend-hilfreichen Angebote des „Unbewussten" bewusst viel intensiver und konsequenter im Alltag zu nutzen als bisher, und wünschen deshalb noch einmal eine übersichtliche und zusammenfassende, strukturierte Darstellung der beschriebenen Zusammenhänge.

Der Motor Ihres Lebens, der innere Antrieb, ist die übergeordnete Instanz Ihres „Unbewussten", die sich Ihnen mitteilt über sehr lebendige Empfindungen sonst unbekannter Intensität. Diese Informationen können Sie sich entweder direkt zu Eigen machen, sie erfahren, indem Sie sich nach innen konzentrieren und damit Ihr „Unbewusstes" dazu befragen. Oder aber Sie spüren diese Mitteilungen bereits spontan und können sie jetzt besser zuordnen.

Wenn Sie diesem inneren Streben nachgehen und versuchen, es konkret im Alltag umzusetzen durch die Wahl Ihrer Lebensziele und die Planung der Verwirklichung, werden Sie sich zunächst verschiedene Unterebenen, Teilbereiche schaffen und diese dann kreativ bearbeiten und integrieren. Ihr „Unbewusstes" teilt Ihnen seine Meinung darüber, ob Sie auf dem „richtigen" Weg sind oder eher auf einen Umweg, über die Gefühle mit, sozusagen auf der Gesprächsebene, im direkten Austausch. Diese Gefühle werden dann als weiterer Schritt auf dem Weg zur Umsetzung mit dem inneren Parlament diskutiert. Ihr „Unbewusstes" bietet Ihnen dabei verschiedene Möglichkeiten in Bezug auf die weitere Vorgehensweise an, unter denen Sie wählen können. Ob Ihre Wahl richtig, also zielgerichtet war in Bezug auf die Lebensträume, den „groben Rahmen", erfahren Sie oft direkt über das Mitteilungsblatt des „Unbewussten", die Träume, oder über die Entwicklung, die sich in Ihrem Alltagsleben einstellt.

Wenn Sie auf diesem Weg alle Aspekte berücksichtigen, allen Ansprüchen gerecht werden, Ihre innere Wahrnehmung dabei adäquat nutzen, werden Sie spüren können, wie segensreich und wohltuend sich Harmonie von Körper und Seele in Ihrem Leben auswirkt und Ihr Umfeld prägt.

Dann machen Sie vielleicht sogar die Bekanntschaft Ihrer „Neutralitätsebene". Dabei handelt es sich um den Speicher aller Informationen und Erkenntnisse, die Sie im Laufe Ihrer gesamten Existenz als richtig und stimmig und als zweifelsfrei sicher „abgelegt" haben. Sie verfügen damit über einen „Pool" an Wissen, den Sie nicht mehr überprüfen oder in anderer Weise erfahren müssen und über den Sie zu jeder Zeit verfügen, ohne sich dieser Tatsache bewusst zu werden.

Wenn Sie einmal den „Scheinwerfer der Aufmerksamkeit" nach innen richten, auf diese „Neutralitätsebene", werden Sie in Ihrer Mitte Sicherheit spüren, tiefe innere Ruhe, ein Gefühl der tiefen Zuneigung und Liebe, der Akzeptanz allen Seins, ohne jeden Zweifel.

Das mögen für den ersten Eindruck große Worte sein, ich bin aber sicher, dass dieses umfassende Gefühl allen von Ihnen bekannt ist. Oder waren Sie noch nie verliebt? Oder lieben Sie keinen Menschen? Oder werden Sie nicht geliebt? Zumindest werden Sie sich an ein solches Gefühl erinnern können.

Unabhängig von der Liebe zu einem Menschen kann man die tiefste innere Harmonie, die vollkommene Übereinstimmung mit den inneren Glaubensgrundsätzen, auch in Momenten des persönlichen Triumphes intensiv spüren. Dazu zählt vielleicht der Gewinn eines Wettbewerbs, das Bestehen einer Prüfung, ein endlich nach vielen Mühen erreichtes Ziel. Auch die Geburt des eigenen Kindes löst ähnlich tiefe Empfindungen aus.

Wenn man den zuvor beschriebenen Teil unseres Unbewussten, die inneren Sehnsüchte und Wünsche, als Motor unserer Lebensführung, als Ermunterung oder Wegweiser verstehen kann, so sind die Hinweise der Neutralitätsebene Bestätigung des gefundenen und gegangenen Weges und der Anwendung richtiger Erkenntnisse in der Praxis.

Von einigen Teilen, von Einzelaspekten der Neutralitätsebene erhalten Sie häufig Kenntnis. Denn jede Bestätigung, jedes „gute" Gefühl in Ihrer Mitte, jede liebevolle Akzeptanz, sie alle sind Hinweise auf Teilbereiche Ihrer Existenz, mit denen Sie sich gerade beschäftigen. Und sie weisen hin auf Übereinstimmung Ihres Weges mit Ihren inneren Glaubensgrundsätzen.

Äußere Kommunikation

Lebensraum

Könnten Sie sich vorstellen, allein auf einer einsamen Insel zu leben, unabhängig und frei, eingebunden in den Kreislauf der Natur, so wie Robinson Crusoe, bevor er auf seiner Insel Hinweise auf die Existenz anderer menschlicher Wesen entdeckte und in dem Eingeborenen Freitag einen Gefährten fand?

Hin und wieder liest man Berichte von Einhandseglern, die Monate allein auf dem Schiff über die Ozeane segelten, ohne jede Möglichkeit des Kontakts zur Zivilisation und völlig auf sich allein gestellt. Oder jemand beschreibt seinen einjährigen Aufenthalt in einer Berghütte auf der Alm als Ziegen- oder Kuhhirte, ebenso allein und ohne Kontakte zu anderen.

Diese Menschen haben sich entschieden, für einige Zeit besonders intensiv die äußeren Lebensbedingungen, die Natur und die Jahreszeiten kennen zu lernen. Nach eine sehr unruhigen, zum Teil angst- und depressionsbesetzten Zeit mit auch heftigen Verwirrungszuständen als Zeichen der angestrebten Neuorientierung stellt sich bei diesen Personen zunächst ein Gefühl der Ruhe ein, nur noch gelegentlich unterbrochen von meist unsinnigen „Aktivitätsattacken". Im Anschluss daran erfolgt meistens eine innere Neuordnung mit natürlicher Akzeptanz der äußeren Bedingungen und ein harmonischer Tagesablauf im Einklang mit der Umwelt.

In den Gedanken zu den Medien Wasser, Erde, Luft und Schall – Sie erinnern sich? – habe ich versucht, einige Aspekte aufzuzeigen, unter denen man „äußere Wahrnehmung" besser für sich und den Weg zur Harmonie von Körper und Seele nutzen kann. Im Zusammenhang mit „Kommunikation" steht nicht der Aspekt „Wahrnehmung", sondern vielmehr der Austausch mit der Umwelt im Vordergrund, wobei diese beiden Gesichtspunkte nie klar voneinander zu trennen sind. Im selben Augenblick, in dem Sie Wahrnehmung bewusst zur Kenntnis nehmen, verändert diese Wahrnehmung bereits etwas in Ihnen und fließt in die Wahrnehmung der Sache ein, die sich dann ebenfalls in ihrem Stellenwert für Sie verändert.

Vielleicht gehören Sie zu jenen glücklichen Menschen, die einen Garten ihr Eigen nennen können, sei es auf dem eigenen Grundstück, sei es als Pacht- oder Schrebergarten außerhalb der Stadt. Sicher haben Sie dann an einem schönen Sommertag die Zeit – natürlich ist das auch ohne Garten auf einem Spaziergang möglich –, sich auf eine Bank oder einen Stuhl zu setzen, die warme Sonne auf Ihrer Haut zu spüren. Dabei fällt Ihr Blick vielleicht auf eines jener zarten Gänseblümchen, die sich so gern zwischen die Rasensaat mischen. Was für eine Faszination kann doch von einer solchen kleinen Blume ausgehen! Wie klein und doch vollständig sind die weißen Blütenbläter, und im Kontrast dazu leuchtet das Zentrum in hellem Gelb, umgeben ist alles von kräftigen grünen Blättern.

Und Sie spüren, wie sich die Wahrnehmung dieser Gänseblume in Ihnen auswirkt. Die kleine Blume vermittelt so viel Schönheit in völliger Perfektion, und Sie schenken ihr dafür vielleicht ein zärtliches Gefühl oder einen Dank für ihre Existenz. Oder Sie ahnen möglicherweise sogar, dass diese kleine Blume alle Merkmale von „Leben" in sich trägt – das Wachsen, das Blühen, das Verwelken –, und aus dem Samen wird wieder eine neue Blume wachsen. Wer sich einmal auf diese Art und Weise mit einer Gänseblume auseinander gesetzt hat, wird kaum wieder mit einem Stockhieb eine solche Blume enthaupten oder sie als Unkraut verdammen, das den Rasen verunziert.

Wenn Sie Spaß daran entdecken können, versuchen Sie doch einmal, mit einem Baum in Ihrer Nachbarschaft in Kontakt zu treten, und finden Sie heraus, in welcher Beziehung dieser Baum zu Ihnen steht und wie sich diese Beziehung verändert, wenn Sie mit ihm diese Art von Kommunikation eingegangen sind, und ob Sie vielleicht dabei etwas über sich gelernt haben oder ob Sie den Baum nur einfach schön oder majestätisch oder ganz anders gefunden haben.

Wann und wo und auf welche Art auch immer Sie sich mit Ihrem Umfeld in Beziehung setzen, es wahrnehmen, erfahren Sie zunächst immer erst einmal etwas über sich selbst, über Ihre Einstellung zu einer Pflanze oder einer Landschaft oder – auf sehr viel kompliziertere Art – zu Tieren. Jeder Gegenstand, ob lebendig oder „tot", wirkt zunächst einmal wie ein Spiegel Ihres Wissens und Ihres Verhältnisses zu ihm. Und bei jeder Begegnung lernen Sie etwas hinzu. Die Natur präsentiert sich zu jeder Jahreszeit anders und ist einer speziellen Gesamtaussage unterworfen: Frühling – Wachstum; Sommer – üppige Blütensprache und Farben; Herbst – fruchtbar und Vollendung; Winter – Kargheit, Öde, Ruhe und Besinnung.

Mit jeder neuen Erfahrung, die Sie in Ihrem Umfeld machen, ändert sich Ihre Einstellung zu den Dingen, und damit ändert sich natürlich und zwangsläufig auch der Wert (Inhalt) der Dinge an sich. Genau das ist hier mit Kommunikation gemeint. Manch einer begreift dann und versteht, was es heißt: der Sinn des Lebens – oder jene Aussage, die sich einem roten Faden gleich durch dieses Buch zieht: Ursache ist Wirkung, und Wirkung ist Ursache.

Auch wenn es grundsätzlich möglich ist, so wird wohl doch nicht für alle von uns das Wesen der Existenz an einem Gänseblümchen ausreichend und erschöpfend dargestellt und gewürdigt. Gerade deshalb ermöglicht es die unglaubliche Vielfalt im Kleinen und im Großen in unserer Umgebung auf unerschöpfliche Art und Weise, die Formen, Möglichkeiten, das Wesen und das Ganze unserer Existenz kennen zu lernen und unsere Stellung und Einstellung dazu immer neu und anders zu erfahren.

Dabei ist es nur natürlich, dass Ihnen die Fahrt auf einem eher kleinen Segelboot bei Windstärke 6 und heraufziehendem Gewitter sehr viel elementarere Eindrücke vermittelt als der laue Sommerwind in einer Gartenlaube. Wer einmal ein heftiges Gewitter im Freien erlebt hat mit zuckenden Blitzen am düsteren Horizont und grollendem Donner über sich, der weiß, wie schnell sich das Gefühl der Bedrohung und des Ausgeliefertseins raumgreifend ausbreiten kann.

Diese elementaren Erfahrungen, der Austausch mit der scheinbar mächtigen Energie eines Gewitters, muss dabei keinesfalls wichtiger oder wesentlicher sein für Ihre Entwicklung als die vorgenannten, äußerlich eher bescheidenen Kommunikationen. Alles beleuchtet oder verdeutlicht einen Aspekt, den Sie, und zu einer Zeit, die Sie bestimmen, so, wie es gerade in Ihre Entwicklung passt. Wie Sie bereits wissen, ist für diese Art von Entscheidungen nun wieder die „innere Kommunikation" zuständig. Alles hat seinen Sinn, und jede Erfahrung bietet Ihnen die Möglichkeit, sich weiterzuentwickeln, es sei denn, Sie zögen es vor, die gleichen Erfahrungen (Eindrücke) noch einmal aus einer anderen Perspektive zu machen. Auf jeden Fall wird jedes Angebot aus dem täglichen Umfeld so gestaltet sein, dass Sie mit Ihren derzeitigen Kenntnissen, Ihrem Wissen und Ihrem Verständnis genau angemessen reagieren und lernen können.

Menschen, die es vorziehen, sich für einige Zeit „mutterseelenallein" auf einer Insel oder auf der Alm oder auf einem sonst einsamen Platz in Beziehung zur Natur und ihren Gesetzmäßigkeiten zu setzen, werden diese Art der Kommunikation, der inneren Standortbestimmung und des Lernens besonders intensiv erfahren können. Im Umgang mit den Medien gestaltet sich diese Auseinandersetzung oft noch recht übersichtlich und nachvollziehbar. Im Umgang mit Tieren treten Lernprozesse ganz anderer Dimension auf. Der Umgang mit den Menschen im täglichen Umfeld verlangt noch viel mehr Offenheit, Toleranz, Gelassenheit und Lernfähigkeit.

Menschen

Menschen prägen ihren Lebensraum und werden von ihm geprägt. Unterschiedliche äußere Merkmale finden deshalb in speziellen Lebensräumen auch jeweils besondere Lebensbedingungen vor, die typische Erfahrungen ermöglichen. Diese grundsätzlichen Rahmenbedingungen können natürlich auch variabel gestaltet werden, sodass auch Europäer in Afrika oder Chinesen in Europa leben können.

Der Existenzrahmen, die Erfahrungsmöglichkeiten, die man als Mensch in einem bestimmten Umfeld hat, ist für alle Menschen gleich. Der Inhalt dieses Rahmens kann unterschiedlich sein.

Ob Menschen von schwarzer, weißer, gelber oder roter Hautfarbe sind, ihr Leben in Armut oder Reichtum führen, ihre Erfahrungen als Vertreter/innen des männlichen oder weiblichen Geschlechts sammeln und dabei Europa, Asien, Afrika oder Amerika als Lebensraum auswählen, ist eigentlich nur insofern von Bedeutung, als sich bestimmte Konstellationen für bestimmte Lern- und Problemfelder in ihrer Vorstellung besonders gut eignen, sodass sie ebendiese für ihr Leben ausgesucht haben. Dies bedeutet glücklicherweise nicht, dass ihnen die anderen Erfahrungsmöglichkeiten verschlossen bleiben. Vielmehr besteht die Möglichkeit, im und über den Kontakt mit anderen Menschen in ihrem Blickfeld sich auch deren Lernkonstellationen zunutze zu machen und sich und das eigene Verhalten dazu in Beziehung zu setzen.

Mit einer Vielzahl von Menschen oder Menschengruppen setzen wir uns in einer überwiegend gedanklichen Form auseinander, indem wir uns Informationen in theoretischer Weise aneignen – durch Lesen etwa, beim Besuch eines Museums oder durch Erzählungen anderer –, um dann innere Bilder zu den Lebensbedingungen oder Problemen zu entwerfen und mithilfe des „inneren Parlamentes" aus diesen zu lernen.

Dies gilt vor allen Dingen für den historischen Bereich, den Kontakt mit den Menschen und Kulturen „vergangener Zeitalter". Ich fand die Vorstellung schon immer faszinierend, mit dem Wissen von heute in „früheren Epochen" präsent zu sein und diese sozusagen vor Ort mitzuerleben. Falls Sie diese Vorstellung in ähnlicher Weise anspricht, kann ich Sie nur ermuntern, die Lebendigkeit Ihrer Vorstellungskraft zu nutzen, indem Sie sich möglichst umfassende Informationen zu einem Thema, zu einer Epoche besorgen, die Sie besonders interessiert.

Lassen Sie doch z. B. einmal vor Ihrem inneren Auge eine Szene aus der Zeit der Wikinger oder einen Tag im römischen Parlament oder einen Wettkampf der „originalen" Olympischen Spiele entstehen. Mit einiger Übung wird es Ihnen gelingen, erstaunlich farbige und lebendige Bilder zu erleben. Und das erleichtert Ihnen den Informationsaustausch mit den Menschen und Problemen der jeweiligen Zeit.

Darum geht es schließlich, wenn wir andere Menschen und vergangene Epochen in ihrem Zusammenhang betrachten. Die Perspektive als überlegener Beobachter, dem sozusagen bekannt ist, wie die „Geschichte" sich im wahrsten Sinne des Wortes entwickelt hat oder haben könnte, ermöglicht es, zum Beispiel verschiedene Parlamentsformen, Lebensweisen, kriegerische Auseinandersetzungen aus der Distanz zu erleben, zu beurteilen und dieses Wissen dann in den jetzigen Rahmen zu transponieren und zu nutzen, nun allerdings ohne die Hintergrundinformation um den Ablauf, der sich jetzt erst im Alltag, in der Entwicklung zeigt.

Oder Sie betrachten in diesem Sinn einmal die Lebensbedingungen der Menschen in einer Zeit, die ohne Elektrizität, U-Bahnen,

Fernsehen und Autos auskommen mussten. Das schafft Distanz zu dem „modernen" Lebensrahmen und hilft, Werte und Gewichte neu und anders zu setzen. Auch diese Erfahrung wird nicht ohne Einfluss auf Ihre Entscheidungen und Verhaltensweisen in der heutigen Zeit bleiben, und diese Veränderungen werden wieder Ihr Bild und Ihre Betrachtung von Geschichte und den Menschen in jener Zeit beeinflussen.

Diese Art der Kommunikation empfinden viele als sehr angenehm, kann man sich doch genüsslich im Sessel zurücklehnen und sich selbst Kompetenz und Urteilsvermögen geben, die Geschichte, Menschen und Lebensformen zu beurteilen. Dabei spielt es dann nur noch eine Nebenrolle, ob Geschichte wirklich so existiert (hat) oder ob unser Bewusstsein uns auch diese Gebäude „fiktiv" errichtet, um uns aus einer anderen Perspektive lernen zu lassen. Und: Machte das einen Unterschied?

Die Möglichkeiten und Perspektiven, Geschichte zu betrachten, zu verstehen und umzusetzen, sind so vielfältig, wie Sie es möchten. Sie wählen aus, welchen Bereich Sie unter welchen Gesichtspunkten genauer betrachten möchten. Vielleicht interessieren Sie besonders die straff organisierten Lebensbedingungn der Ägypter, oder Sie sind fasziniert davon, wie die ländliche Bevölkerung auch unter ärmlichsten Umständen im Mittelalter den Alltag gestaltet hat. Auch in der jüngeren Vergangenheit finden sich Zeiten, mit denen man sich intensiv auseinander setzen kann.

In jedem Fall stellt Ihr Interesse an „Geschichte", an Lebensbedingungen und Menschen „vergangener Zeiten" den Beginn eines Austauschs dar, auch wenn diese Menschen und diese Lebensbedingungen für Sie nicht mehr direkt, sondern eben nur „geschichtlich" zu erfahren sind. Durch Ihren Wissensdurst, durch Ihr Interesse und Ihre Akzeptanz, dadurch dass Sie Ihren „Scheinwerfer der Aufmerksamkeit" in die Vergangenheit richten, gewinnt Geschichte ihren Sinn und ihre Bedeutung.

Ihre Auseinandersetzung mit Geschichte macht diese lebendig und füllt sie mit Inhalt und Sinn. Und dadurch gestalten Sie Ihr Leben und Ihren Alltag vielleicht wesentlich sicherer und gelassener, in dem Wissen, geschichtliche Erfahrungen mit zu berücksichtigen und zu nutzen.

Da ist der Austausch mit den Menschen und Völkern der Gegenwart schon viel konkreter. Natürlich war nicht jeder in China, nicht alle haben die Bronx in New York bereist, die Eskimos und Iglus sind wohl auch eher aus dem Fernsehen vertraut, über die Ureinwohner Australiens ist manchen nur bekannt, dass sie mit Bumerangs zu Jagd gehen und mit Kängurus in einem Land leben. Oder aber Sie haben die Welt zur See, zur Luft und anders bereist und kennen aus eigener Anschauung und direktem Kontakt Völker der Erde mit allen Kriterien, die wirklich wesentlich für die jeweilige Kultur sind? Durch solche direkten Erfahrungen fühlen wir uns Menschen in anderen Regionen in einer Art verbunden, die Fremdenhass oder Ausländerfeindlichkeit nicht mehr zulassen.

Wir sind in der Lage, aus der geographischen Distanz die Lebensbedingungen und Probleme von Menschen zu betrachten, die nicht zu unserem eigenen Kulturkreis gehören und doch im „Zeitalter der kurzen Entfernungen“ schon Auswirkungen auf unser Leben haben können. Sie erinnern sich sicher an den Atomreaktorunfall in Tschernobyl oder die kriegerischen Auseinandersetzungen am Golf in Kuwait und im Irak. An diesen Problemen, Spannungsfeldern und Existenzformen sind wir gefühlsmäßig und auch sonst viel mehr beteiligt als an Ereignissen vergangener Tage. Und wir können uns nicht immer „heraushalten“, sondern müssen Stellung beziehen, Entscheidungen treffen, die Folgen mittragen. Wir wissen selten, wie sich eine Sache, ein Konflikt entwickeln wird, weil zu viele Faktoren im fremden Land sich unserer direkten Beurteilung entziehen.

Sich mit einem Krieg in Afrika oder einer Revolte in China zu beschäftigen und sich ein Urteil, eine eigene Meinung darüber zu bilden, ist ungleich schwieriger, als sich mit den Feldzügen Alexanders des Großen zu befassen.

Eine für das Bewusstsein intensive und direkte Erlebnismöglichkeit stellt sich dar, wenn wir Geschehnisse und Zusammenhänge, Probleme und Möglichkeiten, Ursachen und Wirkungen in geographischen Bereichen betrachten und kennen lernen, zu denen wir einen unmittelbaren Bezug herstellen können, von denen wir uns „betroffen“ fühlen können.

Auf dieser Erlebnisebene lassen sich sehr sinnvoll jene Erfahrungen und Lernprozesse nutzen, die wir „theoretisch“ über unsere Vorstellung von Geschichte und den Problemen in fernen Ländern erworben haben. Sehr schnell kann dabei deutlich werden, dass es wesentlich leichter fällt, sich über die elenden sozialen Verhältnisse in England zur Zeit der industriellen Revolution zu empören, als sich Gedanken darüber zu machen, wie man der Armut im eigenen Land begegnet, zum Beispiel einem Obdachlosen eine warme Mahlzeit oder eine Übernachtung im Wohnheim ermöglicht. Und natürlich fällt es relativ leicht, sich über das angepasste Verhalten von Menschen zu entrüsten, die in despotischen Gesellschaftsformen nicht Leib und Leben gefährdeten, indem sie sich gegen ein solches System auflehnten. Wie viel schwieriger gestaltet es sich, im eigenen Arbeitsbereich Zivilcourage zu beweisen oder sich im Rahmen der Gemeindearbeit gegen politische Maximen der Meinungsbildner und Regierenden zu stellen.

Ziemlich sicher sind viele von Ihnen empört darüber, wie sorglos und ohne Verantwortung die natürlichen Lebensverhältnisse, die Wälder, die Meere, die Luft und die Landschaft in den letzten Jahrzehnten missachtet und missbraucht wurden, unter dem Vorwand, die Lebensbedingungen zu verbessern, mehr Lebensqualität zu erreichen, Arbeitsplätze zu schaffen oder dem Fortschritt auf irgendeinem anderen Gebiet zu dienen. Wer aber zieht daraus in seinem Bereich die Konsequenzen und verzichtet auf das Kraftfahrzeug, reduziert den Wasserverbrauch, spart Heizenergie oder lehnt sich gegen die „Flurbereinigung" in seiner Nachbarschaft auf?

Zwischen Theorie und praktischer Umsetzung klafft oft eine gewaltige Lücke. Das Erkennen von Zusammenhängen und die Beurteilung geschichtlicher Dimensionen können wichtige Erkenntnisse liefern, das wirkliche Verstehen wächst erst im Alltag.

Das tägliche Ausprobieren, die Wahl aus den vorhandenen Möglichkeiten und Angeboten, erlaubt, die inneren Glaubensgrundsätze und die theoretisch erworbenen Vorstellungen unter dem Gesichtspunkt von Ursache und Wirkung zu betrachten.

Wer direkt spürt, wie sich die Umwelt, die Lebensbedingungen, der Beruf, das soziale Umfeld, das Zusammenleben oder der Umgang miteinander gemäß den eigenen Entscheidungen und Wahlen im Alltag ändern, wird auch spüren können, wie sich diese Entwicklungen und Entscheidungen auf das eigene Befinden auswirken – wird sich wohl fühlen in seiner Haut, weil alle Konsequenzen schlüssig mit den eigenen Glaubensgrundsätzen sind und weil er alle Aspekte in ausreichender Weise berücksichtigt hat, oder wird spüren können, dass im gegenteiligen Fall sich Unwohlsein, Angst,

Unsicherheit, Schuldgefühle oder Krankheiten als Hinweise auf Versäumnisse und Fehlentscheidungen einstellen werden.

Der eigenen Wahl bleibt es dabei wieder überlassen, ob Sie sich ein spezielles Gebiet heraussuchen möchten, um es in allen Einzelheiten zu erforschen. Das Prinzip von Ursache und Wirkung wird sich Ihnen auch auf diesem Weg immer und überall offenbaren. Die Gefahren einer bewussten Einengung der Erfahrungsmöglichkeiten auf ein kleines Forschungsgebiet liegen oft darin, dass man sich durch das immer genauere Betrachten von Einzelheiten schließlich in ihnen verliert und sie mangels Übersicht am Ende zum Selbstzweck und Wert an sich erhebt oder dass man viele Bereiche im täglichen Leben dadurch vernachlässigt.

Erfolg und Anerkennung werden sich im sozialen Gefüge auf eine solche Art und Weise sicher erreichen lassen, aber inneres Wohlfühlen und tiefes inneres Verstehen werden sich nicht einstellen können. Schließlich geht es nicht darum, auf einem sehr engen Gebiet Höchstleistungen zu erzielen unter dem Motto „höher, weiter und schneller". Vielmehr gilt es, im eigenen Lebensbereich möglichst allen Ansprüchen gerecht zu werden, von den beruflichen Möglichkeiten über die Bedürfnisse und Ansprüche der Familienmitglieder, die eigenen Wünschen und Sehnsüchten bis zur Sorge um die Natur. In diesem Sinn steht die Hausarbeit mit dem täglichen Einerlei völlig gleichberechtigt neben scheinbar so sensationellen und ehrgeizigen Projekten wie Raumfahrt und Genforschung.

Unter den Möglichkeiten des Erfahrens und Lernens im Alltag existiert keine Rangordnung und Wertigkeit, auch wenn uns das manches Gesellschaftssystem glauben machen möchte. Jeder von uns hat die Möglichkeit, in seinem gewählten Lebensbereich gleichwertige Erfahrungen zu machen und diese wiederum zur Grundlage seines weiteren Lebens und Handelns zu machen. Die direkten Auswirkungen getroffener Entscheidungen lassen sehr schnell erkennen, ob Wahlen die gewünschten Konsequenzen zur Folge haben oder ob andere Gesichtspunkte zu berücksichtigen sind, um das angestrebte Ziel zu erreichen.

Neben der Entwicklung Ihrer Lebensbedingungen und Ihres direkten Umfelds, die Ihnen die Möglichkeiten der äußeren Wahrnehmung vermittelt, kann es sehr hilfreich sein, auch auf diesem Gebiet die Instrumente der inneren Wahrnehmung zu nutzen, um festzustellen, ob Sie auf Ihrem richtigen Weg sind. Denn während Sie sich Ihre Umgebung, die Landschaft, die Familie, die Arbeitsbedingungen betrachten oder etwas anderes, werden Ihre Gefühle wichtige und sichere Hinweise geben und Wegweiser liefern, damit Sie Ihren Alltag und das tägliche Leben mit Sicherheit und Zuversicht, mit Gelassenheit und Freude in Ihrem Sinn gestalten können.

Damit steht Ihnen eine sehr sichere und tragfähige Basis zur Verfügung, auf der Sie immer neue Erfahrungsmöglichkeiten und Zusammenhänge aus immer neuen Perspektiven in Anspruch nehmen können und Ihr Leben von ganzem Herzen genießen und wahrnehmen können.

Im Rahmen einer Familie, in der von einer Entscheidung für ein Familienmitglied immer auch alle anderen mit betroffen sind, lässt sich keine distanzierte Betrachtungsweise mehr aufrechterhalten; intensiv und direkt erfährt man die Prinzipien von Ursache und Wirkung und erkennt immer komplexere Zusammenhänge und Verhaltensweisen. Dabei wechseln die grundsätzlichen Perspektiven. Zunächst erlebt man sich als abhängiges Wesen mit seinen Eltern, später folgt die eigene Selbstständigkeit im Vergleich zu den Eltern, und wieder einige Jahre später kann man Leben aus der Perspektive mit eigenen Kindern oder aus dem Blickwinkel des Alterns betrachten.

Von den eigenen Eltern kann man viel lernen. Sie haben sich für einen Lebensweg entschieden, den wir nicht in der Entscheidungsfindung, sondern erst in seinen Auswirkungen erfahren. Erst im Lauf der Jahre gelingt es vielleicht, Hintergründe zu erfahren, Ursachen und Wirkungen zu betrachten und zu sehen, auf welche Art und Weise die Eltern gelebt haben, bis die Kinder in ihr Leben traten. Natürlich ist es aber auch möglich, dass die Informationen nur unvollkommen oder gar nicht vorliegen und man deshalb nur die Auswirkungen von Entscheidungen betrachten kann und sich dazu in Beziehung setzt. Eltern führen uns vor Augen, wie sich im Alltag Wahlen ausgewirkt haben und sich weiter auswirken. Man kann also aus der Perspektive des Kindes gleichsam „vollendete Tatsachen" betrachten und sich entscheiden, ob man ein ähnliches Ziel wie die Eltern erreichen möchte. Nach anfänglichen, oft heftigen Abgrenzungsversuchen im Rahmen der eigenen bewussten Persönlichkeitsentwicklung gelangt man im Lauf der Jahre oft zu einer ausgeglichenen Bilanz mit den Eltern und ist in der Lage, einige Aspekte ihrer Existenz für die eigene bewusste Lebensführung zu übernehmen.

Aber selbstverständlich ist es möglich, dass Sie Ihr Leben als Fortsetzung des Lebens Ihrer Eltern einrichten, weil Sie mit dem eingeschlagenen Weg völlig einverstanden sind – oder dass Sie ein gänzlich anderes Leben führen möchten.

Grundsätzlich ermöglichen Ihnen die Eltern, Ihr eigenes Leben, die Wahlen und Entscheidungen vor dem Hintergrund gelebter Konsequenzen von Grund auf und mit diesem bewussten Wissen zu gestalten, denn schließlich werden Sie mit diesem Umfeld und allen Auswirkungen direkt und täglich konfrontiert. Es wird Ihnen also praktisch vor Augen geführt, wie sich „die Dinge" entwickelt hätten, wenn Sie sich so entschieden hätten wie Ihre Eltern. Dieser Aspekt der Eltern-Kind-Beziehung stellt sich als grundsätzliches Rahmenangebot dar, als Basis, auf der sich dann alle anderen, unbegrenzt vielfältigen und faszinierenden, komplexen Erfahrungsmöglichkeiten entwickeln können.

Diese sehr auf das Wesentliche reduzierte Perspektive mag vielleicht zu einfach erscheinen, sie ist aber sinnvoll und kann helfen, die so sehr emotionale und von zahllosen Missverständnissen geprägte Beziehung zwischen den Generationen mit mehr Gelassenheit und Klarheit zu betrachten und zu nutzen. Vielleicht hilft sie Ihnen auch, sich auf diese Weise von Schuldgefühlen, vermeintlichen Verpflichtungen und Verantwortlichkeiten zu befreien und Ihren Eltern mit mehr Zuwendung und Akzeptanz zu begegnen. Denn von den eigenen Eltern kann man viel lernen.

Irgendwann werden Sie sich dann möglicherweise dafür entscheiden, selbst Kinder zu haben, und, selbst wenn Ihr Kinderwunsch einer anderen Motivation entspringen sollte: Auch von den eigenen Kindern kann man viel lernen.

An den Kindern können wir den Beginn aller Entwicklungen und die Auswirkungen von Entscheidungen in aller Deutlichkeit und mit tiefster gefühlmäßiger Beteiligung betrachten und unsere eigenen Erfahrungen und Lernprozesse dazu in Beziehung setzen. Jeden Tag beobachten wir die Entwicklung unserer Kinder, versuchen Einfluss zu nehmen durch Zustimmung oder Ablehnung, durch Unterstützung oder Einschränkung.

Und natürlich können wir uns hier auch in der „Rolle" der Eltern erfahren und auf diesem Weg vielleicht die Beziehung zu den eigenen Eltern noch einmal aus dieser anderen Perspektive beurteilen und Konsequenzen daraus ziehen.

Wäre es schwer für Sie zu akzeptieren, dass Ihr Kind auf der einen Seite Ihnen phantastische Möglichkeiten des Lernens und Erfahrens bietet, dass es in diesem Sinn einen Teil Ihres Selbst darstellt und auf die vielfältigste Weise mit Ihnen verbunden ist – dass es aber auch, so wie Sie selbst, die Bedingungen seines Lebens frei und eigenverantwortlich wählt, um eben in seinem Rahmen alles zu erfahren und zu lernen, was gerade die Konsequenz und Ergänzung in Bezug auf seine Existenz darstellt?

Die Verantwortung, sich einem Kind in Liebe und Fürsorge zuzuwenden, gewinnt so eine völlig andere Dimension: Schaffen Sie Ihrem Kind durch Ihr Verhalten und Ihre Akzeptanz die Basis für diese Entwicklungsmöglichkeiten und für ein Leben in Gelassenheit und Zuversicht, in Harmonie von Körper und Seele! Denn in den Kindern können Sie dann die Bestätigung für Ihre eigenen inneren Glaubensgrundsätze finden und die Sicherheit, dass Sie auf dem richtigen Weg sind.

Auch in der Beziehung zu den Eltern und Kindern sind die Instrumente der inneren Wahrnehmung, die Gefühle, wichtige und zuverlässige Wegweiser, um den Alltag und das Leben schlüssig mit den eigenen Überzeugungen zu gestalten.

Die Familie gibt einen sicheren Rahmen, und jedes Mitglied ist sich grundsätzlich der Akzeptanz und des Wohlwollens der anderen sicher. Meinungsverschiedenheiten bleiben davon unberührt. Denn schließlich geht jeder seinen eigenen Weg in freier und eigener Entscheidung. Am Leben der Eltern kann man die eigenen Vorstellungen entwickeln und überprüfen, an der eigenen Entwicklung lässt sich die Konsequenz dieser Entscheidungen spüren, und mit den Kindern erlebt man „beobachtend", wie sich als Synthese des Gelernten Ursache und Wirkung erfahren lassen.

Auf diese Art und Weise gelingt es in beeindruckender Form, Leben und Alltag, Entscheidungen und Auswirkungen aus drei Perspektiven zu betrachten: aus direkt beteiligter, aus bewusst untergeordneter und aus wissentlich übergeordneter Sicht.

Haben Sie sich inzwischen entscheiden können, welchen Anteil Ihrer bewussten und welchen Anteil Ihrer unbewussten Wahrnehmung Sie zur Arbeit, zum Kennenlernen der Möglichkeiten Ihres direkten Umfelds in Anspruch nehmen möchten?

Wahrscheinlich werden viele von Ihnen bestätigen können, dass es im Alltag oft sehr schwer fällt, den roten Faden nicht zu verlieren und die Geschehnisse des Tages als Aufgaben und Lernmöglichkeiten zu begreifen, an und mit denen man wachsen kann. Die direkte Betroffenheit, intensiv spürbare Spannungsfelder, Missverständnisse, Ängste und ein Gefühl des Ausgeliefertseins können den Blick für das Wesentliche, für die „Lernziele" trüben. Und oft spürt man erst dann die Auswirkungen der eigenen Reaktionen und Entscheidungen als unerwünschte Folgen mangelnder Klarheit.

Stellen Sie sich nur einmal vor, wie viel Ärger durch Missverständnisse mit Kollegen am Arbeitsplatz entstehen können. Oder erinnern Sie sich daran, wie die unausstehlich schlechte Laune Ihrer Kinder, trotz aller Ihrer Bemühungen, die Stimmung und den Verlauf des Wochenendes in einer Weise beeinflusst hat, die Sie so wissentlich sicher nicht geplant hatten? Vielleicht hat Sie auch nur die Fliege an der Wand gestern so aufgeregt und geärgert, dass alle Entscheidungen und Wahlen in den folgenden Stunden davon beeinflusst waren und Sie, konsequent wie Sie nun einmal sind, sich wirklich alle erdenklichen unangenehmen Ereignisse und Ärgernisse in den nächsten Stunden „genehmigt" haben, deren Sie unter Aufbietung aller Kräfte habhaft werden konnten?

In solchen Minuten, Stunden oder Tagen ist jeder von uns fest davon überzeugt, dass das Wetter, das Schicksal oder andere wenig wohlmeinende Ereignisse unseren Alltag und unser Leben bestimmen und beeinflussen. Innere Wahrnehmung, das Bewusstsein, das Unbewusste, die Gefühle und alle anderen Möglichkeiten der Orientierung, sie können uns in solchen Momenten „gestohlen bleiben". Und das ist auch richtig so. Warum sollten Sie und ich uns nicht einmal von Herzen ärgern und wütend sein können und dabei die übergeordneten Gesetze des Seins vernachlässigen – schließlich ist auch diese Möglichkeit ein Teil unserer Angebote an uns selbst.

Wie wohltuend erlebbar sind Gegensätze. Und manchmal sind es Kleinigkeiten, die wieder Klarheit und Gelassenheit in den Alltag bringen. Vielleicht haben Sie Ihre ganz persönliche Methode entwickelt, die „Bewusstseinsscheibe" zu putzen, die Sicht wieder zu klären und den „roten Faden", die Leitlinie und die Glaubensgrundsätze wieder zu entdecken. Manch einem gelingt es durch die Zubereitung und den Genuss einer Tasse Tee, andere lächeln einem fremden Menschen zu oder betrachten sich einmal augenzwinkernd und ermunternd im Spiegel.

Ihr Einfallsreichtumg wird es Ihnen leicht machen, wieder die Gesetze des Seins in Ihrem Leben zu erkennen: Sie erinnern sich daran, dass es ein Bewusstsein gibt, das Ihnen über Ihre fünf Sinne die Möglichkeit einräumt, sich in einer Umwelt zurechtzufinden und zu orientieren, die zwar beschränkt ist, aber genau jenen Bedingungen entspricht, die für Ihre Entwicklung und Ihre Lernfelder geschnitten und konstruiert ist.

Wie sehr diese Lernmöglichkeit von der Funktion Ihrer Sinne abhängig ist, erfahren Sie vor allem dann besonders deutlich, wenn der eine oder andere Sinn einmal oder dauernd als Wahrnehmungsmöglichkeit nicht zur Verfügung steht. Dafür werden Sie dann vielleicht bemerken können, dass Ihnen Ihr Unbewusstes auch in solchen Situationen ein sicherer Wegweiser ist, auf den Sie sich verlassen können, denn die Sprache Ihres Unbewussten haben Sie inzwischen zu verstehen gelernt. Es gibt keine Situation in Ihrem Leben, die Ihr Unbewusstes nicht mit jenem übergeordneten Lebensziel vergleicht, das Sie sich für diese Erfahrungsebene als Konsequenz Ihrer bisherigen Entwicklung vorgenommen haben. Und diese Stellungnahme teilt Ihnen Ihr Unbewusstes sofort und direkt über Gefühle mit.

Einige von diesen Gefühlen haben Sie bereits in diesem Buch kennen gelernt, und Sie wissen, dass es an Ihnen liegt, ob dieses Angebot der inneren Wahrnehmung Grenzen setzt oder neue Möglichkeiten eröffnet. Klarheit und Entscheidungshilfen können mitunter auch durch das Mitteilungsblatt Ihres Unbewussten, die Träume, vermittelt werden. Diese „Nachrichten" können Möglichkeiten bestätigen, einen Gegensatz zu den inneren Überzeugungen darstellen, Ergebnisse bereits geleisteter innerer Arbeit übermitteln, können sehr konkret sein oder auch sehr abstrakt.

Wenn Sie überlegen, welche dieser Möglichkeiten für Ihren letzten Traum in Betracht gezogen werden könnte, wird Ihnen auch dabei die innere Diskussion, das „innere Parlament" mit seinen vielfältigen Meinungen, von Nutzen sein können. Schließlich kennen Sie das Angebot Ihres Unbewussten, die Dinge auf diese Art und Weise aus möglichst vielen Perspektiven zu betrachten, seit langem aus dem täglichen Leben und wissen, dass Sie sich dergestalt mit denkbar größter Sicherheit die Möglichkeiten und Angebote heraussuchen, die Ihnen weiterhelfen auf dem Weg zur Harmonie von Körper und Seele.

Dann nämlich können Sie in Gelassenheit auch Ihr Umfeld betrachten, innerlich zu den Ereignissen Stellung beziehen und diese nach Ihren Maßstäben bewerten. Erst dadurch gewinnen die Dinge ihren Wert und verändern Wertigkeiten, erst dadurch wird es möglich, zu begreifen, dass Ursache Wirkung ist und Wirkung Ursache.

Wie viel leichter ist es in diesem Zusammenhang, die Geschehnisse aus der Distanz der Geschichte oder großer räumlicher Entfernung zu betrachten. Glaubensgrundsätze und Wertungen im Alltag als „direkt Betroffener“ umzusetzen und dabei allen Anforderungen gerecht zu werden gestaltet sich nicht immer so einfach. Und je intensiver die Auswirkungen des Denkens, Fühlens und Handelns zum Beispiel im Rahmen der Familie zu spüren und die Reaktionen wahrzunehmen sind, desto schwerer fällt es manchmal, den Überblick zu behalten und die Möglichkeiten der inneren Wahrnehmung, die innere Stimme als Wegweiser und roten Faden im Alltag zu sehen und umzusetzen.

Wer diese Möglichkeiten allerdings in seinem Leben nutzt und konsequent bei der Wahl seiner Angebote berücksichtigt, wird den anderen Teil seines Unbewussten kennen lernen, die Neutralitätsebene, und die Sicherheit in seiner Mitte richtig deuten als Zustimmung und Ermunterung für das weitere Leben.

Missverständnisse

Wahrscheinlich haben Sie es schon bemerkt: Eigentlich ist „das Leben“ wirklich ganz einfach: Man hört auf seine innere Stimme, setzt sich in Beziehung zu allem, was ist, zieht daraus seinen Nutzen und seine Erkenntnisse, und schon fühlt man sich wohl in seiner Haut, erfreut sich bester Gesundheit und geht jeden Tag lachend und guter Dinge durch die Welt. Und das Prinzip von Ursache und Wirkung hat man dabei auch noch perfekt verstanden.

Mit dieser Einschätzung liegen Sie völlig richtig. Wenn Ihr Leben dennoch nicht in der beschriebenen Form verlaufen sollte, befinden Sie sich damit in bester Gesellschaft. Probleme und Spannungsfelder werden immer zunächst als unangenehm erlebt und empfunden. Erst die Suche nach Ausgleich und Lösungen vermittelt wieder das Ihnen inzwischen so gut bekannte Gefühl der inneren Sicherheit und Gelassenheit.

Ein Leben nach den angemessenen Maßstäben und Richtlinien zu führen bedeutet nicht, seinen Alltag frei von Aufgaben und Spannungen zu gestalten. Es vermittelt Ihnen nur die Möglichkeit und die Gelassenheit, den gestellten Aufgaben gerecht zu werden und diese als Angebote zu betrachten, an denen Sie lernen und wachsen können.

Mit diesem Wissen sieht die Welt oft schon ganz anders aus. Das Gefühl, einem Ereignis oder einem Problem ausgeliefert zu sein, weicht der Erkenntnis, den Verlauf der Entwicklung eigenverantwortlich zu bestimmen und auf diese Art Lösungen zu finden als Wege, die hinausführen.

Gleichwohl werden Sie auch mit dem Wissen um diese Zusammenhänge mitunter in eines der Fettnäpfchen treten, die Ihnen Missverständnisse mehr oder weniger offen hinstellen. Das Prinzip von Ursache und Wirkung stellt zwar eine einfache und verständliche Basis im Alltag dar. Aber jede neue Kommunikation, jedes neue Sich-in-Beziehung-Setzen, jedes neue Sich-selbst-Erfahren in jeder Sekunde Ihres bewussten oder unbewussten Erlebens schafft zum Teil sehr komplexe und sehr komplizierte neue Zusammenhänge und erfordert ständig Entscheidungen, die dann wieder Konsequenzen haben werden und die Basis für andere Entscheidungen sein werden. Der „Baum der Erkenntnis", das Verständnis der Zusammenhänge, verzweigt sich immer weiter in immer feinere Äste und Zweige.

Dabei beginnt die bewusste Wahrnehmung ja sehr harmlos mit den Angeboten der Sinnesorgane. Wie herrlich ist es doch, an einem Sommertag die Sonne auf der Haut zu spüren, den blauen Himmel über sich zu betrachten, tief die milde und dufterfüllte Luft einzuatmen. Deckt sich diese Information der Sinnesorgane mit Ihren Glaubensgrundsätzen, der Basis und dem Speicher Ihrer bisherigen Erkenntnisse und Erfahrungen, so werden Sie sich sehr wohl fühlen können. Vielleicht haben Sie aber auch gerade etwas über das Ozonloch gelesen, oder eine Person in Ihrer Umgebung hat die UV-Strahlen der Sonne als Krebs erregend bezeichnet, oder eine Freundin von Ihnen leidet unter der Hitze jedes Mal durch ihre Kreislaufschwäche und fühlt sich matt und geschwächt.

Dann beginnt schon die innere Diskussion zwischen Ihrem Wunsch, sich einfach wohl zu fühlen, den Spaziergang zu genießen –

und den genannten Ängsten und Befürchtungen, die „von außen“ an Sie herangetragen wurden. Zu einem Missverständnis führte es sicherlich, wenn Sie die geschilderten Befürchtungen für sich kritiklos und ohne Abgleichung mit Ihren Glaubensgrundsätzen übernähmen. Denn die Möglichkeit, dass Wärme zu einer Kreislaufschwäche bei Ihrer Freundin führen kann, hat mit Ihrem Kreislauf, der ja auch bei Hitze stabil und frisch ist, nicht das Geringste zu tun. Wenn Ihnen diese Zusammenhänge klar sind, Sie also Ihre Freundin als eine Erfahrungsmöglichkeit und sich selbst als eine andere wahrnehmen, werden Sie sich ein solches Missverständnis ersparen können. Bei den anderen „Warnhinweisen“, wie Ozonloch und UV-Strahlen, die Ihr Wohlbefinden beeinträchtigen und den Genuss des Spaziergangs trüben könnten, sollten Sie Vorsichtsmaßnahmen treffen, die Ihr Sicherheitsgefühl wiederherstellen.

Die Einwände gegen jenes Wohlgefühl, das Ihnen Ihre Sinnesorgane beim Spaziergang vermitteln, dienen lediglich dazu, diese Empfindungen unter einer solchen Perspektive zu überprüfen und nach Ihren Glaubensgrundsätzen zu beurteilen. Alles andere wäre ein Irrtum, der zu Missveständnissen und damit in Spannungsfelder hineinführte, denn alle weiteren Entscheidungen bauen auf den vorherigen auf, sodass letztlich jede Fehlentscheidung zwangsläufig eine weitere zur Folge haben muss. Und mit jeder von ihnen wird es schwieriger und komplizierter, den ursprünglichen „Fehler“ zu finden und diesen dann zu korrigieren. Eine solche „Korrektur“ können Sie natürlich zu jedem Zeitpunkt vornehmen, sobald Sie Ihren „Irrtum“ bemerkt haben und etwas ändern möchten.

Missverständnisse warten überall. Auf der beschriebenen Erfahrungsstufe, den „einfachen“ Vergleichen der Sinneswahrnehmungen mit den Angeboten, kann man ihnen recht gut auf die Spur kommen und sie vermeiden. Schwieriger gestaltet sich die Suche nach Klarheit und das Vermeiden von Missverständnissen, wenn man sich in Bezug setzt zu Teilen des Umfeldes, die eine „Eigendynamik“ entwickeln, also in einer selbstständigen Weise reagieren können. Im Grunde genommen könnte man dazu alle Erscheinungsformen zählen, denen wir ein Leben zuschreiben: Pflanzen, Tiere und Menschen. Aber auch, wenn wir uns bei unseren Überlegungen darauf beschränken, werden einige von Ihnen sicher für sich bereits bemerkt haben, dass auch „tote“ Materie dem Einfluss und Wandel durch den Betrachter unterliegt.

Vielleicht lieben Sie es, Ihre Wohnung mit Pflanzen zu gestalten, sodass die Pflege einen Teil Ihrer Zeit im Alltag in Anspruch nimmt. Sie freuen sich darüber, wenn die Pflanzen gedeihen, und sind betrübt, wenn das eine oder andere Gewächs verkümmert. Verwundert sind Sie wahrscheinlich, wenn die Pflanzen bei Ihrem Nachbarn trotz geringerer Pflege und Zuwendung besser gedeihen als bei Ihnen. Ein Missverständnis wäre es nun, zu schlussfolgern, dass weniger Pflege das Wachstum von Pflanzen günstig beeinflusst.

Auf dieser Erfahrungsebene hängt der Erfolg Ihrer Bemühungen nicht mehr allein von der Wahrnehmung und Überprüfung durch Ihre Sinnnesorgane ab, sondern unterliegt anderen, erweiterten Grundsätzen. Ihre bisherigen Erfahrungen mit Pflanzen in Ihrem Umfeld – und das beginnt bereits mit den Richtlinien, die Ihnen vielleicht Ihre Eltern und Großeltern oder ein Gärtner in der Umgebung vermittelt haben – bilden die Grundlage für Ihren Umgang mit Ihren Pflanzen. Wann immer Sie diesen Ansprüchen, den eigenen inneren Maßstäben, gerecht werden und diese in der Betreuung Ihrer Pflanzen umsetzen, werden sie sich genau dieser Zuwendung entsprechend entwickeln. Da Sie aber, wie jeder andere Mensch auch, neue Erfahrungen und Lernprozesse durchlaufen, können auch im Verständnis der Pflanzen Korrekturen oder Verbesserungen erforderlich werden.

Wenn also eine Ihrer Pflanzen trotz entspechender Zuwendung einzugehen droht, sollte man zunächst einmal überprüfen, ob die eigenen Ansprüche ausreichend berücksichtigt worden sind oder ob eine Änderung im Verständnis eine Änderung im Umgang mit Pflanzen erforderlich macht.

Wer berücksichtigt, dass alles im persönlichen Umfeld und das Verständnis davon einem Wandel unterliegt und ständig weiterentwickelt wird, deutet eine welkende Pflanze richtig und umgeht damit ein weiteres Missverständnis.

Der Umgang mit Tieren gestaltet sich wieder ein wenig interessanter, denn Tiere haben schon zahlreiche Möglichkeiten zu reagieren, die den menschlichen sehr nahe kommen. Und es gilt, beim Umgang mit diesen Existenzformen noch zu berücksichtigen, dass sie eine noch ausgeprägtere Eigendynamik im Verhalten entwickeln.

So kann es durchaus sein, dass Sie sich rührend um den Pudel in Ihrer Familie kümmern, dieser aber trotzdem zur Aggression neigt und Sie bei irgendeiner Gelegenheit ins Bein beißt. Ein Missverständnis wäre es jetzt wahrscheinlich, wenn Sie sich Schuldgefühle aufladen würden mit dem Gedanken, Ihren Pudel immer noch nicht mit ausreichender Zuwendung bedacht zu haben. Nach Überprüfung Ihrer eigenen Maßstäbe wird sich zum Beispiel herausstellen können, dass der Biss des Tieres und seine Aggression auf einem Missverständnis seinerseits beruhten, nämlich, dass ein Pudel Zuwendung und Einfluss und Freiraum ohne Grenzen haben könne. In diesem Fall sollte also entweder eine Strafe den Pudel auf seine Grenzen und Möglichkeiten hinweisen, oder aber Sie sollten Ihren Maßstab von Zuwendung überprüfen, da er offensichtlich nicht ein dankbares und freundliches Tier, sondern ein maßloses und aggressives Verhalten zur Folge hatte.

Den eigenen Maßstab im Umgang mit Tieren zu berücksichtigen, Aktion und Reaktion zu betrachten, die Vielfalt der Möglichkeiten in Betracht zu ziehen und die Grenzen der Kreatur nicht außer Acht zu lassen hilft auf sichere Weise, Missverständnisse zu korrigieren oder zu vermeiden.

Die Kommunikation mit anderen Menschen eröffnet begeisternd viele Angebote, und die Gefahr, dabei in eine „Missverständnisfalle" zu tappen, ist erheblich.

Die ersten Informationen über einen anderen Menschen liefert Ihnen wieder die äußere Wahrnehmung mittels Ihrer Sinnesorgane. Das Umfeld, in dem man einer anderen Person begegnet, bietet für viele Menschen bereits Anlass genug, Rückschlüsse auf die soziale Herkunft, das Wesen oder irgendwelche Eigenschaften zu ziehen. Und wenngleich bzw. weil die Umgebung einer solchen Begegnung schon von Bedeutung sein kann, lauern hier die ersten Irrtümer. Die nächsten Informationen über einen Menschen geben dann die äußere Erscheinung, die Hautfarbe, die Größe, das Aussehen oder die Geschlechtszugehörigkeit. All diese Hinweise kann man entweder interessiert und offen zur Kenntnis nehmen und im weiteren Verlauf des Zusammentreffens daraufhin überprüfen, ob sie stimmig sind hinsichtlich des Bildes von derjenigen Person, die man näher kennen lernen möchte, oder aber man beurteilt diesen Menschen bereits nach diesen Kriterien, was ein weiteres Kennenlernen vielleicht schon ausschließt, weil Missverständnisse Konsequenzen haben. Natürlich lassen sich auch aus den Gesichtszügen und der Stimmlage eines Menschen die unterschiedlichsten Schlüsse ableiten. Der nächste Eindruck kann vielleicht von der Haltung, der

Gestik oder sonstigem Verhalten des anderen bestimmt sein. Dabei verfügt man bis zu diesem Zeitpunkt noch über keine einzige „objektive“ Information, ob denn die Vermutungen, Gefühle, Eindrükke oder das Bild, das man sich gemacht hat, irgendetwas mit dieser betreffenden Person zu tun haben oder ob das Bild allein Produkt unserer Vorstellungen und Erfahrungen, unserer Urteile oder Vorurteile im Umgang mit anderen Menschen ist.

Adäquate Information beginnt dort, wo man sich die Mühe macht, einen anderen Menschen tatsächlich kennen zu lernen. Auf diesem Weg wird zunächst die Sprache zum wichtigsten Instrument werden. Man erhält Informationen, die ein anderer Mensch über sich, seine Ansichten oder Einstellungen im Gespräch preisgibt. Auch auf dieser Ebene sind Missverständnisse häufig. Denn wer hätte noch nicht aus einem unbeholfenen Umgang mit der Sprache, einer eher schüchternen Form der Selbstdarstellung, eher umgangssprachlichen Formulierungen seine Fehlschlüsse gezogen?

Jedes weitere Eingehen auf die andere Person eröffnet neue Angebote zum Kennenlernen, zum Vergleich, zum Stellungbeziehen und Einordnen. Und in jeder Phase dieses Kennenlernens spielen unüberschaubar viele Faktoren in der Beurteilung dieser anderen Person eine Rolle, die viel mehr mit uns selbst als mit dem anderen Menschen zu tun haben.

Dabei gilt es, bei dieser ohnehin schon verwirrenden Vielfalt an Informationen noch zu berücksichtigen, dass der Mensch, dem wir begegnen und den wir kennen lernen möchten, aus irgendeinem Grund an einer solchen Begegnung vielleicht gar nicht interessiert ist, sodass er sich in der betrefenden Situation anders verhält, als es sonst seinem Wesen entspricht, und er Aussagen macht, die sich als unzutreffend oder unwahr herausstellen können. Von den Missverständnissen, die Sprachverständnis und der Gebrauch von Sprache mit verursachen können, kann man dann allenfalls noch am Rande Kenntnis nehmen. Dabei wird jede Fehlentscheidung nicht sogleich großen Schaden nach sich ziehen. Aber jedes Missverständnis dieser Art kann weitere „Fehler“ zur Folge haben und sich schließlich immer deutlicher auswirken.

Wahrscheinlich stellt sich Ihnen in Ihrem Bekanntenkreis und Umfeld der Umgang mit Pflanzen, Tieren und Menschen gar nicht so kompliziert dar, da Sie es längst gewohnt sind, diese Gesichtspunkte zu berücksichtigen. Oder aber Sie sind erfinderisch genug, noch einige andere Möglichkeiten zu entdecken, durch die man besonders häufig und leicht Opfer von Missverständnissen werden kann.

Denn jeder darf aus seinen Fehlern lernen und sich mit diesem Wissen weiterentwickeln. Vielen Menschen wäre das Leben im Alltag sonst wohl auch vor lauter Langeweile fast unerträglich.

Jeder von uns verfügt über ein sicheres und breites Spektrum von Wahrnehmungsmöglichkeiten und Beurteilungskriterien, die in Gelassenheit und Zuversicht den „roten Faden" auch für den Bereich der Kommunikation deutlich sichtbar machen können.

Kleine Irrtümer sind meist schnell verbessert, umfangreichere und anhaltende Missverständnisse führen zu Spannungen.

Krankheiten

Manche Menschen sind der Meinung, die beste Krankheit tauge nichts. Andere sind fest davon überzeugt, man könne nur durch Leiden zur Einsicht und zum Glück gelangen.

Die Weltgesundheitsorganisation bezeichnet als Krankheit jeden Zustand, der nicht mit körperlichem und seelischem Wohlbefinden einhergeht. Demzufolge wären die meisten Mitbürger – und ich schließe mich da nicht aus – während eines Tages mehrfach für kürzere oder längere Zeit krank.

Die Intensität der Beschwerden und deren Dauer sollten sich allerdings, will man sie „Krankheit" nennen, von kurzfristigen Befindlichkeitsstörungen unterscheiden.

Fast immer beginnt mit einer Krankheit die Suche nach einer organisch-körperlichen „äußeren" Ursache. Besonders einleuchtend scheint sich dieses Verursacherprinzip bei Unfällen darzustellen. Irgendjemand, der Nachbar vielleicht, ist unachtsam, rutscht auf der Bananenschale aus, die zufällig auf dem Gehsteig liegt, und zieht sich bei dem folgenden Sturz eine Verstauchung des rechten Handgelenks zu. Möglicherweise hatte der Nachbar an diesem Tag auch besonders viel Pech, sodass die Folgen des Sturzes nicht nur komplizierte Brüche beider Handgelenke, sondern auch noch eine etwas größere Stirnplatzwunde im Verbund mit einer Gehirnerschütterung und einer äußerst schmerzhaften Prellung des Steißbeins neben ausgeprägten Blutergüssen in beiden Kniegelenken sind. Der Zusammenhang Bananenschale – Unachtsamkeit – Sturz – Verletzung scheint bei diesem vom Unheil verfolgten Nachbarn unübersehbar.

Wenn Sie mit dem Fahrrad am helllichten Tag im Sommer auf einem wunderschönen Feldweg unterwegs sind und Ihnen kommt ein angetrunkener Landwirt auf seinem Schlepper mit Anhänger entgegen, dessen abrupte Richtungsänderung Ihnen weder eine Chance zum Erkennen noch zum Ausweichen bietet, so kann ein solcher Unfall sehr rasch zu einer Verletzung – vielleicht einem Beinbruch – führen, die einen längeren Krankenhausaufenthalt erforderlich macht. Sucht man in diesem Fall nach einer Erklärung, so sieht die Sachlage schon ein wenig komplexer aus. Die Ursache war in diesem Zusammenhang wohl in dem angetrunkenen Fahrer des Traktors zu sehen, der sein Fahrzeug so unvorhersehbar in Ihre Richtung lenkte. Und unachtsam waren Sie auf dem Fahrrad nun wirklich nicht. Wieso aber fuhren gerade Sie auf ebendiesem Weg zu ebendieser Zeit, und wieso war der Fahrer des Traktors gerade zu ebenjenem Zeitpunkt angetrunken? All das sind Fragen, die Ihnen beim Auskurieren der daraus resultierenden Unfallfolgen sicher häufig durch den Kopf gehen.

Aber – um kurz bei der Kategorie „Krankheit durch Unfall" zu verweilen: Es wäre wirklich ebenso denkbar, dass Sie als gänzlich unbeteiligter Insasse eines Reisebusses durch den Fehler eines übermüdeten Fahrers mit der einen oder anderen schwer wiegenden Verletzung das Bewusstsein erst nach einigen Tagen in dem sterilen Bett auf der Intensivstation eines Krankenhauses wiedererlangen und sich dann erst fragen können: Wie konnte das nur geschehen?

Natürlich sind Sie dann nicht verantwortlich für das Verhalten des Fahrers, aber wieder waren Sie „zufällig" zum „richtigen" Zeitpunkt am „richtigen" Ort.

Wie viel unkomplizierter ist es doch dagegen, sich in der U-Bahn, beim Einkaufen oder beim Friseur einmal so richtig anhusten oder anniesen zu lassen. Schon am nächsten Tag ist das Resultat einer solchen Begegnung spürbar: Die Nase beginnt zu kribbeln, das Schlucken fällt schwer, die Stimme wird rauh, und neben einer heftigen Bronchitis stellen sich Fieber und Gliederschmerzen ein. Ihre Vermutung ist richtig! Sie haben sich „angesteckt" und den Heimweg in Begleitung eines grippalen Infekts angetreten. Da es sich nicht um Ihre erste Grippe handelt, versorgen Sie sich in der Apotheke mit ausreichend vielen Taschentüchen, einigen Aspirintabletten, gönnen sich einige Tage der Ruhe in Ihren vier Wänden und wissen: In einer Woche wird diese Krankheit vergessen sein.

Manche Krankheiten dauern länger, und es ist oft nicht damit getan, einfach abzuwarten. So wäre es denkbar, dass sich das milde Gefühl der inneren Zerrissenheit am Morgen allmählich durch Ärger mit dem Chef, reichlichen Kaffeegenuss und eindrucksvollen Zigarettenkonsum dergestalt zu einem kneifenden Schmerz in der Magengegend verstärkte, dass ein Besuch beim Arzt erforderlich würde, der über eine Spiegelung die Diagnose eines Magengeschwürs stellen würde.

In einem solchen Fall könnte man zunächst einmal für einige Tage die Arbeitsunfähigkeit in Anspruch nehmen, sich an die regelmäßige Einnahme von Tabletten für mehrere Wochen gewöhnen und den nicht unwichtigen Versuch unternehmen, die schädlichen Einflüsse von Stress, Nikotin- und Koffeinmissbrauch einzugrenzen.

In den meisten Fällen wird dieses Bündel von Maßnahmen ausreichen, um nach einiger Zeit die Gesundheit wiederherzustellen. Dann ist die Angelegenheit meistens schnell wieder vergessen … und das nächste Magengeschwür damit oft schon vorprogrammiert. Am Ende einer solchen Kette von Rückfällen steht dann oft eine Magenoperation oder der Magenkrebs.

Und zu diesem Zeitpunkt schließlich erinnert sich mancher vielleicht, wo die Krankheit ihren Ursprung hatte. Vielleicht mischt sich da eine Spur von Verstehen unter all die Schmerzen und das Leid, von denen eine solche „Endstation" einer Magenkrankheit begleitet wird.

Es gibt allerdings auch Krankheiten, die sich fast unbemerkt anschleichen, wie die multiple Sklerose oder der Lungenkrebs. Nimmt man ihre Symptome bewusst zur Kenntnis, so ist der Verlauf oft nur noch sehr schwer oder gar nicht mehr zu beeinflussen. Jeder, der von einer solch schlimmen Krankheit betroffen ist, fragt sich: Warum gerade ich, warum gerade jetzt, und warum habe ich all die Zeit nichts davon gemerkt, dass mein Körper sich im Sinne dieser Krankheit verändert hat? Hat es nicht vielleich doch – schon lange vorher – Warnzeichen, Hinweise oder Veränderungen gegeben, die ich nicht oder falsch gedeutet habe? Und wie kann ich das Versäumte nachholen und meine Gesundheit, meine körperliche Unversehrtheit wiedererlangen?

Manche Krankheit kommt aber auch geradezu wie gerufen. Stellen Sie sich einmal vor, in Ihrem Haushalt ginge alles drunter und drüber – das Essen brennt an, der Geschirrspüler gibt seinen Geist auf, die Kinder zanken sich unaufhörlich, schließlich klingelt das Telefon, und Ihr Partner teilt Ihnen mit, dass er am Abend den Chef/die Chefin zum Essen bei sich zu Hause eingeladen hat, und bittet

Sie, alles vorzubereiten. Käme da ein Migräneanfall nicht gerade recht? Wer Migräne hat, der hat auch Anspruch auf Ruhe, Zuwendung und wird von jeder Belastung freigestellt.

Plötzlich sieht die Welt ganz anders aus. Ihr Partner wird ein Restaurant für den Abend mit dem Chef / der Chefin wählen, und selbst die Kinder werden rücksichtsvoll und leise ins Bett gehen und auf das sonst übliche Vorlesen verzichten. Die Sache hat nur einen Haken: Migräne schmerzt oft höllisch, und man fühlt sich sehr, sehr elend. Ob es da nicht noch andere Möglichkeiten gäbe, Ruhe und Zuwendung zu erlangen?

Nach diesen Beispielen, die Sie aus eigener Anschauung oder aus Ihrer Kenntnis der nachbarlichen Verhältnisse sicherlich endlos fortsetzen könnten, ahnen Sie bereits: Krankheit ist Konsequenz und nicht Ursache, und für den, der das bereits verstanden hat und in seinem Leben umsetzt, ist sie schließlich wieder Ursache, die Dinge zu ändern.

Unseren Körper kann man sich vorstellen als eine Funktionsgemeinschaft verschiedener Organe. Eine weitere Einteilung ließe sich fortsetzen bis in den Zell- und Molekularbereich hinein. Verschiedene Organe lassen sich nach ihrer Funktion zu einem übergeordneten Organsystem zusammenfassen. So kann man die *Haut* als ein solches Organsystem bezeichnen. Sie besteht aus verschiedenen Funktionseinheiten: den Deckzellen, Talg- und Schweißdrüsen, den Haarzellen, den Pigmentzellen, den Nervenzellen – und sie hat im Wesentlichen eine Schutzfunktion.

Die Haut schützt uns vor Einwirkungen der Umwelt, reguliert die Körpertemperatur und bildet einen Schutzmantel und ein Polster für alle Organe, die den Körper ausmachen. Die Haut vermittelt uns in jeder Minute unzählige Informationen, die wir bewusst oder unbewusst zur Kenntnis nehmen und an denen wir uns orientieren. Manchmal reagieren wir auch nicht oder zu spät, und das Resultat sind dann Brand- oder Schnittverletzungen. Unabhängig von dieser Aufgabe besitzt die Haut offensichtlich noch andere Funktionen, denn es gibt Hautkrebs, Hautentzündungen, Geschwüre, Abszesse, Ekzeme, Exantheme und Haarausfall. Und diese Kranheiten sind mit dem Begriff „Funktionsstörungen" sicher nur unzureichend beschrieben.

Damit wir uns fortbewegen können, verfügen wir über einen *Bewegungsapparat*. Dazu gehören alle Knochen, die Muskeln und

Sehnen. Wie wichtig eine ungehinderte, sichere und zielgerichtete Bewegung ist, erfahren wir oft erst dann, wenn schmerzhafte Störungen in diesem Ablauf vorliegen.

Sie können von außen erfolgen, wie bei einem Unfall, durch so genannten Verschleiß im Laufe der Jahre oder durch „innere" Krankheiten, wie Arthrose oder Gicht. Und jeder, der auch nur durch einen „Hexenschuss" in seinem Wohlbefinden beeinträchtigt war, weiß, wie sehr die äußere Sicherheit dadurch auf unangenehme Weise eingeschränkt wird.

Über das *Atmungssystem* lassen wir ständig Sauerstoff in unsere Lungen einströmen. Andere Stoffe, die unser Körper für nicht erforderlich hält, verlassen beim Ausatmen den Körper. Dieser einfache Vorgang des Gasaustausches – Sauerstoff im Austausch gegen CO_2 und andere Gase – gestaltet sich sehr vielschichtig. Damit überhaupt eine Strömungsbewegung (Luftstrom) von außen nach innen erfolgen kann, muss in den Lungen zunächst einmal ein Unterdruck erzeugt werden. Dies geschieht durch das Heben des Brustkorbs oder das Senken des Zwerchfells (Bauchatmung). Dadurch strömt entsprechend dem Druckunterschied Luft durch Nase und / oder Mund ein, wird erwärmt, gereinigt und angefeuchtet und dann erst über den Rachenraum, Kehlkopf und die Luftröhre bis in die feinsten Lungenbläschen geleitet, wo der beschriebene Gasaustausch stattfinden kann.

Viele Rädchen greifen bei der Atmung ineinander, und viele Krankheiten (Störungen) sind möglich. Ein Schnupfen kann die Nasenatmung erheblich erschweren, Entzündungen im Hals-Rachen-Raum lassen die Atmung zu einer schmerzhaften und brennenden Angelegenheit werden; Husten als Folge eines Bronchialinfekts wird als sehr quälend empfunden, und eine Lungenentzündung kann den Gasaustausch dergestalt erschweren oder unmöglich machen, dass sogar der Tod die Folge sein kann. Infektionen (Entzündungen) der oberen Luftwege sind mit die häufigsten Erkrankungen, bei meistens sehr raschem, gutartigem Verlauf.

Wie wohltuend wird im Unterschied dazu die befreiende Wirkung eines tiefen Atemzuges empfunden. Man steht im Freien oder in der Haustür, streckt sich aufgerichtet herrlich weit dem Himmel entgegen und nimmt einen tiefen Atemzug – bis in die Lungenspitzen hinein strömt die Luft, und man spürt Kraft und Freiheit und sprengt alle Fesseln. Was für ein herrliches Gefühl ist es doch, gesund zu sein!

Zum *Magen-Darm-System* rechnen die Mediziner Speiseröhre, Magen, Dünndarm und Dickdarm. Kennen Sie das wohlige Gefühl eines gut gefüllten Magens nach einer kulinarischen Sternstunde? Oder empfinden Sie eher das leicht „knurrende" Hungergefühl in der Magengegend als besonders angenehm – in der Vorfreude auf zu erwartende Genüsse? Die genannten Organe dienen vor allem der Nahrungsaufnahme, ihrer körpergerechten Aufbereitung, der Resorption aller wichtigen Nährstoffe und der Ausscheidung der für unseren Organismus nicht wichtigen Bestandteile und Stoffwechselprodukte. Und während der Magen-Darm-Trakt dieser sehr wichtigen Aufgabe nachgeht, erzeugt er auch noch das geschilderte Wohlgefühl. Oder er vermittelt sehr direkt einen Eindruck von jener Aufgeregtheit, wie man sie oft vor Prüfungen wahrnehmen kann. Und natürlich kann man auch ein Gefühl der inneren Zerrissenheit in der Magengegend als wichtigen Hinweis auf Spannungsfelder zur Kenntnis nehmen.

Krankheiten im Magen-Darm-Bereich werden oft als sehr unangenehm empfunden. Schon so medizinisch banale Störungen wie Blähungen können das Meiden jeglicher gesellschaftlicher Kontakte zur Folge haben. Wie elend fühlt man sich bei einem Virusinfekt, der mit Übelkeit und heftigem Erbrechen einhergeht. Durchfälle können nicht nur zu einem rapiden Verfall der Kräfte führen, sondern (besonders bei Kindern und während eines Aufenthaltes in den Tropen) auch sehr schnell lebensbedrohliche Formen annehmen. Jeder, der einmal an einem Geschwür des Magens oder des Dünndarms gelitten hat, wird sich der mitunter quälenden Schmerzen erinnern können. Und Menschen, die an einer bösartigen Erkrankung im Magen-Darm-Bereich leiden, führen ihr Leben oft unter erbarmungswürdigen Zuständen.

Das *Herz-Kreislauf-System* versorgt unsere Körperzellen mit Blut und transportiert so Sauerstoff und Energie bis in die mikroskopisch kleinen Anteile hinein. Die meisten Menschen spüren nur sehr selten, dass in ihrem Brustraum ein Herz Schwerstarbeit verrichtet, tagaus, tagein, Woche für Woche, Monat für Monat, Jahr für Jahr.

Im Rahmen des autogenen Trainings kann man lernen, wie viel Sicherheit und Gelassenheit der ruhige und gleichmäßige Pulsschlag vemitteln kann. Unsere Blutgefäße – die Adern – nehmen wir eigentlich erst zur Kenntnis, wenn wir uns einmal verletzen. Die Blutgefäße nehmen oft Schaden im Zusammenhang mit anderen Krankheiten. So verkalken die Gefäße schneller bei Menschen mit hohen Werten für das Cholesterin-Blutfett, es kommt zu gravierenden Gefäßschäden bei Rauchern, die schließlich zur Amputation der Beine führen können. Auch andere Stoffwechselkrankheiten wie die Zuckerkrankheit schaden den Adern. Bluthochdruck oder Übergewicht rechnet man zu den „Risikofaktoren" für die Blutgefäße.

Innere Spannungen oder Angst finden sich oft als Ursache für das „Herzrasen" oder für nervöse Herzrhythmusstörungen. Liegt bereits ein organischer Herzschaden vor, bekommen manche Menschen einen Herzschrittmacher eingesetzt. Ein Herzinfarkt (durch das Absterben größerer Anteile des Herzmuskelgewebes infolge eines Gefäßverschlusses bei Gefäßverkalkung) greift sehr schmerzhaft und bedrohlich in den Alltag ein, und viele Menschen nehmen ihn zum Anlass, in den langen Wochen der Genesung über ihre Lebensführung oder die Schwerpunkte in ihrem Leben nachzudenken. Manche Menschen ändern nach einem solchen Ereignis radikal ihren Alltag und ihr Umfeld. Andere Menschen suchen die Ursachen überall außerhalb des eigenen Einflussbereiches und müssen dann oft feststellen, dass man nur eine sehr begrenzte Zahl von Herzinfarkten überleben kann. Dabei wären in solchen Lebenssituationen Gelassenheit und Zuversicht sehr hilfreiche Begleiter durch jeden Tag auf dem Weg zur Harmonie.

Im Bereich der *Harn- und Geschlechtsorgane* sind Körperanteile betroffen, die der Ausscheidung von Stoffwechselprodukten, Schadstoffen und der Flüssigkeitsregulation ebenso dienen wie der Fortpflanzung. Wer mehrfach die Stunde wegen einer Blasenentzündung die Toilette unter Schmerzen aufsuchen musste, kann den quälenden Charakter einer solchen Krankheit ermessen. Nierenkoliken bei einer Steinerkrankung im Bereich der ableitenden Harnwege zählen zu den stärksten Schmerzen. Immer wieder kann man in der Praxis oder Klinik erleben, wie Männer und Frauen, die bislang „ nichts umwerfen" konnte, sich von einer Minute zur anderen als hilflose, von Schmerzen beherrschte Kreaturen erfahren, die alles dafür geben würden, wenn sie diesen unerträglichen Krämpfen ein Ende setzen könnten. Oft habe ich erlebt, dass sich im Anschluss an eine solche Krankheit die Gewichte im Leben völlig anders verteilten, sodass vermeintlich Wichtiges bedeutungslos wurde und scheinbar Unwichtiges in seiner wahren Bedeutung erkannt wurde – Schmerzen sind ein sehr starkes und überzeugendes Argument.

Die Störungen der *Geschlechtsorgane* nehmen sich dagegen fast bescheiden aus. Dafür sind die Auswirkungen dieser Krankheiten oft von weit reichender Bedeutung. Ich denke dabei an die quälenden Selbstzweifel bei einer Impotenz oder das oft lebenslang belastende Problem der Unfruchtbarkeit bei Mann und Frau. Natürlich finden sich für die Haut- und Geschlechtsorgane auch wieder jene Krankheiten, die wir mit dem Namen „Krebserkrankungen" versehen haben – mit allen Folgen und Leiden für die Betroffenen.

Unser Körper mit seinen Organen muss ständig eine unvorstellbare Anzahl von Informationen aufnehmen, weiterleiten, auswerten und darauf irgendwie reagieren: sei es durch Verwerfen dieser Information, weil sie als unbedeutend eingestuft wird – wie das Krähen des Hahns auf dem benachbarten Hof –, sei es durch sofortiges Reagieren, wie beim blitzartigen Wegziehen der Hand, die einer glühenden Herdplatte zu nahe gekommen ist.

Das *Immunsystem* nimmt im Verbund eine Sonderstellung ein denn zum einen existiert der Begriff erst seit einigen Jahren, zum Zweiten ist weder seine Zusammensetzung noch seine Funktion bislang vollständig erforscht, und zum Dritten handelt es sich dabei eher um ein Funktionssystem als um eine organische Einheit.

Zum Abwehrsystem rechnet man einige Organe wie die Milz, die Thymusdrüse, die Rachenmandeln (Tonsillen), das lymphatische System (Lymphbahnen und Lymphknoten), die weißen Blutzellen, zahlreiche Eiweiße im Blutserum, Botenstoffe und Aktivatoren. Seit wenigen Jahren erst ist aus der Forschung bekannt, dass alle Botenstoffe, die im Gehirn und im Nervensystem eine Rolle spielen, auch in die Funktionen des Immunverbundes eingreifen (Psychoneuroimmunologie).

Unser Körper ist in jeder Minute zahllosen „Angriffen" aus der Umwelt ausgesetzt, die Zellen und Gewebe schädigen können. Bakterien, Viren, Schadstoffe, Gifte, Staub und Pflanzenteile (Pollen) dringen über die Körperöffnungen oder über Haut und Schleimhaut in den Organismus ein. Das Immunsystem erkennt die Eindringlinge als Fremdkörper und setzt hoch wirksame Abwehrmechanismen ein, um diese „Schädlinge" zu beseitigen.

Die Organe des Körpers bilden täglich eine große Anzahl von Krebszellen. Auch hier sorgt das Immunsystem dafür, dass sich diese Zellen nicht vermehren, sondern zerstört werden.

Von all diesen Vorgängen spürt man nichts, sie laufen unbewußt und ohne unsere Beteiligung selbsttätig ab.

Wenn aber das Immunsystem versagt, dann können wir die Konsequenzen in vielfältiger Weise erleben: als Schnupfen, als Fieber, als Schmerzen, als Übelkeit, als Durchfall oder als allgemeine Abgeschlagenheit. Im unangenehmsten Fall entsteht dann eine Krebserkrankung.

Für die Informationsverarbeitung stehen dem Körper zwei Transportwege offen: die Leitungsbahnen des Nervensystems und das Blut als Medium und Verteiler für Botenstoffe (Hormone).

Unser Nervensystem dient zunächst der Reizaufnahme: Es gibt Rezeptoren (Empfängerzellen, Antennen), die auf Wärme, Kälte, Druck oder Schmerzen ausgerichtet sind oder auf Dehnung. Andere Rezeptoren vermitteln die Informationen unseres Umfelds durch Sehen, Hören, Riechen, Schmecken und Tasten. Alle diese Informationen laufen dann über Nervenbahnen zu Sammelzentren und zum Gehirn. Dort verknüpfen die Gehirnzellen alle eingehenden Informationen mit schon früher gemachten Erfahrungen und reagieren durch „Rückantwort".

Informationen werden auch auf dem Blutweg über Hormone und Überträgerstoffe zu jeder einzelnen Körperzelle geleitet und lösen dort eine Reaktion aus. Solche hormonellen Botschaften werden wie in einem Archiv während des gesamten Lebens gespeichert und können zu jeder Zeit wieder aktiviert werden. Dies wäre ein Erklärungsansatz dafür, dass Süchtige auch nach vielen Jahren der Abstinenz lediglich eine kleine und einmalige Dosis des abhängig machenden Stoffes (Alkohol, Droge, Nikotin) benötigen, um sofort wieder in alte Reaktionen und Abhängigkeiten zu geraten.

Vor einiger Zeit fand sich eine Notiz in der Zeitung über einige dänische Forscher. Diese Ärzte hatten entdeckt, dass es offenbar schon viele Jahre vor dem Ausbruch einer schweren Erkrankung im Körper „Botenstoffe" gibt, die bereits auf Organe einwirken, während diese den Dienst noch störungsfrei verrichten. So liegt die Folgerung nahe, dass es vielleicht jene Botenstoffe sind, die den Organen Informationen / Botschaften übermitteln, die dann dazu führen, dass nach einer längeren Zeit ebendiese Organe sich zu verändern beginnen und erkranken.

So verstanden, wäre Krankheit Konsequenz oder Folge und nicht Ursache. Wäre das ein interessanter Gedanke für Sie?

In Amerika befassen sich seit vielen Jahren Forscher mit den Auswirkungen von Hypnose und „mentalen" Prozessen oder Gedanken und Gefühlen auf Überträgerstoffe im Blut und die Körperorgane. Bereits vor einigen Jahren ist ihnen der Nachweis gelungen, dass jeder Gedanke und jedes Gefühl im Körper zur Bildung ganz bestimmter Stoffe führt, die eine Organreaktion veranlassen. Und diese Information wird über das gesamte Leben in jeder Zelle gespeichert. Ob und wie sich diese Botschaften von *mind* und *body* auswirken, hängt sicher von der Art der Botschaften ab, ihrer Zahl und der Dauer ihrer Einwirkung. So wird sich demzufolge nicht jeder flüchtige Gedanke sofort spürbar auswirken. Aber alle Informationen werden über Jahre gespeichert und so vielleicht später einmal als Summe irgendein Organ dazu veranlassen, sich in irgendeiner Weise zu verändern.

Seit etwa zehn Jahren gibt es einen Wissenschaftszweig, die Psychoneuroimmunologie, die sich mit diesen Zusammenhängen von Körper (Immunsystem), Seele (Psyche) und Nerven intensiv beschäftigt.

Zahlreiche Ergebnisse bestätigen inzwischen, wie wichtig eine selbst bestimmte (autonome) und authentische Lebensweise für die Erhaltung der Gesundheit ist und wie negativ sich Selbstwertverlust, Stress, Einsamkeit und die Unterdrückung eigentlicher Lebensbedürfnisse und Sehnsüchte auswirken können.

Für das Gebiet der Hormone sind Wechselwirkungen seit Jahren bekannt. Das Wachstumshormon löst entsprechende Veränderungen aus, ebenso die Sexualhormone; Adrenalin wirkt als Folge von Stress auf die Organe ein, das Schilddrüsenhormon reguliert den Stoffwechsel. Diese Vorgänge sind uns allen vertraut. Jeder dieser Stoffe hat aber offenbar darüber hinaus noch eingreifende Auswirkungen auf die körpereigene Immunabwehr. So setzen die Stresshormone Cortisol und Adrenalin die Abwehrbereitschaft des Körpers nachweisbar und deutlich herab.

Gedanken, Gefühle und Lebensführungen, die Einfluss auf die Ausschüttung dieser Hormone nehmen, wirken sich daher auch auf das Immunsystem aus und bestimmen mit über die Entstehung von Krankheit und Gesundheit.

Viele Menschen glauben, dass „ewiges Leben" – soweit man das für erstrebenswert hält – nur durch den Sieg über die Krankheiten zu erreichen ist. An unseren Hochschulen und in anderen wissenschaftichen Zentren wird eine sehr intensive und aufwendige Forschung betrieben, um den Krankheiten und ihren Ursachen auf die Spur zu kommen. Es gibt Zentren für Herzkrankheiten, für Stoffwechselkrankheiten, für Krebserkrankungen, für Bluterkrankungen und für Infektionskrankheiten. Dort werden und wurden viele Millionen Menschen und ihre Krankheiten nach dem neuesten Stand der Wissenschaft untersucht, Befunde dokumentiert und aufgelistet.

Bestimmte Krankheitszeichen – Symptome – werden bestimmten Krankheiten zugeordnet. Bestimmte Krankheiten finden sich in dafür „bevorzugten“ Organen wieder. Diese Organe weisen bestimmte – für die betreffende Krankheit typische – Veränderungen auf. Diese Veränderungen lassen sich in den Zellen unter dem Mikroskop auf eine andere Art und Weise beobachten. Das Elektronenmikroskop ermöglicht schließlich eine noch feinere Auflösung und Beschreibung, und mitunter lassen sich auf biochemischem Weg sogar molekulare Veränderungen nachweisen. Und wenn ein Forscher glaubt, nun endlich den Stein der Weisen, des Pudels Kern, gefunden zu haben, kommen aus anderen Forschungsbereichen andere Informationen, die entweder die ersteren widerlegen oder aber wieder einen Schritt „weiter“ führen und dann ebendiesen Forscher glauben lassen, er habe nun aber wirklich eine endgültige und ursächliche Erklärung gefunden.

Natürlich kann man eine Krankheit mit ihren Auswirkungen auf immer neue Art und Weise beschreiben, indem man Körper untersucht, Organe zerschneidet, Gewebeproben einfärbt und Reagenzien betrachte. Die Perspektive ist sicher immer eine andere. Aber immer bleibt im Zentrum der Aufmerksamkeit das gleiche Missverständnis: die Krankheit mit den betroffenen Organen als Ursache zu sehen und in dieser Ursache auch noch die Ursache für die Ursache zu vermuten und dieser auf vielfältige Weise „auf die Schliche“ kommen zu können.

Körper und Organe gehören Menschen. Menschen sind krank. Und Menschen „erleben“ Krankheit auf ureigene Weise. Jede Krankheit vermittelt jedem Menschen Botschaften, die er spüren oder auf andere Art wahrnehmen kann. Krankheiten und Menschen gehören zusammen; will man das eine verstehen, kann man das andere nicht davon trennen.

Im Bereich der Medizin gibt es ein Fachgebiet, die Psychosomatik, das bestimmte seelische Veränderungen bestimmten Krankheitsbildern zuzuordnen versucht. Und mit gutem Erfolg – welcher zum überragenden Teil von der Mitarbeit der Patienten abhängt – werden Lösungswege gesucht, Spannungen abgebaut und Entspannungstechniken vermittelt. Dem liegt der Denkansatz zugrunde, dass ganz bestimmte Konflikte oder Spannungen im seelischen Bereich sich jeweils auf ganz bestimmte Organe auswirken.

Danach wirkt sich zum Beispiel eine innerlich verkrampfte Haltung auf Muskeln im Wirbelsäulenbereich aus. Eine überzogene Anspruchshaltung und Ehrgeiz in ausgeprägter Form kann zu Migräne führen. Und ein „Hexenschuss" (Lumbago) gilt als Ausdruck von Spannungen im sexuellen Bereich. So findet sich in der Psychosomatik für jede seelische Störung ein „Zielorgangebiet". Ein Zusammenhang zwischen Körper (Soma) und Seele (Psyche) wird angenommen, beide werden aber letztlich als getrennte Systeme beschrieben.

Vor einiger Zeit traf ich zufällig einen guten Bekannten, den ich schon längere Zeit nicht gesehen hatte. Ich fragte ihn, ob er nicht Zeit und Lust zu einem Besuch bei mir hätte. Lust hätte er schon, erwiderte er. „Aber in zwei bis drei Tagen werde ich eine Grippe bekommen und werde dann einige Tage der Ruhe und Entspannung brauchen." Auf meine Frage, woher er das jetzt schon wisse, antwortete er: „Kurz vor einer solchen Erkrankung empfinde ich unvermittelt auch die kleinsten Verrichtungen als Belastung, alles ist mir zu viel, und ich will eigentlich nur von allen und allem in Ruhe gelassen werden. Auf diese inneren Wahrnehmungen kann ich mich verlassen. Mit dem grippalen Infekt nehme ich mich dann stets aus allen Verpflichtungen zurück – dazu berechtigen mich die Symptome der Krankheit schließlich auch –, und nach ein paar Tagen der Ruhe bin ich dann wieder fit und gesund. Du siehst, ich begrüße die Grippe fast wie eine Freundin, da sie mir endlich zu einigen Tagen der Muße verhilft." Aber irgendwann wolle er lernen, ein Gleichgewicht zwischen Arbeit und Pausen, zwischen Anspannung und Entspannung zu erreichen. Und er sei sicher, dann würde er seine Grippe nicht mehr benötigen.

Einmal habe ich einen Patienten, der einen Herzinfarkt erlitten hatte, nach seiner Genesung gefragt, welches für ihn denn die wichtigste Erkenntnis seiner doch sehr gefährlichen Krankheit gewesen sei. Im ersten Augenblick sei es die Angst gewesen, berichtete er, dann das Ausgeliefertsein auf der Intensivstation eines Krankenhauses, dann: die Hilfe anderer annehmen zu können. All das seien aber nur erste, oberflächliche Eindrücke gewesen, auch wenn sie teilweise schon einen bedrohlichen Charakter gehabt hätten. Letztlich sei die wirklich eingreifende Komponente aber eine völlige Änderung der Perspektive in seinem Leben gewesen.

Manche Schwerpunkte und Gewichte hätten sich völlig verändert, und manchmal habe er den Eindruck, sein richtiges Leben habe erst nach dem Herzinfarkt begonnen und er habe den „roten Faden" für seine Existenz wieder gefunden. Nach diesen neuen Gesichtspunkten sei sein Leben jetzt ausgerichtet, und er gehe seitdem viel sicherer und gelassener durch den Alltag. Von seiner Krankheit habe er viel gelernt und dann diese Erkenntnisse im Alltag auch umgesetzt. Einen weiteren Infarkt wolle er schließlich nicht, und er sei seinem Körper dankbar für diesen sehr deutlichen „Wink mit dem Zaunpfahl".

Bei einer meiner Patientinnen wurde im Anschluss an die Schwangerschaft eine Erkrankung festgestellt, die in Schüben verläuft, mit zahlreichen Organstörungen einhergeht, durch fortschreitende Lähmungen gekennzeichnet ist und nach mehr oder weniger Jahren über ein bedauernswertes Siechtum zum Tode führt: multiple Sklerose. Bei dieser jungen Frau gestaltete sich der Verlauf der Krankheit so bösartig, dass bereits nach zwei Jahren tägliche Verrichtungen zu Qual wurden, die Patientin über weite Bereiche auf fremde Hilfe angewiesen war und Mobilität nur noch durch einen Krankenfahrstuhl zu gewährleisten war. Bei diesem deprimierenden Verlauf ist die multiple Sklerose oft noch durch eine kaum verständliche seelische Hochstimmung gekennzeichnet, einen über weite Phasen fast euphorischen Zustand, den niemand im Umfeld der Patienten nachvollziehen kann und der deshalb für andere in krassem Gegensatz zum beobachteten Befinden der Erkrankten steht.

Organische Ursachen hat die Medizin trotz intensiver Erforschung dieser Krankheit bisher nicht zuordnen können, und alle Therapieversuche haben, bei zum Teil schweren Nebenwirkungen, nicht wirklich etwas am Verlauf der Krankheit ändern können. Viele Gespräche sind mit dieser Frau geführt worden. Und auf meine Frage, ob denn diese Krankheit für sie irgendeinen Sinn mache, erhielt ich erst nach längerer Zeit eine Antwort. Am Anfang sei schon alles sehr bedrückend gewesen. Alle Verwandten und Freunde hätten

Besuche abgestattet und ihr Mitleid bekundet. Zunächst sei sie auch sehr froh gewesen, es habe ihr schon gefallen, auch einmal im Mittelpunkt zu stehen und ein so hohes Maß an Zuwendung zu bekommen, ohne sich diese wie früher erst durch – oft auch noch vergebliche – Anstrengung erarbeiten zu müssen.

So nach und nach sei ihr die Zuwendung aber eher zu intensiv geworden, sie habe sie eigentlich noch unfreier gemacht, als sie sich vorher schon gefühlt habe, und außerdem sei sie auch nicht sicher gewesen, ob die Aufmerksamkeit nun wirklich ihr oder nicht vielmehr ihrer Krankheit gegolten habe. Dann seien auch die Probleme im Haus und mit der Familie immer deutlicher geworden, sodass die Zeit für Mitleid und entsprechende Besuche einfach nicht mehr vorhanden gewesen sei. Und erst jetzt, da sie sich entschlossen habe, ihr Leben selbst in die Hand zu nehmen – und das gehe vom Rollstuhl aus erstaunlich gut –, fühle sie sich wieder ein wenig besser. Sie nehme die Hilfe in Anspruch, wo es nötig sei, aber bestehe ansonsten in einem solchen Ausmaß auf Selbstständigkeit wie wohl noch nie zuvor in ihrem Leben. Seit dieser Zeit seien die Schübe schwächer aufgetreten, und die Krankheit habe sich kaum verschlechtert.

Die Beziehungen zwischen Körper und Seele sind sehr vielschichtig. Teilweise ist es möglich, sie zu messen, zu objektivieren, wie die Wissenschaftler sagen. So lassen sich zum Beispiel während beliebiger Vorgänge die Hirnströme ableiten und gleichzeitig die Organfunktionen – etwa durch ein Elektrokardiogramm (EKG) für das Herz – registrieren. Auf diese Weise lassen sich bestimmte Hirnaktivitäten anderen Strömen im Bereich anderer Organe zuordnen. Und manche Menschen glauben erst, dass sie „aufgeregt" oder „nervös" sind, wenn dies auf wissenschaftlichem Weg über irgendwelche Kurven zu Papier gebracht wird. Den Herzschlag halten diese Mitmenschen auch erst für schnell, wenn das EKG diesen Befund bestätigt.

Jeder von uns kennt das Gefühl der inneren Zerrissenheit am Morgen nach dem Aufwachen. Man spürt ein leichtes Drücken in der Magengegend oder auch einen leichten, ziehenden Schmerz oder eine leichte Übelkeit. Vielleicht fühlen Sie sich auch sonst ein wenig unwohl: ein wenig Unsicherheit vielleicht, ein wenig Ängstlichkeit, ein wenig Aggression und das eine oder andere eher dumpfe Gefühl – ein buntes Gemisch, das sich oft nur mühsam aufschlüsseln lässt. Und dann treffen Sie die Wahl. Entweder Sie entscheiden sich dafür, dass die Ursache in dem Alkohol- und Nikotinkonsum des Vorabends liegt oder auch in einer Empfindlichkeit der Magenschleimhaut. In diesem Fall wird Ihr nächster Weg entweder zur Hausapotheke oder zum Arzt führen: Ein Medikament soll das Wohlbefinden wiederherstellen. Und nach einiger Zeit wird sich die gewünschte Wirkung auch einstellen. Manchmal ist die Angelegenheit dann ausgestanden, und nach vielen Wochen, wenn sich vielleicht ähnliche Beschwerden in gleicher Intensität – oder schon ein wenig stärker – bemerkbar machen, können Sie sich an das Unwohlsein vorher kaum noch erinnern. Und außerdem: Wo sollte da ein Zusammenhang bestehen?

Im Anschluss an Ihre Wahl (Alkohol- und Nikotinmissbrauch als Ursache für Ihre Beschwerden) kann allerdings auch eine andere Entscheidung stehen: Sie gehen nicht zum Arzneischrank oder zum Arzt, sondern überlegen, was Sie denn wohl veranlasst haben könnte, so viel zu rauchen und zu trinken. War es der Ärger im Büro, war es der zu seltene Kontakt zu Ihrem Partner, oder waren es andere Gründe?

Zusammenhänge sind eine Frage der Perspektive. Und die eigentlichen Ursachen für diese unguten Gefühl in Ihrer Mitte werden deutlicher. Oft spürt man die Richtigkeit eines Gedankens bei der Ursachensuche daran, dass sich der unangenehme Druck noch deutlich vestärkt, wenn das wirkliche Problemfeld in den Vordergrund tritt. Wer dieses Prinzip von Ursache und Wirkung einmal erkannt hat, wird schwerlich zur Tablette greifen können, allenfalls als vorübergehende Hilfe! Oder ist in Ihrem Umfeld schon einmal irgendein Problem allein durch eine Tablette gelöst worden oder durch Alkoholkonsum? Manche Spannungen lassen sich im Gespräch oder durch konkrete Maßnahmen erstaunlich schnell lösen. Manchmal dauert es einige Zeit, bis sich Veränderungen auswirken, sodass man sich wieder wohl fühlt und geborgen. Wer seine innere Stimme überhört – vielleicht war sie zu leise oder andere Einflüsse zu laut? –, hört mitunter auf die Sprache seines Körpers. Und der Körper spricht viele Sprachen, die alle einen anderen Weg weisen können. Nur das Ziel am Ende aller Wege ist dasselbe: die Harmonie von Körper und Seele.

Jeder von uns geht manchmal Umwege. Im Alltag warten viele Aufgaben, Anforderungen, Sachzwänge und andere Verpflichtungen.

Und fast jeder hält sich in seinem Umfeld für absolut unentbehrlich. Wer sich für unentbehrlich hält, weiß auch, dass er den anderen nicht zumuten kann, auf eine so wichtige Person zu verzichten. Wer sonst sollte wohl die schwierigen Aufgaben wahrnehmen?

Natürlich übernimmt man sich mitunter. An solchen Tagen geht man seiner Tätigkeit eher mit Widerwillen nach, und eigentlich möchte man lieber zu Hause bleiben und sich ein wenig ausruhen. Aber das könnten doch die anderen Mitarbeiter im Betrieb schon als Schwäche auslegen, und außerdem, wer sollte denn die Mehrarbeit übernehmen? Zu solchen Zeiten grassiert oft ein Grippevirus. Und schließlich bringen Fieber und Erkältung einige Tage der Bettruhe. Man würde ja gern weiter zur Arbeit gehen, aber die Grippe mit allen Symptomen und der Ratschlag des Arztes lassen das einfach nicht zu.

Natürlich kann man sich auf diese Art genau jene Tage der Ruhe regelmäßig zum Herbst und Frühling – in der Zeit der Grippewellen – holen, die neue Kraft bringen. Aber wer fühlt sich schon wohl im Bett mit erhöhter Temperatur, Husten, Schnupfen und Mattigkeit? Alles ist eine Frage der Perspektive. Manchmal ändert eine Kleinigkeit in der Betrachtungsweise vieles, und auf diese Art findet man oft doch die eine oder andere Möglichkeit, den Alltag und die Arbeit so einzuteilen, dass die Kräfte reichen. Oder man gönnt sich ab und zu eine Erholungspause, die gerade so lang ist, dass die innere Batterie wieder aufgeladen wird. Oder man erkennt vielleicht, dass der eigene Maßstab, die Anforderungen an sich selbst noch viel höher sind als die im Umfeld gestellten, sodass eine kleine innere Korrektur auf diesem Gebiet dazu führt, dass man seinen Körper und die Sprache der Organe gar nicht erst in Anspruch nehmen muss. Entscheidungen haben immer Konsequenzen.

Kinder brauchen sehr viel Zuneigung und genießen die ungeteilte Aufmerksamkeit ihrer Umgebung. In diesem Rahmen sind Mütter während des gesamten Tages ohne Unterlass gefordert. Die Geburt eines zweiten Kindes stellt das erstgeborene vor mitunter große Probleme, denn schließlich zieht der Neuankömmling einen erheblichen Teil der gewohnten Zuwendung und Aufmerksamkeit auf sich. So kann es in der Folge bei dem sonst so gesunden ersten Kind gehäuft zu einer Vielzahl kleinerer Erkrankungen kommen. Grippale Infekte, leichte Schürfverletzungen oder Prellungen, hin und wieder Kopfschmerzen und vielleicht auch Nasenbluten sichern für kurze Zeit wieder ungeteilte mütterliche Beachtung.

Aber Kinder lernen schnell, und meist ist ihnen dieses Spiel nach kurzer Zeit schon langweilig. Sie entdecken neue Gebiete, denen sie sich widmen; Spielkameraden vielleicht oder körperliche Aktivitäten. Kinder verstehen die Körpersprache oft sehr gut und ändern Spannungsfelder schnell und gründlich. Mütter – und natürlich Väter – sind oft überrascht, wie viel einfache Erklärungen und sichere, gleich bleibende Zuneigung bewirken und wie sie Kindern helfen, Missverständnisse zu klären. Kinder sind sehr gern gesund und nutzen Energie und Aufmerksamkeit für viele Dinge im Leben.

Erwachsene haben es oft viel schwerer, und das hat verschiedene Ursachen. Die Aufmerksamkeit wird von verwirrend zahlreichen Möglichkeiten in Anspruch genommen. Unser Umfeld, alles das, was unsere Sinne wahrnehmen, ist die bildhafte Umsetzung von Informationen, mit denen wir uns auseinander setzen oder zu denen wir uns in Beziehung setzen. Und die Gestaltung dieses Umfelds hängt im Wesentlichen davon ab, wie wir uns im Alltag entscheiden. Unsere innere und äußere Wahrnehmung bezieht ständig Stellung zu allen Angeboten, und indem wir auf diese eingehen oder sie ablehnen, legen wir den nächsten Schritt fest und die nächsten Erfahrungsmöglichkeiten.

Das hört sich sehr einfach und plausibel an, ist aber im Alltag – wir alle wissen das – meistens nicht leicht umzusetzen. Zu groß ist die Zahl der zu berücksichtigenden Informationen, zu oft setzen wir falsche Akzente, zu selten gelingt die Entscheidung zwischen Wichtig und Unwichtig, zwischen „Richtig" und „Falsch". So erstaunt es auch nicht, dass unsere innere Stimme über eine unendliche Vielzahl von Gefühlen verfügt, die alle helfen sollen, den täglichen Weg sicher und zielgerichtet zu gehen, die Orientierung zu behalten und nicht die Zusammenhänge von Ursache und Wirkung für uns ungünstig zu interpretieren.

Wenn wir diese Möglichkeiten der inneren Wahrnehmung täglich nutzen, immer dort, wo es wichtig ist, werden wir uns der Körpersprache nur zur Verdeutlichung bedienen müssen, indem wir spüren, wie bei Angst das Herz schneller klopft oder wie vor Aufregung der Darm intensiv zu arbeiten beginnt oder wie wir in spannungsgeladenen Situationen Schweiß auf der Stirn spüren. Und erst, wenn wir diese Möglichkeiten ausgeschöpft haben, ohne dies zum Anlass für eine erforderliche Änderung unseres Verhaltens zu nehmen, und wenn uns die betreffenden Spannungen wesentlich für unsere Weiterentwicklung sind, dann werden wir die nächste Stufe der Hinweise an unser Bewusstsein wählen: die Krankheit.

Es ist also überhaupt nicht erforderlich, durch Leiden zu lernen. Aber für manche Menschen ist offenbar erst die Krankheit eine Aufforderung, sich mit dem Umfeld und den inneren Spannungsfeldern auseinander zu setzen. In diesem Sinn bietet Krankheit auch wieder die Möglichkeiten der Wahl: sich entweder die wesentlichen Informationen herauszuholen durch Nutzung der inneren Wahrnehmung – oder aber Krankheit als Konsequenz zu nutzen, um das Leben zu beenden. Alles ist eine Frage der eigenen Entscheidung.

Welche Krankheit sich das Unbewusste, das innere Selbst, jeweils für welchen Hinweis „wählt", ist eine völlig individuelle Entscheidung, die den eigenen Glaubensgrundsätzen entspricht.

Insofern gibt es eben nicht eine für alle gültige Zuordnung bestimmter Organerkrankungen zu bestimmten inneren Spannungsfeldern. Und eine solche „Wahl" (einer Krankheit) geschieht nie von heute auf morgen, wenn man von bloßen Befindlichkeitsstörungen einmal absieht. Schwere Krankheit ist immer die Konsequenz jahrelanger Vernachlässigung innerer Wahrnehmung, je nachdem, welche Perspektive Sie für die Betrachtung der Zusammenhänge wählen.

Wohlverstanden: Natürlich wählt sich niemand bewusst eine Krebserkrankung oder einen Schlaganfall aus. Und natürlich ist der Erkrankte nun nicht auch noch „schuldhaft" in die Entstehung verstrickt. Aber alle unbewussten Kleinigkeiten des Alltags, der Ärger, die Resignation, Gedanken, Gefühle, Reaktionen, der Umgang mit sich selbst und anderen Menschen, eben die Summe unseres täglichen Lebens und Erlebens bestimmt letztendlich die Entstehung und den Verlauf einer Krankheit.

Natürlich wird Krankheit immer ein multifaktorielles Geschehen bleiben, in dem sehr viele Einflüsse eine Rolle spielen: Erreger, Gene, Lebensweise, Ernährung, Alter.

Aber ob eine Krankheit tatsächlich zum Ausbruch kommt, entscheidet in letzter Instanz immer das Immunsystem. Und diese körpereigene Abwehr unterliegt – belegt durch zahlreiche wissenschaftliche Ergebnisse – offenbar in einem bis dahin kaum vermuteten hohen Ausmaß unseren Empfindungen und anderen psychischen Einfüssen.

Jede Krankheit beinhaltet immer – und sei sie medizinisch noch so schwer und aussichtslos – die Möglichkeit zur Umkehr. Wer die eigentliche innere Ursache, die Informationen und Wegweiser seiner Krankheit erarbeitet, erkennt und Lösungen sucht, die aus den Spannungsfeldern hinausführen und diese Tag für Tag konsequent in seinem Leben umsetzt, der wird den Weg zur körperlichen Unversehrtheit finden und täglich die Auswirkungen spüren. (Damit finden auch alle so genannten Wunderheilungen in vermeintlich aussichtslosen Fällen eine mögliche Erklärung.)

Eine solche Lebensweise ist in den Alltag machmal sehr schwer einzubringen. Denn oft sind die Möglichkeiten der inneren Wahrnehmung durch jahrelangen Nichtgebrauch verkümmert, sodass diese Orientierungshilfe fehlt. Und mitunter nimmt der schwere und schmerzhafte Verlauf einer langjährigen Erkrankung auch jeden Mut und jede Kraft, sich auf die beschriebene Art mit ihr auseinander zu setzen. Nicht zuletzt deshalb sind „Wunderheilungen" selten.

Für angeborene Erkrankungen und Behinderungen gelten diese Zusammenhänge ebenso wie für schwere kindliche Erkrankungen nur in eingeschränktem Maß.

Die Hintergründe sind anderer Natur und in diesem Zusammenhang nicht darstellbar.

Aber immer muss jeder diesen Weg selbst gehen. Ärzte, Freunde, Heiler können dabei helfen, die Wegweiser zu suchen und aufzustellen, aber gehen kann nur jeder für sich allein. Dieser Prozess des Lernens ist oftmals langwierig und meist beschwerlich. Und der Erfolg lässt dann länger auf sich warten, sodass Konsequenz und Durchhaltevermögen sehr gefordert sind.

Aber ist es nicht ein herliches Gefühl, über einen gesunden, leistungsfähigen Körper zu verfügen, der die Lust zu leben auf so direkte und eindrucksvolle Art und Weise vermitteln kann? Krankheit ist Konsequenz, niemals Ursache, und Sie können Einfluss darauf nehmen.

Denn Krankheit ist keine Einbahnstraße.

Vorsorge

Einzelne bekannte Vorstellungen geben oft Sicherheit im Alltag und bilden eine solide Basis; neue Gedankengänge führen mitunter eher in die Verwirrung. Deshalb hat es Sinn, noch einmal Ordnung und Klarheit zu schaffen.

Krankheiten sind nicht, was uns zufällig zufällt. Sie sind Ergebnis innerer Spannungen, die seit längerer oder kürzerer Zeit bestehen. Innere Spannungen treten zum Beispiel auf, wenn Anspruch und Realität stark voneinander abweichen. Vielleicht haben Sie Ihre Frau – oder Ihren Mann – einmal geheiratet, weil Sie ihren / seinen Körper so attraktiv fanden. Nach einigen Ehejahren haben sich die Gleichgewichte verschoben: Die Figur des Partners gerät aus den Fugen. Aus Angst, Scheu oder irgendeinem anderen Grund trauen Sie sich nicht, mit dem Partner darüber zu reden. Nur in der Magengegend spüren Sie ein Spannungsgefühl, das sich auf Ihr Wohlbefinden auswirkt.

Am Arbeitsplatz leisten Sie vielleicht wesentlich mehr als Ihr Schreibtischnachbar. Leider erkennt das außer Ihnen niemand. Und weil der Kollege dem Vorgesetzten noch ein wenig unterwürfiger begegnet, werden Sie bei der nächsten Beförderung übersehen. Eine Kluft tut sich auf zwischen Ihrer eigenen Leistungseinschätzung und der „Realität". Da Sie aber aus persönlichen Gründen an Ihrem Arbeitsplatz hängen, gehen Sie einer Aussprache mit dem Chef aus dem Weg. Sie spüren aber das Spannungsfeld in Ihrer Mitte.

In beiden Fällen ließe sich die Energie aus dem inneren Unwohlsein dadurch mildern oder sogar völlig herausnehmen, dass Sie ein Gespräch mit dem Partner oder Chef suchen und Ihre Sicht der Dinge darstellen. Die Folge wäre entweder eine Änderung in die von Ihnen gewünschte Richtung oder aber mindestens eine Entladung der inneren Spannung. Das Gespräch, die verbale Auseinandersetzung mit Problemen, stellt ein sehr wirksames Mittel dar, Krankheiten zu vemeiden.

Eine weitere Möglichkeit, auf diesem Gebiet wirksame Vorsorge zu betreiben, besteht sicherlich darin, Entscheidungen des Alltags – seien sie nun wichtig oder eher alltäglich – so zu treffen, dass sie der inneren Überzeugung entsprechen. Ob das jeweils so ist, kann man zum Beispiel daran spüren, dass man sich beim Gedanken an eine Entscheidung bzw. bei ihrer Vorstellung wohl fühlt oder eher unsicher, ängstlich, „schuldbewusst". Wer sich nach seinem inneren Maßstab entscheidet, alle Informationen berücksichtigt, dann abwägt und für sich selbst schlüssig entscheidet, wird Krankheit als Hinweis nicht benötigen.

Falls Sie dennoch einmal eine kleine Erkrankung zu Hilfe nehmen sollten bei Ihrem Weg durch das Leben – wie eine Erkältung, einen Magen-Darm-Infekt, Kopfschmerzen oder eine kleine Schnittverletzung –, nehmen Sie sie so, wie Sie sie meinen: als Hinweis, eine kleine Verschnaufpause einzulegen, als Quittung für und Hinweis auf eine Unachtsamkeit, als Ermunterung, in diesem oder jenem Bereich genauer auf Ihre innere Wahrnehmung zu achten.

Eine schwere und langwierige Erkrankung ist immer ein Hinweis auf seit Jahren bestehende Unstimmigkeiten (Spannungsfelder), die Ihnen schon lange sehr zusetzen, ohne dass Sie etwas daran geändert hätten. Im Straßenverkehr entsprächen sie dem Schild STOP. Und da bestimmte Spannungsfelder eben nicht bestimmten Krankheitsbildern zugeordnet sind, heißt es zunächst einmal: innehalten, in sich hineinspüren, auf „innere Ursachensuche" gehen, offen und vorbehaltlos.

Denken Sie dann darüber nach, welche Schwerpunkte Sie in Ihrem Leben gesetzt haben, welche Bahnen vielleicht gänzlich anders verlaufen, als Sie es sich gewünscht oder vorgestellt haben. Bestimmen Sie Ihr Leben so selbstständig und frei, wie Sie das möchten, oder fühlen Sie sich nur eingeengt von Verpflichtungen, Ängsten, Schuldgefühlen oder den zu erfüllenden Bedürfnissen anderer Menschen? Gönnen Sie sich auch Zeiten der Ruhe und Muße, oder halten Sie diese Pausen für egoistisch? Wo klaffen Realität und Bedürfnisse, Alltag und innere Sehnsüchte weit auseinander?

Wenn Sie glauben, der Ursache für Krankheit auf der Spur zu sein, fragen Sie Ihre innere Stimme. Stellen Sie sich vor, dass ein Zusammenhang zwischen Ursache und Wirkung besteht, und spüren

Sie in sich hinein. Findet sich ein Gefühl der Bestätigung in Ihrer Mitte? Findet sich Sicherheit? Findet sich Zustimmung? Und wenn Sie sicher sind, Ursache und Wirkung zugeordnet zu haben, dann beginnen Sie damit, das im Alltag in allen relevanten Situationen so lange bewusst umzusetzen, bis dieses Verhalten völlig selbstverständlich wird. Je intensiver und entscheidender Sie das betreiben, desto deutlicher werden Sie spüren, wie wohltuend und heilend sich das im Alltag auswirkt!

Krankheit ist keine Einbahnstraße, Entscheidungen haben immer Konsequenzen, und Lösungen sind Wege, die aus Spannungsfeldern hinausführen. Auf diesem Weg sind Krankheiten beeinflussbar, immer und sicher. Entscheidend sind ganz allein Ihre innere Arbeit, Ihre Sicherheit, Ihr Engagement, Ihr Umsetzen der Erkenntnisse im Alltag, Ihre Übernahme der Verantwortung, Ihre Konsequenz und Ihr Wissen.

Das Ziel ist die Unversehrtheit des Körpers, die Harmonie von Körper und Seele, Ihr Wohlbefinden, Ihre Gesundheit. Und selbstverständlich können Sie auf diesem Weg Hilfe in Anspruch nehmen – von Ärzten, Freunden und Helfern, die Sie ein Stück begleiten können. Aber die Entscheidung, ob Sie gesund oder krank sein oder werden wollen, liegt allein bei Ihnen. Sie haben schließlich sogar das Laufen gelernt, und das war sehr, sehr schwer. Den meisten Menschen fällt es leichter, das Leben zu genießen und alle Möglichkeiten Tag für Tag zu nutzen – in Gelassenheit und Zuversicht.

Eine authentische, selbst regulierte Lebensweise bietet dafür die größte Gewähr.

Alltag

Orientierung

Theoretisches Wissen erleichtert die Orientierung. Wer die Möglichkeiten seiner äußeren und inneren Wahrnehmung kennt, kann dieses Werkzeug gezielt und sicher einsetzen. Je umfangreicher die theoretischen Zusammenhänge und Kenntnisse sind, desto abwechslungsreicher kann man die Arbeit im Alltag gestalten. Dabei ist es kaum zu trennen, ob sich die Theorie aus der Praxis oder die Praxis aus der Theorie entwickelt. Eine solche Entscheidung ist auch nicht erforderlich.

Vielen Menschen vermittelt es im täglichen Leben ein hohes Maß an Sicherheit, wenn sie sich bei allen Aufgaben und Lernmöglichkeiten zunächst einmal auf die Grundlagen konzentrieren. Schließlich lässt sich alles im Leben immer aus unbegrenzt vielen Perspektiven betrachten. Auch die Auswahl der im Alltag wichtigen Lebensbereiche spiegelt nur individuelle Entwicklung und Bedürfnisse wider. In diesem Sinn lassen sich Lebenbereiche hier nur beispielhaft betrachten, um grundsätzliche Möglichkeiten darzustellen, die eine Orientierung erleichtern können.

Jeder von Ihnen wird in seinem Alltag bei seinen Aufgaben sicher auch seine Schwerpunkte setzen und sich mithilfe der äußeren und inneren Wahrnehmung, des Bewussten und des Unbewussten, Sicherheit und Gelassenheit als ständige Begleiter wählen. Denn eine Sache zu verstehen ist die eine Seite der Medaille, dieses Wissen im Alltag dann auch umzusetzen und zu leben – das ist die andere.

So mag Ihnen manches von dem, was Sie gelesen haben, einleuchtend erscheinen. Und dieses Wissen wird Ihnen zweifellos weiterhelfen, Ihr Leben so zu gestalten, dass Sie sich wohl fühlen in Ihrer Haut. Das Entscheidende wird immer die Umsetzung der

Theorie in die Praxis sein. Denn schließlich geht es nicht um das Erkennen theoretischer Zusammenhänge, sondern vor allem darum, sein Leben in der besten Weise zu nutzen, alle Angebote wahrzunehmen, sich und seine Umwelt aus allen möglichen Perspektiven immer neu und anders zu erfahren und dabei sein Leben so einzurichten, dass es genau den gewünschten Verlauf nimmt, mit Zuversicht und Sicherheit.

Ernährung

Die Ernährung spielt in unserem Leben in mehrfacher Hinsicht eine große Rolle. Grundsätzlich kann man mit der Nahrungsaufnahme dem Körper Nährstoffe und Energie zuführen, die ihn nach unserer Vorstellung in die Lage versetzen, Zellen jedweden Gewebes aufzubauen und zu erneuern, den Energie fordernden Stoffwechsel aufrechtzuerhalten und auf diese Weise Leben in körperlichem Sinn erst zu ermöglichen.

Nach diesem Verständnis existieren Millionen von Menschen in zahlreichen Ländern, die an ihre Ernährung lediglich diese Anforderungen stellen und von tiefer Zufriedenheit erfüllt sind, wenn sie sich oder ihre Familie mit Essen und Trinken am Leben erhalten können und nicht – wie Millionen anderer Menschen – hungern müssen oder gar an Hunger sterben. Die Aufgabe der Nahrungsbeschaffung kann sich unter manchen Lebensbedingungen so schwierig und aufwendig gestalten, dass sie zur zentralen und wichtigsten Aufgabe im Leben der Menschen wird, die sich in diesem Zusammenhang in immer anderen Perspektiven dazu erfahren und so wenig Raum für andere Angebote und Erfahrungen erübrigen können.

Diese Menschen werden nur sehr wenig Verstädnis dafür aufbringen können, dass in anderen Gebieten mit Nahrungsmitteln sehr verschwenderisch und leichtfertig umgegangen wird. Aber über diesen Aspekt hinaus ist Ernährung mit vielen Vorstellungen, Gefühlen und Glaubensgrundsätzen verknüpft.

Zwei grundsätzliche Gefühle, die wir mit der Ernährung verbinden, sind Hunger oder Durst und Sättigung. Jeder wird in seinem Leben schon einmal Hunger verspürt haben. Manche haben immer Hunger. Hunger kann sich sehr leise melden, als ein leichtes Gefühl der Leere im Bereich des Oberbauchs, etwas deutlicher, als würden die Magenwände gegeneinander reiben, fast aufdringlich wie ein lautes Knurren, das mitunter sogar hörbar wird, und Hunger kann weit über das Gebiet des Magens hinaus beißend und zerrend jede Faser des Körpers erfassen, sodass alle Teile des Bewusstseins darauf ausgerichtet werden, alle nur denkbaren Möglichkeiten zu nutzen, um dieses Gefühl der inneren Wahrnehmung zu besänftigen oder zu mildern. (Einige Menschen können jede Art von Mangel auf diese Art und Weise spüren, auch wenn keine Nahrungsfragen damit verbunden sind.)

Durst zeigt in ähnlicher Weise einen Mangel an, den man als leichte Trockenheit in der Kehle wahrnehmen kann, mitunter wird auch der Mund so trocken, dass man Mühe hat zu sprechen, und nach einer längeren Durststrecke fühlt man sich wie ausgetrocknet, und die vitalen Körperfunktionen werden beeinträchtigt. Grundsätzlich gilt Durst im Vergleich zum Hungergefühl als schwerer zu ertragen.

Was für ein köstliches Gefühl ist es da, Hunger und Durst zu stillen. Im Anschluss an eine entsprechende Mahlzeit spürt man ein Gefühl der Sättigung in seiner Mitte, das von einer leichten, warmen Schwere über die deutliche Wahrnehmung eines gefüllten Magens bis zu drückender Schwere oder Dehnungsschmerzen in diesem Organ reichen kann. Auch mit Getränken kann man sich den Bauch füllen. Sehr angenehm schwemmt der erste Schluck das Gefühl von Trockenheit hinweg und lässt die Schleimhäute wieder köstlich kühl und feucht spürbar werden. Dann stellt sich auch nach Getränken ein Sättigungsgefühl ein, das zwischen einem angenehmen Füllungszustand und einem schmerzhaften Eindruck alle Nuancen der „Mangelbehebung“ signalisieren kann.

Daneben kann die Nahrungsaufnahme die Sinne der äußeren Wahrnehmung aktivieren, die den Gesamteindruck des aktiven Ernährens in mannigfacher Weise prägen können. So kann der Anblick eines delikaten Nahrungsmittels nicht nur alle Körperfunktionen auf „Verdauung“ stellen, sodass einem das Wasser im Munde zusammenläuft, sondern den Vorstellungen, Vorfreuden und Genüssen sind keine Grenzen gesetzt. Vielleicht erinnert Sie der Anblick einer roten Tomate an Ihren letzten Urlaub am Mittelmeer, oder die gebratenene Gans weckt Erinnerungen an längst vergangene weihnachtliche Ereignisse in Ihrer Kindheit. In ähnlicher

Weise können die Erinnerungen oder die Phantasie durch den köstlichen Duft einer frischen Ananas aktiviert werden, sodass ihr Genuss zu einem ganz besonderen Erlebnis werden kann.

Wer in ein frisches und knuspriges Brot oder Brötchen hineinbeißt, wird dieses Erlebnis ebenso besonders intensiv und lustvoll empfinden können.

Manche Menschen verzichten allerdings auf derartige Erlebnisse und ziehen es vor, ihr Essen in Rekordzeit zu verschlingen. Diese Art der Nahrungsaufnahme wird gänzlich andere Eindrücke vermitteln, aber ebenso konsequent und schlüssig in das Erfahrungsmuster des entsprechenden Menschen hineinpassen.

Mit dem Essen oder Trinken lassen sich aber nicht nur alle denkbaren Assoziationen verknüpfen, die das Esserlebnis mitbestimmen. Es wird von vielen Menschen dafür in Anspruch genommen, in eindrucksvoller Form Glaubenssätze symbolhaft zu verdeutlichen.

So werden – zumindest verbal – Glaubenskriege darüber ausgetragen, ob man sich denn nun besser vegetarisch oder mit Fleisch ernähren soll. Einige lehnen nicht nur den Verzehr von Tieren ab, sondern gestatten sich auch nicht den Genuss tierischer Produkte wie etwa Milch oder Eier. Jeder der „Glaubenskriegsteilnehmer" führt für sich die positiven Wirkungen der gewählten Lebensweise ins Feld, die die Richtigkeit dieser oder jener Ernährungsform für alle anderen Menschen belegen soll.

Tatsächlich findet man zahlreiche Vegetarier, die gesund und frisch ihr Leben genießen und sich sehr wohl fühlen. Unter denen, die bestimmte Nahrungsmittel essen und andere dafür meiden, sind glückliche und zufriedene Menschen zu finden, die auf dem Weg zur Harmonie von Körper und Seele täglich ein Stück vorankommen. Sieht man sich unter diesem Gesichtspunkt einmal die Fleischesser oder die „Alles-was-mir-schmeckt"-Esser an, so ist der Anteil lebensfroher und gesunder, fröhlicher und lebendiger Menschen sicher nicht geringer.

Dabei wird jeder davon überzeugt sein, dass es gerade und allein seine Ernährungsform ist, der Verzicht auf irgendein xxxx oder gerade sein Genuss, der das Leben in der beschriebenen positiven Weise beeinflusst. Und jeder, der in einer solchen Art Glaubensgundsätze mit der Ernährung verknüpft, hat für sich und sein Wohlbefinden damit Recht. Nur hängt es keiner Weise vom Nahrungsmittel ab, wie sich das Leben entwickelt. Vielmehr wird jeder, der von seiner Auswahl an Nährstoffen überzeugt ist und bestimmte Konsequenzen damit verbindet, ebendiese Folgen auch als Wirkung in seinem Alltag spüren können.

Wenn Sie also aus irgendeinem Grund wirklich davon überzeugt sind, dass es für Sie gesünder oder aus einer anderen Überlegung heraus „richtig" ist, sich ohne oder mit Fleisch zu ernähren, dann sollten Sie diesem inneren Bedürfnis nachkommen. Nach dem Prinzip von Ursache und Wirkung werden Sie die Konsequenzen im Alltag spüren können.

Bei derartigen Entscheidungen können Sie alles berücksichtigen, was Ihnen wichtig ist: ob Hühner frei laufen, deren Eier sie verzehren möchten, ob die Schweine, deren Schinken Sie genießen möchten, mit Schrot ernährt worden sind, ob das Gemüse, nach dem Ihnen der Sinn steht, aus dem Treibhaus kommt oder aus biologischem Anbau, ob Sie Kalbfleisch nicht essen möchten, weil nach Ihrem Anspruch die Kälber zu kurz leben durften, ob Sie Ananas aus Kenia nicht für Ihren Obstsalat verwenden möchten, weil Ihnen dort die politischen Verhäntnisse nicht zusagen, ob die Milch, die Sie trinken möchten, direkt vom Bauernhof kommt oder erst in der Meierei sterilisiert und pasteurisiert, ob Sie Vollwertkost bevorzugen oder ob Ihnen die pappigen Hamburger einer bekannten amerikanischen Fastfood-Kette gerade recht kommen, um Ihren Hunger in vollendeter Weise zu stillen.

Es gibt bei der Ernährung keine Wertigkeiten, keine moralische, ethische oder ökotrophologische Rang- oder Wertordnung, die für alle Menschen verbindlich wäre. Die Glaubensgrundsätze, die innere Sicherheit, alles für die eigenen Wertvorstellungen Bedeutsame bei der Ernährung berücksichtigt zu haben, entscheiden darüber, ob und mit welcher Kostform Sie sich wohl fühlen. Für Ihre Nachbarn, Ihre Freunde oder andere Menschen aus Ihrem Bekanntenkreis kann deshalb eine andere Ernährungsform genau die richtige sein.

Selbstverständlich kann es auch sein, dass Sie nach vielen Jahren eingefahrener Essgewohnheiten und bei der Lektüre eines entsprechenden Buches oder aufgrund überzeugender Berichte von Freunden oder Ernährungswissenschaftlern Ihre Ernährung ändern und feststellen, dass Sie sich nun viel wohler und gesünder fühlen als vorher. Dann sollten Sie diese Erfahrung in vollen Zügen genießen, in dem Wissen, dass eben nicht die Änderung der Essgewohnheiten selbst zu dieser glücklichen Veränderung geführt hat, sondern dass es Ihre Erwartung war, die Änderung der inneren Überzeugung, deren Auswirkung Sie im Alltag wahrnehmen können. Nach diesen Richtsätzen kann es natürlich passieren, kann es Konsequenz Ihrer Wahl beim Essen sein, dass der Genuss des einen oder anderen Nahrungsmittels bei Ihnen eine Unverträglichkeit oder ein Unwohlsein oder eine Krankheit vermeintlich auslöst. Die Ursache dieser Wirkung ist dann aber wieder nicht das Nahrungsmittel, sondern vielmehr die Tatsache, dass Sie entweder bei der Wahl des beschriebenen Essens wichtige innere Überzeugungen nicht berücksichtigt haben oder aber dass Sie sich auf diesem Weg etwas Wichtiges mitteilen möchten, das Sie an anderer Stellen übersehen oder nicht berücksichtigt haben.

Man hört immer wieder, dass Phosphate bei motorisch sehr lebhaften Kindern ursächlich seien, dass bestimmte Eiweiße Neurodermitis auslösen, dass der Alzheimerkrankheit ein Magnesiummangel zugrunde liegen soll oder dass Cholesterin die Ursache früher Gefäßschäden sei. Über die grundsätzliche Entstehung von Krankheiten ist an anderer Stelle in diesem Buch bereits ausführlich nachgedacht worden.

Auf jeden Fall wird von mitunter erstaunlichen Erfolgen berichtet werden können, wenn bei der Ernährung eine Umstellung in der jeweils gewünschten Form vorgenommen wird. Bedauerlicherweise halten diese „Heilerfolge" nur begrenzte Zeit an und zeigen sich nie von dauerhafter Natur. Auch von Patienten, deren Blutfettwerte im Serum weit unter dem tolerablen Bereich lagen, ist bekannt, dass Gefäßverkalkungen und Herzinfarkte – trotz sportlicher Betätigung – aufgetreten sind.

Jeder Mensch, der besonders auf seine Ernährung „achten muss", setzt sich auf diese Art sehr intensiv mit sich und seinen Lebensumständen auseinander, verwendet viel Zeit auf die Sorge um sein körperliches Wohlergehen. Wer damit die Hoffnung auf Heilung oder Besserung seiner Krankheit verbindet, wer davon überzeugt ist, dass sich auf diesem Weg Konsequenzen erreichen lassen könnten, wird vorübergehend eine Verbesserung erlangen. Allerdings wird die entsprechende Krankheit immer neue Aufmerksamkeit in diesem Sinn erfordern und sich schließlich wieder verschlimmern, weil die eigentlichen Ursachen und Zusammenhänge nicht „bearbeitet" wurden.

Ernährung kann im Leben eines Menschen eine wichtige Rolle spielen, wenn dieser Mensch das von ihr erwartet.

Diese Erfahrungen können auch sehr wichtig sein und elementare Prinzipien von „Leben" vermitteln. Mindestens genauso wichtig ist es allerdings, die auf die Perspektive „Ernährung" eingeengte Fokussierung wieder zu erweitern und die Essenz der Erfahrungen nutzbar zu machen. Dann fällt es leicht, sich von der engen Betrachtungsweise zu lösen und die Ernährung wieder „realistisch" zu betrachten: als Angebot und Möglichkeit, unterschiedliche Dinge der eigenen Wahl aus ebendieser Sichtweise zu betrachten und daraus zu lernen. Das ist auch der wesentliche Grund, weshalb ich diese Zusammenhänge so ausführlich beschreibe.

Denn eigentlich erscheint es bedeutungslos, ob ein bestimmter Nahrungsstoff etwas auslöst oder gerade das nicht tut oder ob es nur die Vorstellung von diesem Nahrungsmittel ist, die auslöst, dass etwas geschieht oder eben nicht geschieht. Einem Nahrungsmittel, das eine eigene, unveränderliche Wirkung auf jeden von uns hätte, wären wir ausgeliefert, wir könnten uns dann dieser Wirkung nicht entziehen, wären also nicht frei inder Wahl unseres Erlebens.

Die Vorstellung von einem Nahrungsmittel und seiner Wirkung basiert aber auf inneren Glaubenssätzen, die man ändern kann aufgrund neuer Erfahrungen oder aus einem anderen Anlass. Dann sind wir Nahrungsmitteln eben nicht ausgeliefert, können frei entscheiden, die Dinge so für uns akzeptieren, wie sie sind, oder aber eine Änderung in freier Entscheidung herbeiführen.

Mit diesem Wissen wird es Ihnen leicht gelingen, das Missverständnis um den Zusammenhang zwischen der Essensmenge und dem Körpergewicht, die Rede von „dicken" und „schlanken" Menschen richtig einzuordnen. Dicke Menschen sind deshalb übergewichtig, weil sie irgendwann im Laufe ihres Lebens einmal den inneren Glaubensgrundsatz erworben haben, dass Essen dick macht. Kaum ein schlanker Mensch käme je auf einen solchen Gedanken. Jeder schlanke Mensch findet diesen Zustand des Schlankseins völlig selbstverständlich und isst dabei oft beträchtliche Mengen, die jedem dicken Menschen täglich ein Kilo mehr Übergewicht bescheren würden.

Übergewicht ist ein Missverständnis. Aber ein solches Missverständnis ist oft so tief in unserem Inneren verankert, dass es leichter fällt, immer wieder eine Diät einzulegen und entsprechend den

Glaubensgrundsätzen – weniger Nahrung gleich weniger Gewicht – abzunehmen, als diesen Irrglauben zu korrigieren.

Sexualität

Die sexuellen Beziehungen zwischen den Geschlechtern lassen sich in jedweder Form und aus allen Perspektiven betrachten, und zu jedem Thema kann man auf ein unerschöpfliches Literaturangebot verweisen. Sehr vielen Menschen haben diese Informationsmöglichkeiten, die Hinweise, Belehrungen, die Verbote und Gebote, die wissenschaftlichen oder geistigen Erklärungsversuche, alle Filme und alle Angebote praktischer Hilfsmittel durch die einschlägige Industrie im Erleben ihrer Sexualität eher Grenzen gesetzt als Wege zur Harmonie von Körper und Seele geöffnet.

Dabei kann jeder von uns Sexualität zunächst einmal spüren. Vielleicht sind Sie gerade in letzter Zeit jemandem begegnet, bei dessen Anblick Ihnen ein leichter Schauer den Rücken hinunterlief, die Nackenhaare sich aufrichteten wie unter einem Windhauch, und im Gebiet der Magengrube war ein leichtes Kribbeln zu spüren, von dem Sie sich anfangs gar nicht so sicher waren, ob es Ihnen angenehme oder unangenehme Mitteilungen Ihres Unbewussten vermitteln wollte. Die Erinnerung allein an eine solche Begegnung kann ganz ähnliche Empfindungen in Ihrer Mitte aktivieren. Oft kann man in einer solchen Situation auch noch eine milde, aufsteigende Wärme im Bereich des Kopfes zur Kenntnis nehmen, die in typischer und mitunter ein wenig verwirrender Form von einem mittleren Schwindelgefühl begleitet sein kann.

Alle diese Wahrnehmungsmöglichkeiten durchlaufen Ihr Bewusstsein in dem Bruchteil einer Sekunde, während Sie jene Person betrachten, die offenbar in der Lage ist, diese „Gefühlslawine" in Gang zu setzen. Die Umgebung, die Bühne sozusagen, in der dieses Stück „spielt", vergessen Sie in einer solchen Situation wahrscheinlich vollständig, es sei denn, sie stünde mit der „Bezugsperson" in irgendeiner direkten Verbindung. Stattdessen spüren Sie eine intensive Beziehung zu dem Menschen, der Ihnen in der beschriebenen Form begegnet.

Für einen winzigen Augenblick Ihrer Existenz spüren Sie einen Gleichklang mit einem Menschen, der Ihnen vielleicht noch nie zuvor begegnet ist, oder natürlich auch mit einem Menschen, den Sie schon seit Jahren kennen und der ihnen auf immer neue Art Verbundenheit vermitteln kann. Alles in Ihnen, an Ihnen und in Ihrem Umfeld ist auf diese eine Wahrnehmung von Gleichklang aus Körper und Seele ausgerichtet.

Dabei haben Sie bewusst wahrscheinlich nur sehr wenig zu einem derart sensationellen und umfassenden Gefühl beigetragen, indem Sie der betreffenden Person in die Augen sahen, indem Sie das Lächeln Ihres Gegenübers registrierten, indem Ihre Augen einen Körperteil des anderen etwas intensiver zur Kenntnis nahmen oder indem Sie vielleicht schemenhaft den Gesamteindruck des Menschen auf sich einwirken ließen. Und vielleicht hat sich Ihnen an dieser Stelle die Frage gestellt, was denn wohl Liebe und Sexualität gemeinsam haben oder worin sich beide unterscheiden könnten.

Welche der beschriebenen Wahrnehmungen Sie für sich auch in Anspruch genommen haben oder an welche davon Sie sich auch gerade erinnern mögen, Sie haben sich in einer spezifischen Form auf die Wahrnehmung eines anderen Menschen eingelassen. Ihr Körper hat Ihnen eine Reihe angenehmer und aufregender oder anregender Mitteilungen dazu gemacht, und Sie konnten eine Übereinstimmung spüren zwischen der betreffenden Person und sich selbst, zwischen Ihrer inneren Wahrnehmung und Ihrem Körper, und nichts anderes war in jenem Moment von Bedeutung. Jeder kann sich in einem solchen Moment entscheiden, welchen Weg er weitergehen möchte.

So können Sie dankbar dieses herrliche Gefühl in Ihrer Mitte zur Kenntnis nehmen, sich über diesen körperlich-seelischen Gleichklang mit einem anderen Menschen freuen und sich vorstellen, dass Sie dieses Gefühl besonders intensiv und angenehm zusammen mit Ihrem Partner oder Ihrer Partnerin entdecken, sodass Sie sich schon freuen, ihm oder ihr bald zu begegnen.

Vielleicht genießen Sie den beschriebenne Eindruck auch gerade und besonders als Ausdruck Ihrer inneren Freiheit, die es Ihnen ermöglicht, neben Ihrem Partner auf dieser Ebene noch andere Menschen zu entdecken. Auf jeden Fall kann Ihnen klar werden, dass diese Art der Wahrnehmung eine völlig natürliche und selbstverständliche ist, über die Sie sich von Herzen freuen sollten, sodass Missverständnisse wie Schuldgefühle in einem solchen Zusammenhang endlich der Vergangenheit angehören können. Denn Entscheidungen haben Konsequenzen.

Schließlich eröffnen Ihnen die beschriebenen Gefühle und Wahrnehmungen lediglich einen Einblick in Ihre Möglichkeiten, lassen Harmonie von Körper und Seele für kurze Zeit spürbar werden, nicht mehr und nicht weniger, andere Partner oder Personen in Ihrem Umfeld bleiben in ihrer Wertigkeit davon gänzlich unberührt.

Und natürlich ist es auch möglich, in einem solchen Moment zu spüren, wie herrlich dieses Gefühl im Kontrast zur Beziehung im Alltag sein kann, sodass Sie sich entscheiden, Ihr Hauptaugenmerk in der Beziehung wieder darauf zu richten, wie diese Möglichkeit der inneren Wahrnehmung, wie diese sexuelle Spannung in Ihrer Partnerschaft neu belebt werden kann.

Wahrscheinlich werden Ihnen auch unzählige andere Möglichkeiten einfallen, auf welche Art und für welchen Weg Sie Ihr Gefühl von Sexualität einsetzen können oder möchten. Aber, wie gesagt, manche Menschen genießen es auch einfach nur und interessieren sich nicht für andere Perspektiven oder Angebote.

Mentales Erleben von Sexualität, dieses sekundenschnelle Genießen von Harmonie und Wohlfühlen, ist vielen Menschen angenehm, aber den meisten nicht genug. Denn schließlich und vor allem spielt der Körper eine eindringliche und höchst wollüstige Rolle im Bereich des sexuellen Erlebens und Genießens. Dabei kann mitunter auch die Umgebung von großer Bedeutung sein. Wer sich wohl fühlt und sicher, wer Geborgenheit und Wärme zur Basis macht, schafft gute Voraussetzungen, sich auf den Partner und das eigene Erleben einzulassen, sodass alles andere an Bedeutung verliert.

Vielleicht genießen Sie es besonders, Ihren Partner zunächst mit den Augen zu liebkosen, seinen Körper mit allen Reizen in sich aufzunehmen, sich auf alle Genüsse zu freuen, die Ihnen sein Körper bereiten kann, und sich darauf zu freuen, welche herrlichen Empfindungen Sie auf diese Weise Ihrem Partner vermitteln können. Und während Sie so Ihren Partner betrachten, können Sie die Einheit von Körper und Seele schon ein wenig genauer erfahren.

Wie angenehm kann es sein, ein zartes Streicheln auf der Haut zu spüren, die Wärme des Partners wahrzunehmen, seinen Körper auf diese Art kennen zu lernen und zu genießen. Dankbarkeit und ein tiefes Gefühl der Verbundenheit können diese herrlichen Empfindungen mitunter so steigern, dass man sich nur noch als liebkosten Körper wahrnehmen kann und alles andere aus dem Bewusstsein verschwindet. Jeder von uns erlebt diese Form der Sexualität in bestimmten Regionen besonders intensiv und angenehm, ganz auf seine eigene Art und Weise. Und kein Buch der Welt, kein noch so gut gemeinter Rat, kein „moralischer" Hinweis kann diese innere Wahrnehmung körperlicher Reize ersetzen, einengen oder verändern, die Gefühle in der eigenen Mitte weisen allein den Weg zu „Gut" und „Richtig", zu Gleichklang und Wohlfühlen. Liebkosungen mit dem Mund können die einzigartigen sexuellen Erlebnisse in jeder erdenklichen Weise steigern, wenn Ihnen diese Art der Zuwendung – so wie Ihrem Partner – gefällt. Es wäre völlig unmöglich und auch gänzlich überflüssig, alle Möglichkeiten und Angebote der körperlichen Zuwendung zu beschreiben, es gibt weder Maßstäbe noch Richtlinien; Ihr Wohlfühlen und die Übereinstimmung mit dem Partner sind allein von Bedeutung.

Was immer in Zeitschriften oder im Fernsehen als erstrebenswert dargestellt wird: Sie allein bestimmen nach Ihrem Maßstab und Ihrem Befinden, ob die beschriebene Art des sexuellen Austauschs Ihnen und Ihrem Partner ausreicht oder ob Sie sich entschließen, auf die eine oder andere Art dem zuzustreben, was man als den Höhepunkt sexuellen Empfindens, als Orgasmus, beschreibt. Es gibt unzählige Menschen auf dieser Welt, die ohne Orgasmus einen erfüllten und adäquaten Kontakt mit ihrem Partner pflegen. Andere Menschen empfinden eben den sexuellen Höhepunkt als einzigartig und besonders befriedigend, weil er ihnen in eindrucksvoller Form und Stärke die Einheit von Körper und Seele, das bewusste und gemeinsame Erleben von höchstem Wohlbefinden vermittelt. Unterstützt werden kann dieses Gefühl dadurch, dass man sich dem Partner während des Beischlafs direkt verbunden fühlt, dass man die eigene Erregung und das eigene Gefühl gleichsam von dem anderen gespiegelt erlebt und so in einzigartiger Weise die Zusammenhänge von Ursache und Wirkung kennen lernt.

Sehr intensiv und köstlich lässt sich auf diese Weise der Körper als Gefühl erfahren, und sexuelles Erleben setzt den Wunsch, zusammen Wohlbefinden und Lust zu genießen, direkt um. Und welche Sicherheit kann dieses gemeinsame Erleben geben!

Wahrscheinlich verbringen die meisten Menschen nur ein Drittel ihres Tages im Beruf, und dennoch betrachten ihn viele als den Mittelpunkt ihres Lebens.

In zahlreichen Ländern bestimmt der Beruf den sozialen Rang, das Ansehen eines Menschen, und daraus leiten sich dann häufig die materiellen Lebensumstände und der Lebensrahmen im Alltag her.

Menschen, die im europäischen Raum keiner geregelten Tätigkeit nachgehen, sind in der Gemeinschaft häufig geächtet, leben teilweise unter sehr schwierigen, ärmlichen Lebensbedingungen und müssen mitunter auch hungern.

Allen Berufen ist zunächst einmal gemeinsam, dass sie einen Rahmen vorgeben, innerhalb dessen bestimmte Aufgaben wahrzunehmen und zu lösen sind. Dabei gilt es jeweils, spezifische Regeln zu berücksichtigen und alle wesentlichen Aspekte zu betrachten. Mal liegt das Schwergewicht mehr auf einer bis zur Monotonie gleichförmig zu verrichtenden Tätigkeit, mal ist die grobe Kraft besonders gefragt, manche Menschen sind eher kreativ tätig, andere legen Wert auf ein fest umschriebenes Arbeitsfeld.

So sind im Haushalt die Wünsche und Bedürfnisse der Kinder und die Ansprüche des Partners zu berücksichtigen, wirtschaftliche Gesichtspunkte spielen eine Rolle, und zahlreiche andere Bereiche müssen täglich in einer dem eigenen Maßstab angemessenen Weise beachtet werden. Sehr viel Freiraum lässt eine solche Tätigkeit auf den ersten Blick nicht. Oft kann man sich noch so große Mühe geben, und trotzdem fühlt sich der eine oder andere im Familienverbund nicht ausreichend berücksichtigt. Und da die meisten Verrichtungen als völlig selbstverständlich angesehen werden, hält sich die Anerkennung für die geleistete tägliche Arbeit meistens in Grenzen.

Die Arbeit am Fließband, das stereotype Wiederholen einfacher Tätigkeiten oder Handgriffe über einen Zeitraum von vielen Stunden täglich, erfordert hohe Konzentration und setzt den Arbeitenden oft unter einen sehr erheblichen Zeitdruck. Am Ende einer Arbeitsschicht kann anhand der produzierten Stückzahlen der tägliche Erfolg abgelesen werden. In Anbetracht der häufig unerträglichen Lärm- und Schmutzbelastungen in diesem Tätigkeitsbereich und der Schwere der Arbeit findet sich keine nennenswerte soziale Anerkennung für Fließbandarbeiter.

Dann gibt es Berufe, die in der Gunst der Menschen sehr hoch angesiedelt sind. Der Stand der Ärzte genießt einen solch hohen sozialen Rang. Wer allerdings meint, dass in diesem Feld besonders viele Menschen besonders glücklich und zufrieden leben, der irrt. Denn in kaum einer Berufsgruppe finden sich derart häufig Ehescheidungen, Abhängigkeiten und eine so hohe Selbstmordrate wie bei den Medizinern. Unabhängig von den Ursachen für diese Umstände besteht also offenbar eine Kluft zwischen dem Selbstverständnis und der Beurteilug durch das Umfeld anhand der beruflichen Tätigkeit.

Politiker halten sich meistens für sehr wichtige Menschen. Ihre Entscheidungen betreffen die Lebensbereiche vieler Mitmenschen. Angehörige dieser Berufsgruppe arbeiten oft viele Stunden am Tag. Die Familie kennt den Vater oder die politisch tätige Mutter allerdings meistens nur von Fotos oder von den kurzen Wochenendaufenthalten. Immer wieder liest man von Korruption und anderen unsauberen Affären. Viele Politiker sterben am Herzinfarkt noch in den mittleren Lebensjahren.

Schauspieler und Sänger werden von einem breiten Publikum oft geradezu vergöttert, die Massen jubeln ihnen mitunter zehntausendfach zu bei jedem Auftritt, und die Boulevardblätter berichten in großer Aufmachung über die banalsten Begebenheiten aus dem Leben der Berühmten. Es werden Traumgagen gefordert und bezahlt, die manchmal außerhalb unseres Vorstellungsvermögens liegen. Manche verdienen deshalb in wenigen Wochen mehr Geld als andere Menschen während ihres gesamten Lebens.

Ähnliches gilt für Tennisspieler, Fußballer, Rennfahrer oder Boxer. Aber noch bevor der Ruhm verblasst, die Schönheit sich verliert oder die Leistungsfähigkeit nachlässt, verlieren viele von ihnen sich in ihren Spannungsfeldern und Missverständnissen und flüchten in Alkohol und Drogen. Die fehlende Basis, der Weg zu Harmonie von Körper und Seele, wird sich so nicht herstellen lassen.

Ganz sicher wird es aber auch in dieser Berufsgruppe Menschen geben, die sich im Einklang mit sich und ihrem Umfeld befinden und die sich sehr wohl fühlen, ganz ohne Exzesse und ohne Angst vor Aids.

Bei einem Schäfer wird jeder zunächst erwarten, dass er sich mit der Welt und dem eigenen Ich im Einklang befindet. Angehörige dieses Berufes leben häufig viele Monate des Jahres überwiegend im Freien, fernab von Zivilisation, Lärm und Hektik. Die Natur und die Jahreszeiten bestimmen in großem Umfang den Tagesablauf.

Und sehr wahrscheinlich kann man eine solche Tätigkeit nur ausüben, wenn man sich tatsächlich im Einklang mit seinem Umfeld befindet, wenn der Beruf genau jene Möglichkeiten bietet, die als schlüssig mit den eigenen inneren Bedürfnissen empfunden werden. Aber selbstverständlich bietet auch das Leben als Schäfer Probleme und Spannungsfelder, die es zu bearbeiten gilt, und natürlich wird es auch hier unglückliche Menschen geben, die diesen Beruf als Fluchtversuch gewählt haben.

Es scheint also letztendlich keine große Rolle zu spielen, ob ein Beruf am unteren oder am oberen Ende der sozialen Leiter angesiedelt ist, ob man mit ihm Reichtümer erwerben kann, ob man besonders umjubelt im Rampenlicht steht oder ob man eher im Verborgenen oder in der Abgeschiedenheit „schafft": Völlig unabhängig von diesen Kriterien existieren in jeder Berufsgruppe glückliche und weniger glückliche Menschen, und Spannungsfelder oder Konfliktreaktionen scheinen sich sogar besonders in jenen Berufen zu finden, die man auf den ersten Blick für privilegiert halten könnte. In keinem Falle garantiert irgendein Beruf Wohlbefinden und Harmonie im Leben.

Vielmehr gibt er lediglich den erwähnten Rahmen vor, den es mit Inhalt zu füllen gilt. Und da man seinen Beruf meistens täglich ausübt und über einen langen Zeitraum, kann jeder die Perspektiven, die eine solche Beschäftigung bietet, in aller Ausführlichkeit und erschöpfend kennen lernen. In diesem Sinn stellt der Beruf schon ein besonderes Umfeld dar, mit dem sich jeder besonders intensiv auseinander setzen möchte.

Der „Hauptlerneffekt" kann zum Beispiel sein, sich mit dem monotonen Einerlei am Fließband nicht zufrieden geben zu wollen. Zu einer solchen Erkenntnis braucht es aber vielleicht einige Jahre der beruflichen Tätigkeit an einem solchen Arbeitsplatz, der vordergründig möglicherweise durch schnelles Geld ohne besondere Ausbildung lockte.

In einem der helfenden Berufe könnte eine Aufgabenstellung sicherlich sein, die Hilfsbedürftigkeit anderer Menschen zu erfahren, die Grenzen der eigenen Belastbarkeit in diesem Zusammenhang kennen lernen zu wollen oder zu erleben, dass Zuwendung und Hilfe nicht unbedingt Dankbarkeit und Anerkennung zur Folge haben müssen.

Wahrscheinlich ist Ihnen für Ihren Beruf längst klar geworden, wo die Schwerpunkte des Erfahrens und Lernens zu suchen sind.

In welchem Umfeld man auch tätig ist, immer ist es dabei wichtig, den eigenen Maßstäben und Ansprüchen, den inneren Glaubensgrundsätzen und der inneren Stimme gerecht zu werden.

Sicher haben Sie es schon in Ihrem Alltag spüren können, das herrliche Gefühl, im Einklang zu sein mit Ihrem beruflichen Umfeld, in dem Wissen, allen wesentlichen Aspekten gerecht geworden zu sein.

Unter diesen Gesichtspunkten werden auch hartnäckige Zweifler erkennen können, dass es eben keinen Unterschied macht, in welchem Umfeld und in welcher „sozialen Position" man seiner Arbeit nachgeht. Die Beurteilung eines Menschen, seiner Inhalte oder Werte allein anhand seiner beruflichen Tätigkeit wird Ihnen dann ähnlich absurd erscheinen wie die Einschätzung eines Mitbürgers nach seiner Hautfarbe oder Nationalität.

Können Sie sich noch daran erinnern, aus welchen Gründen Sie Ihren Beruf gewählt haben, ob der Wunsch nach dieser Tätigkeit schon in den Vorstellungen der frühen Kindheit vorhanden war oder ob eher das scheinbar zufällige Lehrstellenangebot in Ihrer Nachbarschaft den Ausschlag gegeben hat?

Wie alle anderen Teile Ihres Lebens ist auch der Beruf Konsequenz gelebten Lebens, Wirkung der vorherigen Entscheidungen und Wahlen aus den vorhandenen Angeboten in Ihrem Umfeld.

Vielleicht haben Sie bereits sehr früh auf eine längere theoretische Ausbildung verzichtet, weil der Wunsch nach einer handwerklichen Tätigkeit bereits sehr ausgeprägt war. Vielleicht waren Sie auch aus einem anderen Grund schon früh sehr ehrgeizig und haben sich einer Schulausbildung bis zum Abitur unterzogen, sodass Ihnen jetzt beruflich und theoretisch alle Möglichkeiten offen stehen.

Nur eine Minderheit wird wahrscheinlich von frühester Jugend an ein festes Berufsbild vor Augen haben und sich diesem Arbeitsbereich konsequent und zielstrebig allein zuwenden.

Die meisten Menschen entdecken im Laufe der Schulzeit oder erst danach, wo wichtige Interessengebiete liegen,welche Tätigkeiten besonders befriedigend oder sinnvoll ausgeübt werden können. In diesem Sinne stellt die Berufwahl die Summe aller bisherigen Erfahrungen und Lernprozesse, aller Entscheidungen und Wahlen dar, auch wenn mitunter, oberflächlich betrachtet, der „Zufall" seine Hand im Spiel hatte.

Es ist gut zu wissen, dass auch die Berufswahl keine Einbahnstraße darstellt, sondern ständig überprüft und auch geändert werden kann.

Dabei leisten die Instumente der inneren Wahrnehmung ein weiteres Mal verlässliche und hilfreiche Dienste. Vielleicht macht es Ihnen Freude, einmal für einen kurzen Augenblick innezuhalten, die Augen zu schließen und die Aufmerksamkeit nach innen zu richten. Spüren Sie bei dem Gedanken an Ihre berufliche Tätigkeit Zufriedenheit, Ruhe und Freude, oder erwarten Sie dort Unruhe, Spannung, Angst oder gar Wut? Möchten Sie weiter Klarheit schaffen, dann betrachten Sie mit Ihrem inneren Auge einmal Teilbereiche oder Mitarbeiter aus Ihrem Arbeitsfeld.

Vielleicht bereitet Ihnen der Beruf eigentlich Freude, aber einige Umstände oder Kollegen sorgen für Unruhe oder Angst. Auf diese Weise lässt sich Schritt für Schritt erfahren, ob etwaige Spannungen möglicherweise ihren Ursprung im Arbeitsbereich haben, ob Ihnen klar wird, wie wohl Sie sich an Ihrem Arbeitsplatz fühlen, oder ob Sie Sicherheit gewinnen, Ihren Entschluss nach einem Berufswechsel trotz aller Unruhe und Änderungen endlich in die Tat umzusetzen.

Die Auswirkungen Ihrer Entscheidungen werden Sie täglich im Alltag spüren können. Gelassenheit und Zuversicht werden auf diesem Wege verlässliche und sichere Begleiter sein.

Freizeit

Für viele Menschen hat sich die Arbeitszeit in den letzten Jahren beständig verkürzt, das Wochenende beginnt am Freitagmittag, und zahlreiche Mitbürger fiebern dieser „arbeitsfreien Zeit" geradezu entgegen.

Die Urlaubsdauer beträgt einige Wochen und wird häufig als „die schönste Zeit des Jahres" gepriesen.

Noch nie ist das Angebot, diese freie Zeit in Sportvereinen, in Clubs, in Schwimmbädern, in Freizeitzentren, in Kinos, im Theater, in Discotheken oder beim Reiten zu verbringen, derart umfangreich und umfassend gewesen. Trotz dieser traumhaften Angebote geraten Freizeit und Urlaub häufig zum Alptraum, voller „Stress", voller Aggressionen, voller Frustrationen und voller Leere – mitunter in sehr milder Form, mitunter in deutlicher Ausprägung.

Freizeit wird sehr häufig missverstanden. Denn frei zu sein von den täglichen Arbeitsaufgaben bedeutet in keiner Weise, sich nicht mit anderen Aufgaben befassen zu müssen. Jeder kann für sich in Anspruch nehmen, in seiner freien Zeit etwas zur Entspannung, zum Ausgleich, zur körperlichen oder mentalen Erbauung zu unternehmen. So kann es großen Genuss bereiten, sich einmal kraftvoll in der Atmosphäre eines Bodybuilding-Instituts zu erfahren. Oder es bereitet Ihnen Vergnügen, auf dem Sandplatz einem Tennisball hinterherzujagen. Manche Menschen schätzen es auch besonders, im Anschluss an die Arbeit ein Buch zu lesen oder ihrer Lieblingsmusik zu lauschen.

Jeder wendet sich bei stimmig genutzter Freizeit genau den Aktivitäten zu, die den inneren Bedürfnisse entsprechen. So bringt es den gleichen „Gewinn", einmal die Beine hochzulegen und die Ruhe zu genießen, wie es sinnvoll und notwendig sein kann, in einem Yogakurs neue Kraft zu schöpfen. Der entscheidende Gesichtspunkt ist, herauszufinden, in welchem Gebiet man sich am angenehmsten oder stimmigsten einmal von den Aufgaben des Alltags abwenden kann.

Sehr häufig wird in diesem Zusammenhang jedoch übersehen, dass auch außerhalb des Arbeitsplatzes niemand in einem luft- oder inhaltsleeren Raum lebt. Auch im häuslichen Rahmen warten zahlreiche Aufgaben und Probleme, um die es sich zu kümmern gilt, damit das Leben den eigenen Ansprüchen gemäß gestaltet wird und man sich wohl fühlen kann in seiner Haut.

Die Hausarbeit wartet immer, Einkäufe müssen getätigt werden, Gartenarbeit erledigt sich nicht von allein, vielleicht muss der Hund versorgt werden, immer lässt sich eine Aufgabe finden, der man sich zuwenden kann.

Aus diese Perspektive wird deutlich, wie groß die Enttäuschung und die Missverständnisse sein können, wenn Freizeit allein als „süßes Nichtstun" verstanden wird. Wer dann auch noch den Anspruch erhebt, sich in seiner freien Zeit eben auch besonders harmonisch und ausgeglichen fühlen zu müssen, weil der Zwang, die Arbeit, fehlt, legt den Grundstein für weitere Spannungen; die Schere zwischen Wunsch und Wirklichkeit klafft immer weiter auseinander.

Und viele Menschen reagieren dann mit Aggression oder empfinden tiefe Enttäuschung über ihre Freizeit.

Eine weitere Ursache für eine unangenehm erlebte arbeitsfreie Zeit ist darin zu finden, dass mehr Raum für die Auseinandersetzung mit Problemen und inneren Spannungsfeldern vorhanden ist, die man während der beruflichen Tätigkeit oft „zudeckt“ mit Arbeit. Wenn diese Ablenkung, diese „Fluchtmöglichkeit“ fehlt, wird der „Scheinwerfer der Aufmerksamkeit“ entweder durch die Menschen im Umfeld, durch die Lebensumstände oder durch die Hinweise der inneren Wahrnehmung wieder auf jene Problemfelder gelenkt, mit denen man sich noch befassen sollte, um Missverständnisse zu klären oder Lösungen zu finden.

Wer die Zusammenhänge kennt und die Konsequenzen daraus zieht, wird spüren können, wie abwechslungsreich und interessant, wie erholsam und „arbeitsreich“ sich Freizeit gestalten lässt, je nach den Bedürfnissen des einzelnen Menschen.

Für den Urlaub, der sich meistens über einen längeren Zeitraum erstreckt, gelten die gleichen „Gesetze“. Es wird nur noch deutlicher und klarer, ob und welchen Missverständnissen man für die „schönste Zeit des Jahres“ unterliegt, in der man einmal so richtig „die Seele baumeln lassen“ möchte.

Wenn mehrere Menschen zusammen in einer anderen Umgebung ihre freie Zeit verbringen, müssen viele Ansprüche der unterschiedlichsten Art befriedigt werden, damit alle Mitglieder einer Familie oder Gruppe sich wohl fühlen. Ohne Kompromisse wird ein erholsamer Urlaub nicht möglich sein. Die Hausfrau oder der Hausmann möchte vielleicht endlich einmal frei sein vom Putzen und Kochen. Der Partner oder die Kinder sehen aber gerade überhaupt nicht ein, dass sie in den Ferien Arbeiten verrichten sollen, die sie im Alltag delegieren können. Die Kinder freuen sich vielleicht besonders, einmal den berufstätigen Elternteil für sich allein zu haben in der Erwartung, dass Spiele und Beschäftigung weite Teile des Tages bestimmen werden. Ebenjener Elternteil freut sich aber unter Umständen gerade besonders darauf, nach der Unruhe und Hektik des Alltags nun Stunden der Ruhe und Muße ohne Inanspruchnahme durch andere Menschen zu genießen.

Und selbstverständlich kann es auch sein, dass ein Partner in der Beziehung die Ferienzeit nutzen möchte, um endlich einmal schon lange anstehende Probleme zu klären, sich vielleicht so richtig zu streiten oder auf andere Art die eigenen Bedürfnisse zu verdeutlichen, während der andere Partner gerade im Urlaub von Problemen nun wirklich nichts wissen möchte.

Und ich bin wieder sicher, dass jeder von Ihnen diese Beispiele um einige sehr farbige und eindrucksvolle Varianten bereichern könnte.

So bringt es sicher großen Gewinn, sich vor dem Urlaub einmal Klarheit zu schaffen über die eigenen Bedürfnisse und Wünsche und über die der anderen Familienmitglieder – falls Sie nicht allein verreisen oder „urlauben" wollen. Vielleicht haben Sie schon Wochen vor der Ferienzeit den immer stärker werdenden Wunsch verspürt, sich einer Sache zuzuwenden, vielleicht ist Ihnen einfach nur nach Ruhe, vielleicht freuen Sie sich auf körperliche Aktivitäten, um im Anschluss daran die Entspannung der Muskeln besonders zu genießen. Es braucht keine große Übung, um sich über die Schwerpunkte für die Ferienzeit Klarheit zu verschaffen. Schwieriger wird es wahrscheinlich schon, die Ansprüche der verschiedenen Familienmitglieder auf einen Nenner zu bringen oder zu gewichten. Wenn aber jeder schon vor dem Urlaub weiß, welche seiner Bedürfnisse sicher befriedigt werden können und welche eher unerfüllt bleiben, werden nicht durch unrealistische Erwartungen Spannungsfelder aufgebaut.

Natürlich können nicht alle „Aufgaben", die Ferien mit sich bringen, im Voraus geplant oder gelöst werden, aber man reist mit leichterem Gepäck.

Manche Menschen erreichen ihren Urlaubsort ausgeruht und frisch und ohne große Hindernisse. Sehr viele von Ihnen werden sich vielleicht auch an kilometerlange Blechschlangen, an die brütende Hitze und die schreienden Kinder im Auto erinnern. Mitunter wartet man auch viele Stunden auf Bahnhöfen oder Flughäfen, weil angekündigte Verkehrsmittel gar nicht, zu spät oder an einem anderen Ort ankommen. Unter solchen Bedingungen beginnt der Urlaub oft mit Zorn und Ungeduld.

Im Urlaubsdomizil müssen dann viele neue Eindrücke verar beitet werden. Vielleicht bereitet Ihnen die Landessprache Schwierigkeiten und Unsicherheit, die Koffer müssen ausgepackt und die Schränke eingeräumt werden, und die Betten sind auch nicht wie im eigenen Haus. Da ist es wichtig, sich auf dieses Gefühle der Unruhe, der Unsicherheit und der Spannungen nicht zu sehr einzulassen, sondern die Orientierung zu behalten, in dem Wissen, dass wohl fast jeder Urlaub so beginnt, und dass man die verbleibende Zeit in völlig anderer Weise und den eigenen Wünschen und Bedürfnissen entsprechend nutzen kann.

In den Ferienanlagen der zahlreichen Clubs ist die Freizeit oft fest verplant. Der Morgen beginnt mit Gymnastik am Strand, im Anschluss daran finden Surf- und Segelunterricht statt, oder eine Wanderung in die Berge wird angeboten, bevor dann zum Essen gebeten wird. Am Nachmittag steht Tennis auf dem Programm, ein wenig später lädt der Pool zum Bade, und dann wird es auch schon Zeit, sich für das Abendessen, die Barbecue-Party oder den Schönheitswettbewerb umzuziehen.

Manche Tage sind so angefüllt mit Aktivitäten, dass kaum spürbar wird, wie wenig sich der Ferientag vom Arbeitstag unterscheidet, Freizeitbeschäftigung wird zur Pflichtübung. Und der Erholungswert eines solchen Urlaubs ist gering zu werten, es sei denn, diese Form der Ferien mit dem täglichen Stundenplan entspräche genau Ihren Vorstellungen.

Erholsamer wird es sein, auch an den freien Tagen die Möglichkeiten der inneren Wahrnehmung zu nutzen und auf die innere Stimme zu hören. Denn es ist schon ein herrliches Gefühl, die Stunden ohne Arbeitsroutine frei planen und genießen zu können. Und jeder, der diese Zeit nutzen möchte, um Kraft zu schöpfen, kreativ tätig zu werden, zu faulenzen, den eigenen Gedanken einfach einmal nachzuhängen, Land und Leute kennen zu lernen, die kulinarischen Angebote in Anspruch zu nehmen oder sich an dem lebhaften Spiel der Kinder zu erfreuen, wird seine Wahl nach dem eigenen inneren Stundenplan treffen und die Vorschläge des Animateurs allenfalls als freundliche Entscheidungshilfe verstehen.

Die Kriterien des Alltags mit zahlreichen Zwängen, Zeitplänen, mit Unrast und dem Gefühl des Fremdbestimmtseins möchten die meisten Menschen im Urlaub einmal außer Kraft setzen. Und vielleicht gelingt es Ihnen sogar, während dieser Zeit zu verstehen, dass Sie eigentlich auch Ihre Arbeitszeit wie die Urlaubstage gestalten und einteilen können. Kann man freie Tage besser nutzen?

Keinesfalls besteht im Urlaub die „Pflicht", jeden Tag mit besonders ausgefallenen oder aufregenden Ereignisse oder Tätigkeiten auszufüllen. Gerade die Alltäglichkeiten lassen Urlaub spürbar werden. Wie viel mehr Spaß macht das Aufstehen ohne Wecker nach den eigenen Wünschen? Das Frühstück genussvoll und ohne Hast einzunehmen bereitet großes Vergnügen. Vielleicht erleben Sie auch besonders die Seeluft, den Blick auf die Berge oder den Garten Ihres Urlaubsortes? Und wie lange schon wollten Sie vielleicht mit den Kindern umhertollen und Fußball spielen und sich dabei an die eigene Jugend erinnern?

Wie immer Sie auch Ihre Ferientage verbringen möchten, im Mittelpunkt Ihrer Freizeit sollten immer jene Bereiche stehen, die Sie als Ausgleich oder aus anderem Interesse endlich einmal in Anspruch nehmen möchten, weil der Alltag andere Aufgaben stellt, die wenig Raum lassen für diese Bedürfnisse.

Die Freizeit und den Urlaub werden Sie dann sehr leicht begreifen können als eine Möglichkeit, sich in einem anderen Umfeld zu bewegen, mit anderen Bedingungen und anderen Angeboten, alles unter der Überschrift: Freie Zeit, bitte genießen und nutzen.

Massenmedien

Es ist noch gar nicht so lange her, da wurden wichtige Nachrichten von Boten überbracht, Geschichten von Mund zu Ohr weitergegeben, und außerhalb größerer Städte oder Menschenansammlungen war man auf die Erzählungen der spärlichen Reisenden oder Neusiedler angewiesen.

In der heutigen Zeit ist der Zeitschriftenmarkt nicht mehr überschaubar, ein Fernsehapparat steht in fast jedem Haus, und die Videotechnik ermöglicht lückenlose „Beschallung“ mit optischen Nachrichten und Informationen aus den entferntesten Winkeln unseres Lebensraumes. Manchen Menschen fällt es nicht leicht, aus diesem geballten Angebot jene Informationsmöglichkeiten zu wählen, die nützlich und sinnvoll zu einem besseren Verständnis des Umfelds beitragen.

Die Kommunikationsmedien bieten aus allen Teilen der Welt Nachrichten und Geschichten an, von Begebenheiten und Ereignissen in der direkten Umgebung bis hin zu Geschehnissen an entlegenen Orten. Dadurch erhalten wir die Möglichkeit, uns ohne einen direkten Bezug – es sei denn, die entsprechenden Nachrichten betreffen eine Aufarbeitung der Ereignisse unseres direkten Erlebnisraums – mit Personen, Handlungsweisen in Politik, Umwelt und

Wirtschaft, mit Kriegen, Hungersnöten und Katastrophen, mit globalen und regionalen Veränderungen auseinander zu setzen, Stellung zu beziehen und Ursachen und Wirkungen zu betrachten.

Jede noch so kurze Nachricht, die unser Bewusstsein erreicht, erfordert und erhält eine innere Stellungnahme. Vielleicht wird sie innerlich gar nicht erst diskutiert, weil sie ohne Bedeutung erscheint, vielleicht wird sie auch auf Erfahrungen und Lernprozesse Bezug nehmen, die bereits sicher abgespeichert sind, sodass eine Kenntnisnahme und sichere Zuordnung ausreicht. Aber natürlich kann es auch sein, dass irgendeine Nachricht, ein Ereignis oder eine Veränderung tagelange innere Diskussionen auslöst, weil es sich dabei um ein Spannungsfeld handelt, das Sie noch nicht abschließend oder endgültig bearbeitet haben, sodass weitere Arbeit bis zur inneren Klarheit erforderlich ist. Und es ist auch gut möglich, dass Sie sich entscheiden, sich mit dem bisher nur theoretisch vermittelten Konfliktfeld im Alltag genauer auseinander zu setzen, sodass Sie sich vielleicht entschließen, einer Partei beizutreten, eine Bürgerinitiative zu gründen oder einfach in Ihrem Alltag das angebotene Problem genauer aus allen Perspektiven zu betrachten, um für sich eine Lösung oder einen Kompromiss zu finden.

Zum Glück besteht das Leben nicht nur aus Problemfeldern und Spannungszonen, sodass Sie selbstverständlich die genannten Medien auch in Anspruch nehmen können, um sich abends zu entspannen, herzlich über eine Komödie zu lachen oder sich zu mitternächtlicher Stunde bei einem Geisterfilm so richtig zu gruseln. Ob Sie dann dabei das Radio, das Fernsehen, einen Videofilm oder ein Buch bevorzugen oder ob Sie sich lieber in die Nachrichten des Börsenblattes vertiefen, ist eigentlich gleichgültig. Wichtig zu wissen ist, dass Ihnen alle Medien in unterschiedlicher Form bestimmte Informationen in bestimmten Perspektiven bieten, die Sie auswerten und im Alltag nutzen können. In keinem Fall stellen sie aber einen Wert an sich dar, der für irgendeinen Menschen von Bedeutung ist.

Viele Menschen neigen dazu, die Aussagen zum Beispiel im Fernsehen zu überschätzen. Personen, die dort auftreten oder arbeiten, werden für besonders wichtig gehalten. Ein berühmter Tennisspieler mag auf dem Rasen den Tennisball in ansprechender Form über das Netz bringen, deshalb können seine Äußerungen zu politischen Ereignissen unter Umständen an Einfältigkeit nicht zu überbieten sein. Eine bekannte Seriendarstellerin mag viele Menschen in den Fernsehfilmen zu Tränen rühren, weil sie den Anweisungen des Regisseurs so eindringlich folgt. Deshalb kann eine solche Person dennoch ein Leben führen, das sehr weit entfernt ist von Harmonie. Viele Schauspieler oder Stars aus anderen Bereichen beenden ihr Leben durch Alkohol oder Drogen, wenn die Popularität einmal nachlässt, weil sie die Scheinwelt und wahre Bedeutung des Filmmediums nicht erkennen und mehr auf Zuschauerquoten und Fans achteten als auf ihre eigene Stimme zu hören.

Nachrichtensendungen werden meistens so sachlich und informativ gestaltet, dass fast alle Menschen sie für „objektiv" halten; schließlich werden doch nur „Fakten" mitgeteilt. Dabei wird oft übersehen, dass auch das Weglassen oder die gezielte Betonung bereits eine wirkungsvolle Manipulation in der Darstellung von Ereignissen sein kann. Auch Nachrichten kann man in dem Sinn aller Medienangebote nutzen: als Möglichkeit, sich mit ihnen auseinander zu setzen und innerlich Stellung zu beziehen. Nur eine „objektive Wahrheit" sollte man nicht hinter ihnen vermuten.

Videofilme jeglicher Art können die Freizeit in angenehmer Weise bereichern, sie ersetzen aber weder die Wirklichkeit, noch können sie Probleme lösen. Wer diese Art der Unterhaltung zu intensiv in Anspruch nimmt, um sich auf leichte Weise von den Aufgaben des Alltags abzuwenden, wird feststellen können, wie sich das in diesem Alltag auswirkt. Videofilme können wie alle Kommunikationsmedien den Blick sehr stark einengen, anstatt ihn zu erweitern, und – wie Alkohol und andere Drogen – eine Ebene fern von der Realität schaffen.

Dabei kann jeder von uns die Kommunikationsmedien in einer Weise in Anspruch nehmen, die Nutzen und Klarheit bringen kann. Der Austausch mit den Geschehnissen im näheren oder weiteren Umfeld, alle Konsequenzen, die man daraus ableiten kann, eröffnen viele neue Möglichkeiten auf dem Weg zur Harmonie von Körper und Seele. Wer sich und seine inneren Glaubensgrundsätze in Beziehung setzt zu den Ereignissen und Personen aus den Informationsmedien, wird erkennen können, dass die Erkenntnisse daraus sich in beeindruckender Weise im Alltag umsetzen lassen, wird das eigene Weltbild sinnvoll ergänzen oder korrigieren können. Klarheit schafft Sicherheit, und Sicherheit schafft Gelassenheit – als zuverlässigen Begleiter im täglichen Leben.

Dann gewinnt Kommunikation auch ihren eigentlichen Sinn: als Angebot, als Austausch und als Gelegenheit, das Gesetz von Ursache und Wirkung aus der Distanz und doch direkt kennen zu lernen. In diesem Sinn erfordert sogar der Werbespot die Überlegung, ob Sie die angepriesenen Dinge wirklich als Objekte der eigenen Begierde betrachten wollen oder ob Sie erkennen, dass die werbende Peson Sie zu einem Kauf verlocken möchte, der der Erfüllung der Begierden des Herstellers dient.

Drogen

Alkohol gehört zu jenen Drogen, deren Genuss in vielen Gesellschaftsformen allgemein verbreitet ist. Kaum eine Begegnung mit anderen Menschen, kein Gaststättenbesuch, keine Festlichkeit und keine Feier findet statt, ohne dass man Alkohol als Empfangscocktail, Begrüßungssekt, Wein zum Essen, Cognac zur Verdauung oder in anderer Form angeboten bekäme. Der Genuss dieser „geistigen" Getränke wirkt sich mannigfach aus. Organisch betrachtet, wird zunächst eine vermehrte Durchblutung in vielen Bereichen des Körpers ausgelöst, Alkohol wirkt direkt auf die Herzmuskelzellen, die Atemtiefe und die Atemzugfrequenz verändern sich, manche Körperfunktionen und der Stoffwechsel weden zunächst angekurbelt. Im Gehirn entsteht anfangs der Eindruck einer erhöhten Aufmerksamkeit, Merkfähigkeit und gesteigerten Reaktionsfähigkeit, wobei sich dieser Eindruck messtechnisch in keiner Weise bestätigen lässt, sondern eher in der gegenteiligen Ausprägung objektiviert werden kann.

Nach dieser Anfangsphase und weiterem Alkoholgenuss werden dann alle Funktionen zunehmend beeinträchtigt und erlöschen schließlich vollständig. So ist ein ausgeprägter Alkoholrausch mit einer Vollnarkose vergleichbar, eine weitere Zufuhr des Drogenmittels kann darüber hinaus alle Organfunktionen zum Erliegen bringen, sodass am Ende die Vergiftung und der Tod eintreten können.

Vom Prinzip her sind alle anderen Drogen mit einem solchen typischen Ablauf vergleichbar, wenngleich natürlich für Cannabis oder Heroin sowohl in der Aufnahme der Droge als auch in den Schwerpunkten ihrer Wirkung Unterschiede bestehen.

Die Droge Alkohol findet sich weltweit verbreitet, es wird öffentlich für ihren Genuss geworben, und viele Menschen brüsten sich geradezu damit, welche Mengen dieses Mittels sie in welche Rauschzustände geführt haben. Die Zahl der Alkoholabhängigen mit allen Folgekrankheiten steigt ständig, ohne dass diese Auswirkungen als Hinweis oder Warnung verstanden würden, den Sinn für den Menschen zu hinterfragen.

Manche Menschen genießen es, hin und wieder beim Essen ein Glas Wein oder einen Aperitif zu trinken. Man kann sehr schnell in der eigenen Mitte spüren, wie sich ein solches Getränk auswirken kann. Nach wenigen Sekunden stellt sich neben dem Geschmackserlebnis meistens ein sehr angenehmes Gefühl der Leichtigkeit ein. Die Spannungen und Aufgaben des Alltags rücken kaum spürbar in eine leichte Distanz. Dort, wo vorher eine milde Unsicherheit oder Aufregung zu spüren war oder die Auswirkungen des „Alltagsstresses" noch Folgen zeigten, stellt sich eine ausgewogene Ruhe ein. Man glaubt bereits ahnen zu können, was Harmonie von Körper und Seele bedeuten könnte.

Viele Menschen machen sich darüber auch keine Gedanken und wollen einfach nur „einmal abschalten und sich wohl fühlen". Einige Menschen trinken Alkohol besonders dann, wenn es gilt, Spannungen abzubauen, vor Prüfungen etwa, vor der Begegnung mit unbekannten Menschen, vor anderen angstbesetzten Situationen. In diesen Fällen ist der Zweck des Alkoholgenusses weniger das Genießen und Wohlfühlen als vielmehr das Dämpfen der Angst oder das Lokkern der inneren Spannung. Das Selbstbewusstsein wächst scheinbar, die Kritikfähigkeit vermindert sich, man fühlt sich den anderen Menschen und allen Anforderungen auf wunderbare Art gewachsen.

Ängste, Unsicherheiten und Spannungen scheinen nicht mehr zu existieren. Mit dem Alkohol deckt man gleichsam ein Mäntelchen aus Selbstsicherheit und Vergessen über alle Bereiche, über alle Hinweise, die das Instrumentarium der inneren Wahrnehmung zur Kenntnisnahme angeboten hatte. Auf diese Art und Weise bietet sich für viele Menschen eine verführerische Möglichkeit, einmal „auf andere Gedanken zu kommen", ganz ohne große Mühe, allein durch den Genuss alkoholischer Getränke – offensichtlich faszinierend und verlockend einfach.

Im Leben eines jeden Menschen gibt es Situationen und Probleme, die ihn fast zu erdrücken drohen und die auf den ersten Blick keinen Ausweg erkennen lassen, sodass er sich einem kaum erträglichen Spannungsfeld ausgesetzt fühlt. Solche Augenblicke erleben Menschen, wenn ihr Lebenspartner sie verlassen hat, wenn einem Kind etwas Ernsthaftes zugestoßen ist, beim Verlust des Arbeitsplatzes oder in anderen Fällen, in denen man sich den „Schicksalsschlägen" ausgeliefert fühlt. In solchen Momenten erfordert es sehr viel Kraft und Verständnis für das Wesen der Dinge, wenn man sich mit den betreffenden Spannungsfeldern auseinander setzen will, wenn man auch diese Informationen der inneren Wahrnehmung in angemessener und „richtiger" Weise nutzen möchte und den Hintergrund, die Ursache der Ereignisse und Gefühle einordnen und verstehen will, als Lernangebot auf dem Weg zur Harmonie von Körper und Seele. Manche Wege sind anstrengend und mühsam zu gehen.

Da ist es sehr viel leichter, Vergessen im Alkohol zu suchen. Für eine solche Flucht aus der Realität benötigen die meisten Menschen allerdings schon erhebliche Mengen dieser Droge und schalten deshalb neben den Gedanken auch zahlreiche Möglichkeiten der äußeren Wahrnehmung ab. Die Hinweise darauf, dass dieser Weg der Spannungsfeldbearbeitung ein problematischer ist, finden sich am Morgen danach in Form eines so genannten Katers mit Kopfschmerzen, Mattigkeit, Übelkeit und Schwindel bis zur Bettlägerigkeit. Für die meisten Menschen werden diese Hinweise so unangenehm und deutlich sein, dass Alkohol als Problemlöser nicht mehr infrage kommen wird, zumal ohnehin mit klarem Kopf ersichtlich wird, dass sich an den Spannungsfeldern nichts geändert hat.

Einige Menschen werden diese Umstände dazu verleiten, sich diesen Wahrnehmungen durch erneuten Genuss der Droge mit der beschriebenen Einengung ihrer Möglichkeiten zu entziehen. Und ein solches Verhalten ebnet dann den ziemlich sicheren Weg in die Sucht, eine Abhängigkeit oder Verselbstständigung dieses Verhaltenskomplexes, die nur mit immer größeren Anstrengungen und kaum noch ohne Hilfe „von außen" wieder rückgängig gemacht werden kann. Selbstverständlich steht dieser Weg zur Umkehr jedem jeden Tag offen, nur wird er immer schwieriger zu begehen, erfordert immer mehr Anstrengung bei immer stärker schwindender Einsichtsfähigkeit in Bezug auf die Hinweise der inneren Wahrnehmung und einer Abnahme der dafür erforderlichen Kräfte.

Abhängigkeiten entstehen natürlich nicht erst auf der zuletzt beschriebenen Ebene, sondern auf allen Stufen der Auswirkungen von Alkohol. Wann immer man Alkohol nutzt, um sich entweder in einen Zustand zu versetzen, den man sonst nicht erreichen kann – sei es Entspannung, sei es ein Zustand ohne Angst, sei es eine erwünschte Schläfrigkeit – oder um bequem und häufig einen sonst auch auf andere Art und Weise zu erreichenden Zustand oder eine Empfindung ähnlicher Befindlichkeit zu erreichen, entsteht Abhängigkeit und Missbrauch. Nutzt man neben vielen anderen Möglichkeiten unter anderem auch einmal den Alkohol zur Entspannung und verbindet ihn zudem noch mit dem wirklichen Genuss des entsprechenden Getränkes, lassen sich keine Einwände geltend machen. Für andere Drogen gelten mit anderen Akzenten ähnliche Zusammenhänge.

So entsteht beim Rauchen von Marihuana oder Cannabis besonders ausgeprägt der Eindruck, die Möglichkeiten der äußeren Wahrnehmung intensiver und weiter gehend in Anspruch nehmen zu können. Konturen wirken plastischer, Farben vermitteln beeindrukkende Intensität, und Geräusche (Musik, Klänge) scheinen sich mit ungeahnter Ausdruckskaft dem „Genießenden" mitzuteilen. Auch andere Bereiche werden als erweitert empfunden.

Bei allen Menschen, die sich auf eine solche einengende Perspektive einlassen, besteht die Möglichkeit, den gesamten Erfahrungsbereich darauf auszurichten und sehr eng zu fokussieren. Alle anderen Möglichkeiten der inneren Wahrnehmung, die Harmonie von Körper und Seele unter der Berücksichtigung aller Informationen und Angebote, geraten aus dem Blickfeld und verlieren völlig an Bedeutung.

Mit LSD ist eine Droge zugänglich, die in Abhängigkeit von der Grundstimmung Wahrnehmungen völlig unvorhersehbarer Art vermittelt, meistens mit ausgeprägten optischen Halluzinationen und Handlungsabläufen, die zahlreiche Abhängige in den Tod „getrieben" haben, zum Beispiel durch einen Sprung aus dem Fenster oder im Straßenverkehr. Eine solche gefürchtete Variante der Folgen von LSD ist der so genannte Horrortrip, der eben ein solches schreckliches inneres Erlebnis über mehrere Stunden vermittelt und nicht beeinflussbar ist.

Heroin vermittelt dem „Genießer" offensichtlich genau jene Empfindungen und Grundlagen, die er in seinem Alltag nicht finden kann: Sicherheit, Kraft, Überlegenheit, Attraktivität und Mut.

Dies geschieht in so ausgeprägter Form, dass der Wunsch entsteht, einen solchen Zustand immer wieder zu erleben. Alle Aktivitäten und Wahrnehmungen, alle Wahlen und Entscheidungen werden dann darauf ausgerichtet, die Droge zu beschaffen. In immer kürzeren Abständen zeigt der Körper mit sehr deutlichen und unangenehmen Hinweisen die schädliche Drogenwirkung an. Und nur die schnelle und erneute Zufuhr des Rauschgiftes bewahrt vor der bewussten Wahrnehmung, auf einem völlig falschen und krank machenden Weg zu sein.

Grundsätzlich finden sich beim Drogenmissbrauch immer die gleichen Ursachen, die mit den Möglichkeiten der äußeren und inneren Wahrnehmung zu entdecken sind: Die beschriebenen Mittel bieten die schnelle und scheinbar mühelose Möglichkeit, sich eine Ebene der Wahrnehmung zu schaffen, die von der realen abweicht. Dabei können im Zentrum des Erlebens sehr unterschiedliche Empfindungen stehen. Man fühlt sich wohl, ist entspannt und gelöst, heiter oder gelassen, mutig oder sicher.

Einige Wahrnehmungen sind besonders verstärkt, wie die von Farben, Geräuschen, Gerüchen, andere werden in verfremdeter Form erlebt.

Abhängige beschreiben diese Art der Wahrnehmung häufig als „erweitertes Bewusstsein" oder als besondere Nutzung der kreativen Potenz. Das mag für den beschriebenen, sehr kleinen Anteil ihrer Wahrnehmungsmöglichkeiten auch zutreffen. Die unbeschränke Vielfalt der eigenen Möglichkeiten und Angebote wird dadurch allerdings auf diesen kleinen Bruchteil der Wahrnehmung eingeschränkt. Die Droge ermöglicht keine Auseinandersetzung mit der Umwelt und dem Alltag mehr. Sie bietet die Möglichkeit der Flucht in eine sehr enge Zelle, in eine Scheinwelt, in die Isolation. Die Folgen einer solchen Lebensweise sind schnell und deutlich spürbar. Frühe Krankheiten, Siechtum und Tod im meist noch jugendlichen Alter sind bei Drogenabhängigen regelmäßig zu finden. In jedem Fall beraubt man sich der Möglichkeiten, das eigene Leben, das Umfeld und die Lebensbedingungen zu gestalten und auf die mannigfachen Angebote zu reagieren.

Eine solche Realitätseinengung muss nicht mit der Einnahme von Drogen gekoppelt sein. Denn auch mental gibt es unzählige Möglichkeiten, sich in Abhängigkeiten und Isolation zu begeben.

Sehr häufig liest und hört man in der letzten Zeit von selbst ernannten alten oder neuen Religionsführern, von Gurus und Heilsverkündern, die den Menschen nahe bringen wollten, dass die höchste Stufe der menschlichen Entwicklung allein in der völligen Abwendung von „weltlichen" Dingen zu finden sei. Damit verbunden sind meistens Versprechungen des paradiesischen Wohlfühlens, des höchsten mentalen Erlebens und der absoluten Vergeistigung. Der jeweilige „Meister" lässt seine Schüler gegen Übernahme ihres Besitzes in Einzel- oder Gruppentrancen oder in einer eigens gegründeten Lebensgemeinschaft teilhaben an seiner geistigen Vollkommmenheit.

Diese Art der Einengung und Abhängigkeit ist oft besonders und nachhaltig wirksam. Und auch weniger radikale Religionen preisen das Leben hinter Mauern, der Welt abgewandt und völlig einseitig ausgerichtet, als den Weg zur seelischen oder geistigen Gesundheit. Als Beweis und Legitimation für solche Verleumdungen der menschlichen Existenzmöglichkeiten werden dann oft Theorien oder Philosophien angeboten, die niemand verstehen kann.

Wer die Möglichkeiten seiner inneren und äußeren Wahrnehmung kennt, wer die faszinierenden Angebote dieser Lebensebene nutzt, wird auf mentale Drogen und ihre Prediger nicht hereinfallen, sondern ihnen eher amüsiert begegnen können. Sicherheit und Gelassenheit, Klarheit und Zuversicht sind im Alltag geeignete Begleiter, verlässlich und ohne jeden Zweifel.

Sinn des Lebens

Offensichtlich ist es für viele Menschen von großer Bedeutung, zu wissen, welchen Sinn ihr Leben denn nun habe.

Zahlreiche Generationen von Philosophen und Staatsmännern haben in allen Kulturen versucht, allgemein gültige Inhalte und Werte darzustellen und zu vermitteln. Immer haben dabei der geschichtliche Hintergund, die jeweiligen Machtverhältnisse, der Einfluss der Herrschenden und die Interessen der Schreibenden gewichtigen Einfluss auf die jeweilige Überlegungen genommen. Im modernen Zeitalter des Existenzialismus haben manche Philsophen den Sinn des Lebens gar darin gesehen, dass der Mensch erkennen möge, dass es diesen Sinn nicht gibt, um durch diese Einsicht Sinn gebend auf das eigene Leben einzuwirken.

So gewinnt man mitunter den Eindruck, dass der Sinn des Lebens offenbar etwas sehr Kompliziertes und nicht allen Menschen Zugängliches ist.

Eines jedenfalls haben alle diese Denkmodelle gemeinsam: Es gibt Menschen, die ihre Inhalte übernehmen und sich damit in dem entsprechenden Kontext einen sicheren und akzeptierten Rahmen schaffen. Und es gibt Menschen, die eben diese Modelle ablehnen und die sich deshalb mit allen Konsequenzen außerhalb der zeitgenössischen Verständnisebenen bewegen.

Und immer legt die Akzeptanz des einen oder anderen Sinnes fest und engt damit ein, lässt andere Perspektiven nicht zu, will man den gerade gewonnenen Inhalt nicht wieder infrage stellen.

Weil manche Menschen gern und freiwillig auf eine solche geistige Akrobatik verzichten, leben diese Zeitgenossen ihr Leben einfach so, völlig ohne Überschrift und ohne weltanschauliche Sinngebung, geradezu so, als sei der Sinn das Leben selbst, ohne Einschränkung, ohne Enge, in Freiheit und Eigenverantwortung.

Diese Menschen freuen sich auf jeden Tag, weil er unzählige Möglichkeiten bietet, das Leben, alle Angebote und Einladungen kennen zu lernen und sich mit ihnen und in Beziehung zu ihnen zu erfahren.

Vielleicht freuen Sie sich über gutes Wetter, wenn die Sonne scheint, oder Sie ärgern sich über den Regen, weil Sie gerade das Auto gewaschen haben. Vielleicht mögen Sie es, in der Natur mit den Pflanzen und Tieren, der Erde, den Bergen und Wäldern, den Seen und Meeren oder den Jahreszeiten genau jene Erfahrungen zu sammeln, die für Ihre Weiterentwicklung von Bedeutung sind. Und selbstverständlich bietet der Umgang mit den Menschen im täglichen Bereich am Arbeitsplatz, im Urlaub, zu Hause oder irgendwo anders unzählige Möglichkeiten, gelernte Dinge im Alltag zu erproben oder neue zu erlernen.

Und dann lässt sich vielleicht spüren, wie die Sicherheit in der eigenen Mitte zunimmt, wie Gelassenheit den Alltag immer mehr bestimmt. Und ganz unversehens stellt sich dann vielleicht heraus, dass alle Tage genau jene Angebote und Möglichkeiten bieten, die dem eigenen Entwicklungsstand entsprechen. Da findet man Gewohntes und Überraschendes, Neues und Altes, Interessantes und Langweiliges, neue Aspekte und alte Grenzen, neue Wege und bekannte Umwege, und immer hat man die Wahl und kann sich entscheiden und weiß: Entscheidungen haben Konsequenzen.

Schließlich gewinnt der Sinn des Lebens für alle diese Menschen, die solche Ansichten vertreten, eine völlig andere Dimension: Ursache ist dann Wirkung, und Wirkung ist Ursache. Die tägliche Wahl, die Informationen, der Umgang mit den täglichen Dingen, sie alle machen den Sinn und ergeben den Inhalt. An den Aufgaben des Alltags zu wachsen, alles aus allen Perspektiven zu betrachten, das Verständnis zu erweitern und zu wissen, dieser Weg ist richtig – das ist der Sinn des Lebens. Endlich hört dann die Suche auf, und endlich fallen die Grenzen. Alle haben dann die gleichen Möglichkeiten, Erfahrungen zu sammeln, so wie es gerade richtig ist und gut und wie es dem eigenen Wissensstand entspricht. Jeder findet dann seinen Sinn in seinem Leben, in Freiheit und Verantwortung und ohne fremde Vorgaben.

Die Erfahrungsmöglichkeiten im Alltag sind ohne Grenzen.

Falls Sie etwa morgens noch verschlafen die Duschkabine betreten und „aus Versehen" die Wassertemperatur so einstellen, dass statt des warmen heißes Wasser auf Ihren Körper herabprasselt, dann bietet dieser Vorgang zahlreiche Möglichkeiten, Zusammenhänge zu erkennen und sich auf unterschiedliche Art zu erfahren:

Zunächst wäre es denkbar, dass Sie nur lernen wollen, mit mehr Sorgfalt und Ruhe mit den Dingen des Alltags umzugehen, weil sonst heißes Wasser und Verbrennungen die unangenehmen Folgen sein können. Mehr Zuverlässigkeit im Umgang mit den Mischarmaturen oder anderen Bereichen in der Umgebung gibt dann wieder mehr Sicherheit und Gelassenheit. Aus einer anderen Perspektive betrachtet, veranlasst Sie die heiße Dusche möglicherweise, über das Wasser und seine Möglichkeiten oder Gefahren nachzudenken.

Vielleicht lehrt Sie dieses Ereignis auch nur, sich immer nur einer Sache konzentriert zuzuwenden, um keine Fehler zu begehen. Aber natürlich ist es auch möglich, sich in diesem Zusammenhang der Schutzfunktion Ihrer Haut zu erinnern und dankbar dafür zu sein. Und damit sind auch nicht annähernd alle Bereiche erschöpft, die Ihnen der simple Vorgang des Einstellens der falschen Wassertemperatur anbietet, um sich in Ihrer Umwelt zu erfahren.

Wie köstlich ist es doch, morgens ein frisches Brötchen auf dem Frühstücksteller vorzufinden, es mit Butter und Marmelade zu versehen und genüsslich hineinzubeißen! Spüren Sie einmal, wie Ihre Sinne durch diesen alltäglichen kleinen Vorgang in Anspruch genommen werden: dieser herrliche Anblick des braunen, krossen Brötchens und dieser unwiderstehliche, appetitanregende Duft, der ihm entströmt. Und denken Sie dabei dann auch an diesen knackigen Biss, den ein solches Backwerk vermittelt, die unterschiedlichen Geschmacksrichtungen, die sich von würzig bis süß auf der Zunge entfalten. Und je nachdem, wohin Ihr Interesse geht, denken Sie vielleicht an das Mehl, welches durch die Arbeit und Zuwendung des Bäckers zu so einem köstlichen Brötchen wurde. Möglich wäre es auch, dass Sie an die Mühe denken, die mit der Saat, der Ernte und Aufbereitung des Getreides verbunden ist.

Sie spüren sicher schon: Auch von einem Brötchen, das oft gedankenlos verschlungen wird, lässt sich sehr viel lernen. Und an Ihnen liegt es, die Wahl zu treffen, was Sie gerade näher betrachten, wiederholen oder neu lernen möchten.

Die beiden alltäglichen Beispiele zeigen, dass auch die vermeintlich banalen Dinge im Leben jeder Sekunde einen Sinn und einen

Inhalt geben: sich im Bezug zu erfahren und aus diese Erfahrung zu lernen.

Am Ende eines Lebens wird sich die erstaunte Frage „Das soll schon alles gewesen sein?“ nicht mehr stellen.

Manche Menschen machen geradezu einen Sport daraus, jeden Tag in ihrem Leben nach bislang unbeachteten „Nichtigkeiten“ zu durchforsten und deren Botschaft wahrzunehmen, umzusetzen und zu nutzen. Die Tage dieser Menschen gewinnen an faszinierendem Reichtum.

Und wenn viele Einzelerfahrungen wie eine Perlenkette aneinander gereiht werden, ergibt sich oft auch ein „übergeordneter“ Sinn, ein neu zu erlernender Lebensinhalt, der sich auf eine andere Art und Weise nicht offenbart hätte. Dann wird auch deutlich, dass es nur selten die nobelpreisverdächtigen Ereignisse sind, die dem Leben seinen Sinn verleihen.

Jede(r) von uns, der einzelne Informationen täglich sammelt, wird in der Lage sein, das Hauptlernziel – wenn es in seinem Leben ein solches gibt – in seiner Existenz zu erfassen. Ein solches Ziel kann sein, mit den Nachbarn in Frieden leben zu lernen oder zu erleben, was es heißt, den Kindern ein guter Vater / eine gute Mutter zu sein, oder zu erfahren, was es bedeutet, Verantwortung zu übernehmen.

Aber vielleicht ist der rote Faden in Ihrem Leben auch und gerade, die unzähligen Einzelerfahrungen in ihrer Bedeutung zu erkennen und zu erfahren.

Jeder hat seinen Sinn in seinem Leben.

Sterben und Tod

Während das Sterben und der Tod in früheren Zeiten als natürlicher und begrenzender Bestandteil des Lebens behandelt und verstanden wurde, ist dieser Bereich heute von einer Tabuzone umgeben. Verblieben Sterbende früher meistens im Familienverband und wurden in Geborgenheit bis in den Tod begleitet, wird das Sterben heute häufig an die dafür zuständigen Institutionen wie Krankenhäuser und Altenheime delegiert. Der Anblick des Todes erinnert an die eigene „begrenzte" Existenz und wird als eher lästiger Hinweis darauf verstanden, dass ewige Jugend, unbegrenzte Leistungsfähigkeit und bleibende äußere Schönheit Illusionen sind.

Und die Angst vor dem Tod nimmt immer weiter zu. Denn immer kommt der Tod, wenn man den Sterbeanzeigen der Tagespresse glauben darf, „unerwartet", „plötzlich", „unfassbar", „grausam", „heimtückisch" oder „nach Gottes weisem, aber für uns Menschen nicht einsehbarem Ratschluss".

Lassen Sie uns von der Mystik, dem Unfassbaren, den Drohungen und Ängsten, den Spekulationen über das Jenseits einmal absehen. Dazu wird es hilfreich sein, wenn wir uns zunächst einmal mit der Angst vor dem Tod auseinander setzen und mit jenen Glaubensgrundsätzen in uns, die dafür verantwortlich sind.

Die meisten von uns wird vor allem die Unausweichlichkeit des Todes beeindrucken. Vor vielen Entscheidungen, Ereignissen oder Geschehnissen in unserem Leben können wir uns vermeintlich „drücken", das heißt, wir entziehen uns ihnen durch Flucht oder Nichterscheinen. Wer hätte während der Schulzeit nicht schon einmal eine Klassenarbeit unter irgendeinem Vorwand „geschwänzt", wegen Magenschmerzen etwa, oder sich einer anderen angstbesetzten Situation auf ähnliche Weise entzogen?

Wenn es aber ans Sterben geht, dann sieht die Sache anders aus. Beschleunigen können wir ihn zwar, den Tod, verhindern aber sicher nicht. Und auch in meinem Bekanntenkreis fände sich nur eine geringe Zahl von Mitmenschen, denen ich durch wohl überlegte und rhetorisch geschickte Argumentation vermitteln könnte, dass sie statt meiner am besten geeignet wären, ihr Leben zu einem eigentlich mir zugedachten Zeitpunkt zu beenden. Aber wie Sie alle wissen: Diese Hintertür wird verschlossen bleiben, selbst wenn sich ein Kandidat für diese Aufgabe fände.

Der Tod ist und bleibt in unserer Vorstellung unausweichlich die Begrenzung der Erfahrungen, die wir auf der Existenzebene Erde machen können. Vergeuden wir also nicht länger unsere Energie und unsere Kraft auf der Suche nach irgendwelchen Umwegen oder Auswegen, die an dem Rahmen unserer Lernmöglichkeiten ohnehin nichts ändern werden, sondern stattdessen immer neue Unruhe und Ängste zur Folge haben. Erkennen wir doch einfach und endgültig an: Es gibt in der Vorstellung unseres Lebensrahmens, unserer Erdexistenz, einen Zustand, der die Erfahrungs- und Gestaltungsmöglichkeiten begrenzt – den nennen wir Tod.

Dieser Vorgang, Tatsachen des Lebens anzuerkennen, ist Ihnen eigentlich seit Jahren vertraut und völlig selbstverständlich. Schließlich ist es eine Binsenweisheit, dass zum Beispiel das Säuglingsjahr und die Kindheit nicht ewig dauern. Und wundern Sie sich etwa jedes Jahr wieder neu darüber, dass es einen Frühling gibt, einen Sommer, Herbst und Winter und alles zu seiner Zeit, natürlich und ohne Zweifel? Oder betrachten Sie lieber die Pflanzen in Ihrem Garten? Samen brechen auf, der Keimling gedeiht, im Sommer blüht alles prächtig, Früchte finden Sie im Herbst, dann verwelkt fast jede Pflanze; würden Sie diesen Kreislauf als unnatürlich empfinden oder seinen Ablauf ständig wieder neu hinterfragen wollen? Es ist nun einmal so, und damit Schluss.

Vielleicht nehmen Sie sich einmal die Zeit in den nächsten Stunden, Tagen oder Wochen und ziehen sich an einen Ort zurück, der Ihnen Ruhe und Geborgenheit vermittelt, und wenden sich Ihrem Inneren mit dem Gedanken an die natürliche und selbstverständliche Existenz des Todes zu. Ob Sie sich täglich eine Stunde dafür nehmen wollen oder ob Ihnen wenige Minuten regelmäßigen Nachdenkens genügen, ist Ihre persönliche Entscheidung. Befragen Sie Ihre innere Stimme dazu. Und nach einer Ihnen angemessenen Zeit, daran besteht nicht der geringste Zweifel, werden Sie spüren, wie der Gedanke an die Unausweichlichkeit des Todes in Ihrer Mitte ein Gefühl der Ruhe auslöst, tiefer Ruhe voller Sicherheit, ohne Zweifel, ohne Angst.

Und damit haben Sie sich die Basis geschaffen für Ihre weitere Auseinandersetzung mit dem Tod und auf Ihrem Weg zur Harmonie von Körper und Seele.

Jeden Tag werden wir in irgendeiner Weise mit dem Tod konfrontiert. Die Zeitungen berichten über Unfälle, das Fernsehen sendet von diversen Kriegsschauplätzen die grauenvollen Bilder verstümmelter Leichen, Umweltkatastrophen drohen oder vollziehen sich nach einem erneuten Tankerunglück, Flugzeugabstürze kosten viele Menschenleben.

Erlebt man diese Geschehnisse auch aus einer gewissen Distanz, so macht die Nachricht vom Verkehrstod des Nachbarkindes schon sehr betroffen, und bei einem Todesfall in der eigenen Familie bleibt nicht die kleinste Möglichkeit der emotionalen Distanzierung.

Nur in den seltensten Fällen empfinden wir den Tod als angemessen, wie bei einem Neunzigjährigen etwa, der sein Leben ruhig schlafend beendet. Viel häufiger, bei einem Mord oder bei Unfällen, erscheint das Auftreten des Todes ungerecht und heimtückisch. In solchen Momenten fühlen wir uns dem Tod ausgeliefert und seiner vermeintlichen Willkür, die auch vor einer jungen Familie mit Kindern nicht Halt macht. Und dieses ist ein weiterer Grund dafür, dass unsere Angst vor dem Tod so ausgeprägt ist: seine Willkür, der völlig unvorhersehbare Zeitpunkt, zu dem auch wir ihm ausgeliefert sein werden. Aber genau das ist ein Irrtum.

Denn nichts geschieht, ohne dass wir unser inneres Einverständnis dazu erteilt haben. Unser Tod ist die gelebte Konsequenz unseres Lebens. Jeder bestimmt den Zeitpunkt, den Ort und die Ursache seines Todes bis in das kleinste Detail. Und dieses vollzieht sich nicht etwa im Sinne einer Vorbestimmung, sondern in eigener Regie und Verantwortung, zu einem Zeitpunkt, an dem Sie fest und sicher der Überzeugung sind, dass Ihnen die Erderfahrung keine neuen Möglichkeiten mehr bieten kann, oder an dem Sie der unzähligen Möglichkeiten müde sind und keine Energie mehr verspüren, täglich wieder und weiter zu wählen, zu entscheiden, zu lernen oder umzusetzen.

Natürlich werden Sie sich nicht – es sei denn, in selbstmörderischer Absicht – freiwillig von einem Berghang stürzen. Natürlich wird sich nicht das Opfer willfährig seinem Mörder ausliefern. Natürlich wird niemand freiwillig ein Flugzeug besteigen, von dessen Absturz er im Voraus weiß. Und natürlich wird sich niemand eine Krankheit aussuchen, bei der ihm bewusst ist , dass sie sein Leben beenden wird, werden Sie sagen.

Und damit haben Sie ohne Zweifel Recht, denn bewusst, das heißt wissentlich zustimmend, wird sich gewiss niemand in der oben beschriebenen Weise verhalten und „offenen Auges in sein Verderben" rennen. Eine solche Verhaltenweise widerspräche auch den Prinzipien unseres Bewusstseins. Sicher erinnern Sie sich: Das Bewusstsein dient zur Erschaffung und Aufrechterhaltung unserer Vorstellung von der „Erdebene" und hilft mit den Sinneswahrnehmungen bei der Orientierung in diesem Bereich. Nur indem wir uns diesen Rahmen schaffen, ist er wirklich vollständig und adäquat wahrzunehmen. Wie also könnte unser Bewusstsein hinnehmen, dass wir diesen Rahmen, diese Sicherheit, die Existenzgrundlage selbst zerstören? Ein solches Verhalten wäre grundsätzlich unvereinbar mit unserer Vorstellung von Bewusstsein.

Mit den Grundsätzen unserer Gesamtexistenz, die wir gern die unbewussten Schichten nennen, verhält es sich hingegen anders. Für unsere Gesamtexistenz ist Tod immer logische Konsequenz unseres Lebens, der Wahlen und Umstände unseres Seins auf dieser Erfahrungsebene.

Und wenn wir, und die unbewussten Schichten sind ja wir selbst, zu dem „objektiven" Ergebnis kommen, dass weitere Erfahrungen auf der Erdebene, dass eine Fortsetzung des Lebens nicht mehr angemessen ist, werden wir es beenden.

Unser Verhalten, die Konsequenz unserer täglichen Wahlen aus den angebotenen Möglichkeiten, unsere Lernbereitschaft, das sind Teilchen eines Mosaiks, das zu dem Zeitpunkt eine Beendigung dieser Erderfahrungen darstellt, den wir mit Tod bezeichnen.

Es gibt unvorstellbar viele Gründe, sein Leben zu beenden. So kann es sein, dass Sie vielleicht alle Problemfelder erkundet haben, die Sie sich vorgenommen hatten, sodass Sie keinen rechten Sinn mehr darin sehen, Ihr Leben in der erdgebundenen Form weiterzuleben, und dass Sie sich jetzt ein anderes Übungsfeld suchen wollen, das der bisherigen Form möglicherweise sehr ähnlich und dennoch völlig verschieden ist. Vielleicht haben Sie auch sehr oft Ihre täglichen Wahlen gegen innere Glaubensgrundsätze getroffen, weil

Ihnen andere Kriterien aus der von Ihnen gewählten Perspektive wichtiger waren, sodass es Ihnen zu mühselig erscheint, all das noch einmal zu korrigieren und neu anzufangen. Dann könnten Sie sich auch entscheiden, Ihr Leben zu beenden, um die noch nicht vollständig gelösten Probleme auf andere Art kennen zu lernen. Nichts geht verloren, und am Ende steht immer die reine Erkenntnis. Ob Sie nun einen Umweg wählen oder Ihr Ziel zügig und schnell erreichen wollen, ist dabei eher von zweitrangiger Bedeutung und eben auch nur ein Abbild, die Konsequenz Ihrer Maßstäbe und Wahlen.

Vielleicht sind Sie auch einfach nur müde, die tägliche Auseinandersetzung mit allem, was ist, weiterzuverfolgen, haben zahlreiche Hinweise, Krankheiten und den daraus resultierenden Kräfteverfall zur Kenntnis genommen und wollen sich jetzt erst einmal ausruhen. – Es gibt viele Gründe, dieses Leben zu beenden.

Vielleicht gestalten tief greifende und plötzliche Änderungen in Ihrem Umfeld, in der Familie oder einem anderen Bereich die Bedingungen auch zu verschieden von jenen, die Sie sich einmal als Rahmen für Ihr Leben gedacht und gewählt hatten, sodass Sie deshalb Ihre Existenz auf der Erde frühzeitig beenden. Eine solche Konstellation findet man häufig bei dem gefürchteten plötzlichen Kindstod oder bei Unfällen im Kindesalter. Immer kann dann Konsequenz sein, dass Sie als „Gesamtexistenz" entscheiden, Ihr Leben nach erfolgter Bilanz zu beenden.

So bekommt der Tod eine völlig andere Dimension. Er ist nicht mehr länger etwas, das Ihnen heimtückisch und unerwartet, überraschend und ungewollt geschieht, zu einem beliebigen oder vom Schicksal oder anderen Mächten vorgegebenen Zeitpunkt, sondern fortan ist der Tod für Sie das, was er ist: die Konsequenz Ihres Lebens, mit Ihrem Einverständnis und nach Ihrer Wahl.

In diesem Sinn können Sie nicht passiv, erduldend oder erleidend Opfer eines Autounfalls oder unter den Leidtragenden eines Zugunglücks sein, es sei denn, Sie sind innerlich dazu bereit. Zeitpunkt, Ort und Art für Ihren Tod bestimmen Sie ganz allein. Allerdings fließen in diese Entscheidung sehr viele andere Gesichtspunkte aus Ihrem Leben ein, die eben auch in der Erfahrung des Sterbens noch Möglichkeiten eröffnen, zu lernen und sich weiterzuentwickeln.

Bewusst können Sie natürlich zu jeder Zeit Ihr Leben beenden. Wenn Sie eine solche Entscheidung im Angesicht des sicheren Todes treffen, um längeres und qualvolles Siechtum zu verkürzen, so ist eine solche Entscheidung sicher in Ordnung, das heißt, Sie nehmen sich dadurch keine wesentlichen Lernmöglichkeiten mehr. Und das kann ein Maßstab für Ihre Entscheidung in dieser Beziehung sein. Sollten Sie einen Selbstmord in Erwägung ziehen als Möglichkeit, sich Poblemen zu entziehen, so gäbe es zu bedenken, dass diese Probleme und Lernfelder auch nach Ihrem Tode weiterbestehen. Schließlich beenden Sie ja nicht wirklich Ihre Existenz – sondern ändern nur Ihre Perspektive, unter der Sie weiter lernen und erfahren wollen. Deshalb gäben Sie lediglich eine Lernmöglichkeit aus der Hand, sodass Sie Ihre Entwicklung verzögerten.

Für all jene, die verstanden haben, dass jedem Tod eine völlig natürliche und konsequente Zustimmung des Betroffenen vorausgeht, wird der Tod auch in diesem Punkt seinen Schrecken verlieren. Und Angst wird der Gelassenheit weichen können.

Tod ist niemals etwas, das Ihnen geschieht. Sie bestimmen bewusst oder unbewusst den Zeitpunkt, die Umstände und den Verlauf. Und wenn es Ihnen nach einigerZeit der Übung gelingen wird, die Möglichkeiten der inneren Wahrnehmung wieder in der angemessenen Weise zu nutzen, wird auch das Verhältnis zum Tod wieder ein natürliches werden, und Sie werden viele Hinweise finden können, die Informationen darüber vermitteln, wann es „so weit" ist.

Vielleicht möchten Sie jetzt die Gelegenheit kurz nutzen, um innezuhalten. Was spüren Sie bei dem Gedanken an den Tod in Ihrer Mitte: Angst und Unruhe oder Ruhe und Gelassenheit und das tiefe Wissen um die eigene Entscheidungsfähigkeit, das Vertrauen in sich selbst und die helle Klarheit des Geistes?

Sie spüren noch ein leichtes Unbehagen in der Magengrube? Dann sollten wir uns einem weiteren Glaubenssatz zuwenden, der Ihnen bislang vielleicht Angst einflößt: dem Sterben als Vorgang.

Ihre Erfahrungen mit Sterbenden werden sicherlich sehr unterschiedlicher Art sein. Vielleicht haben Sie miterleben können, wie Ihre Großeltern sehr friedlich und ohne Angst „eingeschlafen" sind. Vielleicht haben Sie im Krankenhaus oder daheim mit ansehen müssen, wie ein naher Angehöriger sehr plötzlich und schnell an einem Herzinfarkt verstarb. Es kann auch sein, dass Sie ein monatelanges Dahinsiechen mit einem anschließenden qualvollen Todeskampf in Ihrer Nähe erfahren haben, oder aber Sie haben gar jemanden in Ihrem Bekanntenkreis, der seit Monaten im Koma liegt und bei dem Maschinen die vitalen Funktionen übernommen haben.

Die geschilderte Auswahl an Möglichkeiten des Sterbens ändert nichts an der Tatsache, dass Sie den Zeitpunkt und die Art Ihres Todes selbst bestimmen. Aber natürlich kann es sein, dass Sie sich kurz vor dem Ende Ihrer Erdexistenz entschließen, noch das eine oder andere zu lernen. Vielleicht kommen Ihnen auch Zweifel, ob der Zeitpunkt, den Sie gewählt haben, wirklich der richtige ist. Vielleicht hält Sie die Sorge um Angehörige zurück oder die Angst vor dem, was Sie erwartet. Das sind unter Umständen Einflüsse, die das Sterben verlängern können.

Manche Menschen spüren, wenn sie dieses Leben beenden möchten. So ist von Indianern bekannt, dass sie sich an einen Platz zum Sterben zurückzogen, wenn sie den Tod nahen fühlten. Auch mein Großvater hat genau auf diese Art im Alter von 94 Jahren sein Leben beendet, indem er innerhalb von drei Tagen einfach starb – am ersten Tag von allen Abschied nahm, am zweiten Tag jegliche Nahrungsaufnahme verweigerte, in der darauf folgenden Nacht einfach die Hände über dem Leib faltete und während des Schlafes starb. Ein medizinischer Grund für seinen Tod lag nicht vor, der Mann war kerngesund. Er war lediglich müde geworden, auf diese mühevolle Art und Weise weiter seine Erfahrungen zu sammeln, und hat ebendeshalb ganz bewusst sein Leben beendet in Übereinstimmung mit seinen unbewussten Schichten.

Bewusst spüren die meisten Menschen selten oder erst sehr spät, dass sie die Perspektive wechseln und sterben werden. Zum einen könnte es wohl kaum jemand ertragen, den genauen Zeitpunkt seines Todes zu kennen und trotzdem sein Leben unter Ausnutzung der Lernangebote weiterzuführen. Könnten Sie so etwas? Ein solches Wissen würde sich auf die meisten von uns eher lähmend auswirken; welchen Sinn gäbe es also?

Zum andern sind wir aus ebendiesen Gründen und aus Angst, etwas über den Tod zu erfahren, auch gar nicht mehr bereit, einmal in uns hineinzuspüren, um in dieser Hinsicht etwas über uns zu erfahren. Auch auf diesem Gebiet haben viele von uns sich schon sehr weit von ihrer eigentlichen Wesensmöglichkeit entfernt. Und wenn schon der Betroffene nur selten bewusst zur Kenntnis nimmt, warum und wann sein Leben konsequenterweise in den Tod mündet, wie unendlich schwer mag es dann den Angehörigen fallen, den Freunden und Bekannten, diesen Umstand zu begreifen.

Das mag manche Menschen dazu veranlassen, in entsprechenden Situaitionen mit Wut, Angst, Unverständnis, Aggression und Depression zu reagieren und das Wirken irgendeiner imaginären finsteren Macht in diesem Zusammenhang zu vermuten. Eines ist sicher und ohne jeden Zweifel: In dem Augenblick, in dem Sie in Ihrer Mitte zutiefst davon überzeugt sind, dass der richtige Zeitpunkt gekommen ist, werden Sie sterben. Dann wird kein Arzt und keine Maschine Sie davon abhalten können. Es wird sicher auch in Ihrer Umgebung Menschen geben, die ständig verbal darum bitten, doch nun endlich sterben zu dürfen. Diese Lippenbekenntnisse sind mit „tiefem innerem Einverständnis" natürlich nicht gemeint!

Der Vorgang des Sterbens ist wohl für alle Menschen ähnlich, auch wenn sich das dem Betrachter oder Begleiter mittels der zu beobachtenden körperlichen Reaktionen nicht immer so darstellt:

Eine tiefe innere Ruhe breitet sich aus – und erfasst jede Faser des Körpers und der Seele. Die Atmung wird immer flacher, und man wird die tiefe innere Zustimmung wahrnehmen und verstehen können. Ein sehr eindringliches, niederfrequentes und summendes Geräusch schafft sich langsam Raum, das in seiner Eindringlichkeit von nie zuvor gekannter Ausdrucksstärke ist. Und dann wird die Wärme einem zunehmenden Gefühl der Kälte und Gefühllosigkeit weichen, meist an den Beinen beginnend. Damit wird die Atmung aussetzen, das Herz aufhören, regelmäßig zu schlagen, und bevor Angst auch nur die Möglichkeit hat, sich zu entwickeln, wird man seinen Körper bereits verlassen haben und eine unbeschreibliche Leichtigkeit und Freiheit der Seele wahrnehmen. Alle Anwesenden im Raum mögen auf dieses Ereignis mit Entsetzen, Trauer und Unverständnis reagieren und das Ableben des Betreffenden beklagen – während man selbst ganz überrascht ist, da man ja anwesend ist und mit einer völlig ungewohnten Klarheit der Sinne alles aufs Deutlichste wahrnimmt. Alles ist selbstverständlich und völlig natürlich, alles ist einfach, wie es ist, ohne Wenn und Aber, ohne Angst, ohne alles. Man kann auf unbeschreibliche Art und Weise spüren, dass Sterben nichts anderes heißt, als die Perspektive zu ändern, Mauern einzureißen, die bisher Sicht und Klarheit nahmen.

Und im Unterschied zu den „Hinterbliebenen" ist dem Betroffenen ohne jeden Zweifel klar, dass sich nichts, aber auch gar nichts geändert hat. Alle Erfahrungen, alle Werte, alle Beziehungen zu Personen, alles, was Sie je auf der Erdebene erfahren haben, alles ist da und verfügbar wie eine Essenz, die sich bei intensiver Zuwendung zur gleichen Intensität entfaltet wie das ursprüngliche Erleben, ganz nach Wunsch und den jeweiligen Bedürfnissen. Einen guten alten Bekannten wird man wieder treffen, den man einige Zeit nur beschränkt wahrnehmen konnte: sich selbst. Und auch das Umfeld, der Erfahrungshorizont wird sich nicht geändert haben, denn alles ist, wie es ist, jetzt nur anders dank der neuen Perspektive, klarer und freier. Natürlich werden Sie dennoch traurig sein können und dürfen, wenn Sie einen Menschen aus Ihrer Mitte verlieren. Aber Sie ahnen vielleicht inzwischen, dass dieser Mensch weiter bei Ihnen und mit Ihnen ist als Bestandteil Ihres eigenen Selbst, in ständigem Austausch mit Ihnen und in ständiger Beziehung zu Ihnen. Und dieses Wissen hilft Ihnen dann hoffentlich über die Zeit hinweg, bis Sie selbst entdecken, dass alles so ist, wie es ist.

Bis dahin können Sie – wenn Sie möchten – aber noch unzählige Angebote und Möglichkeiten nutzen, Ihre unbegründete Angst vor dem Tod zu verändern, umzuwandeln in die Gelassenheit des Wissenden. Und dabei haben Sie keine Eile, nehmen Sie sich die Zeit, die Sie dafür brauchen. Sie werden sehr schnell feststellen, wie herrlich es sich lebt, ohne die Angst vor dem Tod „im Nacken" zu haben, unbeschwert und frei sein Leben nach wirklich wichtigen Gesichtspunkten zu gestalten.

Der Tod erlangt dann wieder seine eigentliche Bedeutung: eine eher nebensächliche, als Hinweis darauf, die Möglichkeiten und Angebote dieser Vorstellungsebene zu nutzen, um weiterzukommen auf dem Weg zur Harmonie von Körper und Seele.

Angst hat dabei keinen Platz, es sei denn, Sie mögen unnütze Störenfriede.

Das Leben

An manchen Tagen ist es geradezu eine Lust zu leben. Und dann gibt es andere Tage, an denen man mit sich und seinem Umfeld hadert. Jeder von Ihnen wird sich an Höhen in seinem Leben erinnern können und an Tiefen, an aufregende und interessante Ereignisse ebenso wie an langweilige und scheinbar leere Momente.

Dabei ist es nur selten sicher, ob es die lebhaften und abwechslungsreichen Anteile sind, die wirklich weiterführen auf dem Weg zu Harmonie von Körper und Seele, oder ob nicht vielmehr die so ruhigen, mitunter besinnlichen und vermeintlich inhaltsarmen Erlebnisanteile unserer Existenz die eigentliche und kreative Basis für dann aufregende Entwicklungen darstellen. Die Beantwortung einer solchen Frage hieße sicher auch, den alten Streit, ob denn nun die Henne oder das Ei zuerst gewesen sei, ein weiteres Mal misszuverstehen: Natürlich waren beide gleichzeitig da, eines ist Bestandteil des anderen, gebiert es und ist in gleichem Maße Geborenes, so wie Ursache Wirkung ist und Wirkung Ursache.

Da ist es eher von Bedeutung, sich mit Bedingungen des Lebens auseinander zu setzen, die jeder von uns täglich vorfindet, und sich Gedanken darüber zu machen, wie man die Angebote und Möglichkeiten in seinem Alltag so gestaltet, dass man sich auf jeden Tag freuen kann und sich in Gelassenheit und Zuversicht an die Lösung der gestellten Aufgabe heranwagen kann.

Die Angebote unseres Lebens, die Erfahrungsmöglichkeiten unserer „Erdexistenz" sind ebenso vielfältig wie faszinierend und gänzlich unbegrenzt in Form und Inhalt. Jeder von uns entscheidet jeden Tag, ob er sein Leben wie bisher weiterführen möchte oder ob neue Perspektiven Änderungen wünschenswert und notwendig erscheinen lassen. Die Möglichkeit einer solchen Entscheidung, die freie Wahl, beinhaltet dabei selbstverständlich auch die alleinige und vollständige Verantwortung für das eigene Leben mit allen daraus resultierenden Konsequenzen. Wenn sich jemand dafür entscheidet, sein Leben durch „Sachzwänge" oder andere „Zwangsjacken" eingeengt zu sehen, so hat er sicher seinen Grund, sich auf eine solche Art und Weise zu erfahren. Denn einen Weg hinaus gibt es immer. Und immer hat ein solcher Weg Konsequenzen, sodass es abzuwägen gilt, für welche Richtung man sich entscheidet, um sein Ziel zu erreichen.

Auf diesem Weg ist es gut, sich daran zu erinnern, dass es unfehlbare Hinweise und Wegweiser gibt, die eine klare Sicht ermöglichen und eine sichere Ausgangsbasis schaffen, über die jeder von uns zu jeder Zeit verfügen kann.

Auf Ihrem Kontinent, in Ihrem Land, an Ihrem Ort und in Ihrem Haus gewähren Ihnen die äußeren Wahrnehmungsorgane, Ihre Sinne, einen sicheren und soliden Rahmen, der eine verlässliche Orientierung ermöglicht. Die spezifischen Lebensräume Luft, Wasser, Erde und Schall erlauben Ihnen, ähnliche Erfahrungen auf immer neue Art zu erleben und daraus zu lernen. Sie können sich dafür entscheiden, ein Lieblingsmedium für Ihre Lernangebote besonders intensiv zu betrachten und dabei die anderen eher nebenbei wahrzunehmen. Oder aber Sie legen Wert darauf, die einzelnen Medien mit ihren Möglichkeiten zu vergleichen und zueinander in Beziehung zu setzen. Vielleicht liegt Ihnen auch besonders daran, in allen Bereichen eine Periodizität wieder zu entdecken, den ständigen Wechsel aus Werden und Vergehen, aus Tag und Nacht, aus Sommer und Winter, aus Ebbe und Flut.

Die Luft können Sie immer spüren, als leisen Hauch auf der Haut, als Sturm, der in den Haaren zaust, als Wind, der unter die Jacke fährt. Die Luft können Sie auch riechen, die Würze des Waldes genießen, die salzige Seeluft schnuppern und Frische atmen. Luft bedeutet auch Lebensraum für viele und lässt sich auf mannigfache Weise nutzen: zum Aufblasen von Reifen, zum Entfachen des Feuers, zum Blähen des Segels und zum Trocknen der Wäsche. Die Luft ist immer da, sicher und ohne jeden Zweifel.

Ganz andere und doch auch ähnliche Erfahrungen vermittelt das Medium Wasser.

Spüren kann man es – als Tropfen auf der Haut, als Strahl unter der Dusche, als Meer, wenn es den Körper ganz umhüllt. Wasser kann man trinken, es verdampft bei Hitze, und es gefriert bei Kälte.

Fische leben im Wasser und Pflanzen und unzählige andere Kreaturen. Wasser kann tragen und kann Turbinen antreiben. An manchen Tagen bedroht das Wasser die Menschen an der Küste. Ohne Wasser existiert kein Leben, und es ist überall zu finden.

Die Erde kann man durch die Finger rieseln lassen, fein und trokken. Kühl und feucht spürt man die Erde auf der Haut oder steinig fest unter den Füßen. Manchmal riecht Erde modrig, manchmal frisch. Die Erde gibt Halt und bietet Häusern einen festen Grund. Pflanzen wachsen aus ihr heraus und Bäume, und vielen Tieren bietet die Erde einen sicheren Lebensraum und Nahrung. Erde vermittelt Sicherheit und Ruhe, darauf kann man bauen.

Das Medium Schall kann man zwar auch spüren – als Vibration auf der Haut oder, bei beträchtlicher Intensität, als Schmerzen im Ohr. Aber dieses Medium übermittelt seine Angebote zum größten Teil durch das Hören. Und obwohl der Schall damit nicht wie die anderen Medien „multidimensional" erfahrbar ist, überträgt er doch unglaublich intensive Informationen und Empfindungen. Nicht zuletzt ermöglicht uns der Schall den Austausch und die Verständigung mit allen anderen Menschen. Im Unterschied zu den anderen Medien kann man Schall nicht sehen, aber er ist immer da, auch in der größten Stille.

Manche Menschen verbringen ihr Leben damit, sich im Rahmen dieser Medien auf immer neue Art zu erfahren. Denn unsere Sinne bieten Sicherheit. Welche Probleme Ihnen auch immer gerade zusetzen oder Ihnen heillose Verwirrung weismachen wollen, wo immer Sie sich auch befinden: Die Medien mit allen Angeboten und Möglichkeiten sind immer da. Und ein kurzer Moment der Besinnung auf all das, was ist, ermöglicht oft die Rückkehr zu einer soliden Basis, auf die man sich verlassen kann. Die Medien lösen keine Probleme oder Spannungen, schaffen aber einen verlässlichen Grund, auf dem man sich wohl fühlen kann und geborgen.

Genießen Sie die Luft, wenn sie durch die Lungen strömt, lassen Sie jedes Essen zu einem Erlebnis für den Geschmack werden, freuen Sie sich an der Natur und den Tieren in Ihrem Umfeld, und Sie werden spüren, wie eindrucksvoll sich allein das Benutzen Ihrer Sinne in Ihrem Alltag auf Ihr Wohlbefinden auswirkt. Sehr schnell werden Sie verstehen lernen, dass alles in diesem Rahmen seinen eigenen Wert hat, den es in angemessener Weise zu berücksichtigen gilt. Wer die Interessen aller Anteile berücksichtigt, wird ungetrübte Freude, wird Harmonie und Frieden in reiner Form erfahren können. Eine Rangordnung gibt es dabei nicht. Manches Engagement wird sich stärker in Ihrem Umfeld auswirken als ein anderes, aber immer gilt es, neben der Industrie auch die Natur zu berücksichtigen, neben den Straßen auch die Wälder, neben den Häusern auch die Tiere, neben dem Wohlstand auch die Rohstoffe. Und bei diesen Lernangeboten und Aufgaben können Sie alle Ihre Sinne nach Herzenslust in Anspruch nehmen und genießen. Alte Sichtweisen lassen sich immer wieder entdecken, oder neue Orientierungen werden gefunden. Täglich können Sie neu entscheiden, wohin Sie Ihre Aufmerksamkeit wenden möchten und welchen Bereich Sie vielleicht verändern oder neu gestalten möchten.

Bei diesen Entscheidungen sind Sie keinesfalls auf Vermutungen angewiesen, denn Ihr System der inneren Wahrnehmung ermöglicht Ihnen über die Gefühle absolut zuverlässig wichtige Informationen und Hinweise. Mitunter sind diese Mitteilungen kaum spürbar, vielleicht als ein leises Kribbeln in der Bauchgegend. Mitunter sind Gefühle so überwältigend stark und intensiv spürbar, dass man sich ihnen ausgeliefert glaubt. Aber immer sind Gefühle nur Hinweise, Aufforderungen oder Stellungnahmen zu Geschehnissen oder Verhaltensweisen in Ihrem Leben. Wie ausführlich man auch immer Gefühle spüren kann, die Botschaft, die sie enthalten, gilt es wahrzunehmen, zu entschlüsseln und umzusetzen. Das erfordert dauerhaftes und aufmerksames Üben mit diesen faszinierenden Werkzeugen der inneren Wahrnehmung. Denn es gibt unendlich viele Gefühle mit ebenso unendlich vielen Botschaften, die jeder Mensch für sich allein entschlüsseln kann.

Einige grundsätzliche Hinweise lassen sich dabei sehr hilfreich nutzen, wenn man die Sprache der Gefühle besser oder vollständig verstehen möchte. So kann die Angst sehr viele Ursachen und Hintergründe haben, und mitunter ist sie so stark spürbar, dass sie die Menschen nahezu lähmt. Aber in welchen Situationen man Angst auch spüren mag, immer ist sie Hinweis, Zweifel zu überprüfen und Sicherheit zu schaffen. Immer stimmen die Sicherheitsbedürfnisse gemäß den Glaubensgrundsätzen nicht vollständig mit der Wirklichkeit überein. Dabei spielt es keine Rolle, ob eine Gefahr wirklich oder in der Vorstellung besteht, ob es sich um einen nächtlichen Spaziergang in einem dunklen Park handelt oder um eine bevorstehende Prüfung. Wer Angst als Hinweis und Aufforderung versteht und ihnen nachgeht, wird schon sehr bald spüren können, wie sich das konsequente Umsetzen, die Suche nach Sicherheit, in seinem Leben auswirkt.

Jeder von uns liebt das Gefühl aus Harmonie und Gelassenheit in seiner Mitte, das völlige Einssein mit allem, was ist. Ein solches Gefühl zu spüren bedeutet eine unbeschreibliche Sicherheit, die durch nichts sonst auf der Welt mit ähnlicher Intensität erfahren werden kann. Dieses Gefühl können Sie von ganzem Herzen genießen und sich daran erfreuen, denn es zeigt an, dass Sie bei Ihren Entscheidungen alles in dieser Situation Mögliche berücksichtigt haben und sich völlig stimmig mit Ihren inneren Glaubensgrundsätzen verhalten haben.

Nicht immer sind Gefühle so eindeutig zuzuordnen wie in den beschriebenen Fällen. Aber als „Übersetzungshilfe" stehen Ihnen Ihre Körperorgane zur Verfügung. Denn jedes Gefühl spiegelt sich besonders in bevorzugten Körperregionen. Und wenn Ihnen einmal nicht ganz klar sein sollte, welches Gefühl Sie in Ihrer Mitte spüren, dann hilft es oft weiter, sich einmal die Organe genauer zu betrachten, die sich im Zusammenhang mit diesem Gefühl bemerkbar machen. Sehr bald werden Sie dann erkennen können, dass sich zum Beispiel Angst sehr häufig in der Magengegend spüren lässt oder dass innere Spannungsfelder vielleicht besonders eindrucksvoll durch heftige Kopfschmerzen dokumentiert werden. Auf diese Weise können Sie nahezu jedes Gefühl zuordnen, und Ihre Körpersprache wird nicht länger eine Fremdsprache für Sie bleiben. Die Auswirkungen dieses neuen Körperverständnisses werden Sie bald eindrucksvoll wahrnehmen können, wenn Sie zum Beispiel alle Entscheidungen im Alltag viel sicherer und bestimmter treffen, wenn diese Entscheidungen genau jenes Resultat zur Folge haben, das Sie sich gewünscht haben, und wenn Sie sich täglich wohler fühlen in Ihrer Haut.

Wer die Gefühle als sichere und richtige Botschaften seines Unbewussten versteht und diese Botschaften zu deuten weiß, der wird die Orientierung im Alltag niemals verlieren. Gefühle bewerten, Gefühle beziehen Stellung, Gefühle geben Hinweise, und Gefühle geben Rückmeldung darüber, ob eine Situation, eine Entscheidung oder ein Vorhaben mit Ihren Glaubensgrundsätzen und bisher als richtig gespeicherten Erkenntnissen im Einklang steht oder nicht.

An Ihnen liegt es dann nur noch, diese Nachricht aufzunehmen, umzusetzen und den Alltag danach zu gestalten.

Ihre Träume als Mitteilungsblatt Ihres Unbewussten werden Sie dann sehr wahrscheinlich interessiert und ohne Angst betrachten können. Schließlich zeigen Ihnen auch Ihre Träume, ob Sie auf dem richtigen Weg sind oder ob irgendwo Spannungsfelder zu entstehen drohen, weil Sie einen Ihnen wichtigen Gesichtspunkt vernachlässigt oder nicht ausreichend berücksichtigt haben.

Bei konsequenter und kontinuierlicher Umsetzung dieses Wissens und Fühlens im Alltag werden Krankheiten für Sie sehr bald nur noch der Vergangenheit angehören. Krankheiten sind die Folge ständigen Missachtens der inneren Wahrnehmung. Wer seine Gefühle zur Kenntnis nimmt und sich auf seine innere Stimme verlässt, wird den deutlichen Hinweis darauf, dass seit längerer Zeit unbearbeitete Spannungsfelder in seiner Mitte bestehen, nicht mehr benötigen. Allenfalls werden Sie sich vielleicht eine kleine Erkältung gönnen als Hinweis darauf, dass Sie wieder einmal etwas kürzer treten sollten. Ernsthafte Krankheiten oder gar Unfälle werden dann überflüssig. Sollten Sie allerdings doch noch einmal in die Verlegenheit kommen und die Krankheit als deutlichen „Wink mit dem Zaunpfahl" in Anspruch nehmen auf dem Weg zur Harmonie von Körper und Seele, wäre es sicher empfehlenswert, einen Arzt oder einen anderen „Heilkundigen" aufzusuchen, der Sie zunächst wieder körperlich auf den richtigen Weg bringt. Parallel dazu sollten Sie allerdings die Zeit nutzen und einmal in sich hineinhören und hineinspüren, welche Spannungsfelder in Ihrem Umfeld oder in Ihrer Mitte Sie nun doch endlich bearbeiten sollten, um sich wieder wohl und gesund zu fühlen in Ihrer Haut.

Das „Handwerkszeug" steht jedem von uns zur Verfügung, nur den Umgang damit müssen wir wieder lernen, und einsetzen müssen wir es. Dann stellt sich nur noch die Frage, ob Sie oder Ihr Arzt größere Verblüffung darüber zeigen, dass Ihre Genesung so rasch und ohne Komplikationen vonstatten ging.

Wer würde sich wohl von einer so wichtigen und angenehmen Entscheidung abhalten lassen? Wer würde den beschwerlichen Weg über die Krankheit wählen, wenn er in Gesundheit sein Ziel frisch und gelassen erreichen kann? Entscheidungen haben immer Konsequenzen. Sich selbst kennen zulernen, die unbeschreiblich vielfältigen Möglichkeiten und Angebote in seinem Umfeld zu erkunden, sich auf diese kreative und freie Art mit allem auseinander zu setzen, was diese Existenzebene anbietet, heißt auch, sein Leben so zu gestalten, dass Gelassenheit und Zuversicht, dass Harmonie und innerer Frieden täglich spürbar werden. Für diesen Weg benötigt man keine Gurus und keine Magie, keine Führer und keine Heilsversprechen. Man braucht lediglich offene Sinne, Vertrauen in die eigenen Fähigkeiten und vor allem Vertrauen in die eigenen Gefühle und die innere Stimme. Denn an dem eigenen inneren Maßstab müssen sich alle anderen Maßstäbe messen lassen, nicht etwa umgekehrt.

Ohne Mühe und ohne Zwang werden Sie dann erkennen können, dass die Tätigkeit an der Universität oder am Fließband völlig gleichrangig zu betrachten sind. Denn jeder Mensch lernt auf seine Weise, nach seinem Erkenntnisstand die nächsten Schritte. Ob man sich dabei als Umfeld die städtische Bibliothek oder die städtische Müllabführ wählt, ist letztlich ohne Bedeutung, auch wenn die Lebensbedingungen natürlich sehr unterschiedlich sein können. Toleranz und Nächstenliebe werden dann zur Konsequenz täglichen Handelns und Denkens, und manch einer wird die Heiterkeit wieder als ein wichtiges Moment in seinem Leben entdecken können. In allen Bereichen Ihres Lebens werden Sie auf beeindruckende Weise erfahren können, wie sich Ihr Bewusstsein, Ihr Befinden und damit auch die Menschen und Dinge in Ihrer Umgebung verändern. Vielleicht finden Sie auch nun endlich den Partner Ihres Lebens, oder es gelingt Ihnen, einen lang ersehnten Arbeitsplatz zu erhalten, oder Sie schaffen sich finanziell genau die Basis, die Sie sich schon immer gewünscht haben.

Wie immer Sie sich entscheiden: Spüren Sie in sich hinein, ob Ihre Wünsche und Vorstellungen mit Ihren Glaubengrundsätzen übereinstimmen. Und dann stellen Sie sich lebhaft und intensiv jeden Tag den gewünschten Zustand und seine Konsequenzen bis in alle Einzelheiten vor, so lange, bis Sie ihn als Auswirkung Ihrer inneren Arbeit und als Konsequenz im Alltag umgesetzt haben. Sie werden überrascht und erstaunt sein, wie rasch und umfangreich sich Ihr Leben in die gewünschte Richtung entwickeln wird, wenn Sie alle für Sie wichtigen Aspekte berücksichtigt haben.

Nichts und niemand auf der Welt wird Sie dann noch davon abhalten können, diese Früchte Ihrer Arbeit, den Erfolg, in vollen Zügen zu genießen. Materieller Wohlstand wird dann eher zur Nebensächlichkeit und sich ohne zusätzliche Mühe von allein einstellen.

Wie alle Wege werden Sie auch diesen erst eine Zeit lang kennen lernen müssen. Wahrscheinlich wird es auch manchen Rückfall in alte Missverständnisse geben. Niemand ist perfekt. Seien Sie nicht zu streng mit sich, lassen Sie sich genau die Zeit, die Sie brauchen, um alle Theorie auch im Alltag umzusetzen. Der Erfolg Ihrer Bemühungen wird sich zwangsläufig einstellen, als Konsequenz der von Ihnen getroffenen Wahlen und Entscheidungen, sicher und ohne den geringsten Zweifel.

Nur entscheiden müssen Sie sich, geduldig, gelassen und sicher. Denn Entscheidungen haben immer Konsequenzen. Und wer sich für den Weg zur Harmonie von Körper und Seele entscheidet, wird sich endlich täglich wieder wohler fühlen in seiner Haut, sicher und geborgen. Fröhliche Gelassenheit wird Ihr Leben bestimmen, und Sie werden sich den Aufgaben des Alltags in einer kaum gekannten Art und Weise fast spielerisch gewachsen fühlen.

Denn Lösungen sind Wege, die hinausführen.

Über den Autor

Dr. med. Wolfgang Blohm, Jahrgang 1949, war 19 Jahre Arzt für Allgemeinmedizin auf dem Lande in Nordfriesland. Er gründete das Institut für Hypnose, Mentaltraining und Selbsterfahrung HYPMUS und machte sich auch als Buchautor und Koautor einen Namen. Seit 1998 leitet er in Wyk auf Föhr eine Fachklinik für systemische Hypnotherapie mit Basisforschung, Psychoneuroimmunologie, Autonomietraining, Immuntraining, Coaching und Supervision.

Kontaktadresse: Privatklinik Dr. Blohm • Gmelinstr. 40 • 25938 Wyk/Föhr.

Das Bild auf dem Umschlag wurde gemalt von

Juschi Seifried-Otte

Die Künstlerin begann 1973 zu malen, und das war der Anfang einer erstaunlichen autodidaktischen Künstlerkarriere. Heute werden ihre Bilder in Einzel- und Gruppenausstellungen in Deutschland, Frankreich, Finnland, Belgien, Italien, Thailand und in der Schweiz gezeigt. Mehrmals war sie Gast bei den „Montagsmalern“ in der ARD. Für ihre Arbeiten wurde sie mit zahlreichen nationalen und internationalen Preisen und Auszeichnungen geehrt. Juschi Seifried-Otte lebt in Göppingen.

„Die Arbeiten der Künstlerin stecken voller wunderlicher, närrischer, verblüffender Bildgeschichten, in denen die Wirklichkeit satirisch auf den Kopf gestellt wird. Längst hat Juschi Seifried-Otte die Gehege der Naiven Malerei verlassen und sich ihren eigenen, unverwechselbaren Stil gebildet, geprägt von vitalen Farben und zupackendem Duktus. Alles ist in diesen erzählfreudigen, erfindungsreichen, poesievollen Bildern möglich, nur eines nicht: Langeweile.“

Heinrich Domes

Kontaktadresse: Lilienthalweg 14 • D-73033 Göppingen • Tel. (0 71 61) 1 550

Akrobaten

von Juschi Seifried-Otte
Werk 1206